2016年度浙江省社科联省级社会科学学术著作出版资金资助出版（编号：2016CBZ01）

浙江省社科规划一般课题（课题编号：16CBZZ01）

当代浙江学术文库
DANGDAI ZHEJIANG XUESHU WENKU

移植与再造：
近代中国大学教师制度之演进

刘剑虹 著

中国社会科学出版社

图书在版编目（CIP）数据

移植与再造：近代中国大学教师制度之演进／刘剑虹著．—北京：中国社会科学出版社，2016.11

（当代浙江学术文库）

ISBN 978-7-5161-9215-3

Ⅰ.①移… Ⅱ.①刘… Ⅲ.①高等学校—教师—教育制度—研究—中国—近代 Ⅳ.①G649.29

中国版本图书馆 CIP 数据核字（2016）第 266544 号

出 版 人	赵剑英
责任编辑	田　文
特约编辑	丁　云
责任校对	张爱华
责任印制	王　超

出　　版	中国社会科学出版社
社　　址	北京鼓楼西大街甲 158 号
邮　　编	100720
网　　址	http://www.csspw.cn
发 行 部	010-84083685
门 市 部	010-84029450
经　　销	新华书店及其他书店
印　　刷	北京君升印刷有限公司
装　　订	廊坊市广阳区广增装订厂
版　　次	2016 年 11 月第 1 版
印　　次	2016 年 11 月第 1 次印刷
开　　本	710×1000　1/16
印　　张	18.25
插　　页	2
字　　数	298 千字
定　　价	78.00 元

凡购买中国社会科学出版社图书，如有质量问题请与本社营销中心联系调换
电话：010-84083683
版权所有　侵权必究

摘　　要

　　我国近代大学从一萌芽起，就与国运和时势紧密相连。大学因国家危亡而诞生，又随民族独立进程而成长。作为近代大学制度的核心构成的大学教师制度，同样在救亡图存的时代主题下得以孕育与问世，使其起始阶段就不失国家的和民族的责任。这样，由"民族独立"而延伸出来的"学术独立"思想逐渐成为近代大学教师制度的价值基础或"灵魂"。随着"五四"新文化运动的民主和科学的思想启蒙，从西方引入的"学术自由"思想渐被吸纳于"学术独立"这一本土化的观点体内，从而成为近代大学教师制度的新精神。正是由于这种形式与精神融合的制度特征，使得近代大学教师制度的演进成为中西文化会通的一个典型样本，从一个侧面反映了我国近代知识分子成长的轨迹和近代大学的基本理念和办学原则，遂使其成为近代大学制度中业绩不凡的一个部门。

　　大学教师制度包括职务、资格、聘任、晋升、考核、奖惩、培养及薪酬、退休等基本构件，但聘任是其最重要、最关键的部分。大学教师制度是政府和学校的"共管地带"。我国近代大学教师制度始终在政府、学校与教师共同作用下经历了从模仿到融合乃至创造的演进历程，到了20世纪40年代已经结出成熟之果。

　　本文将其演进划分为六个时期，即孕育（1862—1895）、萌芽（1895—1902）、形成（1902—1911）、发展（1912—1927）、成熟（1927—1937）和完善（1937—1948）等时期，并以政府的法律法规为制度主线，以大学内部规章为实施细则，力求展开近代大学教师制度的体系全貌和演进轨迹。

　　以京师同文馆为代表的洋务学堂昭示了近代大学教师制度开始孕育。它在学校制度先例资源极其贫乏的情况下，以官学旧制为外壳，谨慎地借鉴和移植本土的教会学校和欧美大学的办学模式，"中体西用"，中西教习"兼聘"，从而培育了教师管理最先的制度元素。甲午之后，在变法维新和救亡图存的思潮下，近代大学随之诞生。《京师大学堂章程》以专章和其他四章若干节的内容呈现了近代大学教师制度的"婴儿"形态，即确立聘用制度和"以培养入手"的制度演进逻辑。"壬寅癸卯学制"以《奏定教员任用章程》单行法规标志着近代大学教师制度的初步确立，其突出的一是明确大学教员的法律地位，二是首次建立大学教师资格制度。

民国以后，教育民主化思潮涌动，以蔡元培为代表的教育家大胆地借鉴日本及欧美的大学教师制度，并结合中国实际，有一定深度地创立了民国大学教师制度的崭新样式。《大学令》、《国立大学职员任用及薪俸规程》等一组法规构筑了"教授治校"内部管理体制，并以创立新型科研组织来聚集高水平师资，从而铺设"学术独立"之基石，促成大学教师制度的发展。1927—1937年是近代大学教师制度成熟时期。尽管国民党"严格主义"教育政策很大程度地限制大学教师的"学术自由"权利，但由于大批留学毕业生回国担任大学校长、院长和教授，各大学的教师制度仍程度不一地保留着自由主义传统。《大学教员资格条例》、《大学组织法》等重要法规在教师职务四级分等制、"非聘即走"的自由流动机制、"学界领袖"之造就及退休抚恤制度等诸多方面取得了实质性的进展。

1937—1945年，民族救亡与独立再一次成为近代中国及其大学的主题。大学教师制度在十分困难的战时环境中秉持"学术救国"之志依然顽强前行，并从单一的教师制度转向综合的人事制度，其激励性和保障性制度要素，如进修、薪酬、编制、退休和久任教师奖励等得以添设与完善，尤其在推动大学教师科研工作的相关制度建设上，颇有成效。1945—1948年是近代大学教师制度建设的"最后一幕"，《大学法》颁布和建设"一流大学"目标的提出是其光亮的一笔。

我国近代大学教师制度从孕育至完善前后长达80余年，总体上讲是优良的，其标志是一组完善的制度法规文本与我国大学和教师队伍的整体崛起，它的演进为我们提供了一份珍贵的大学教师制度建设的"近代经验"："学术独立"与"学术自由"是其灵魂；从移植到创造是其文化理路；政府主导与大学自主、"校长负责"与"教授治校"是其演进的外部动因和内部动力。同时，它最有成效的制度内容是"教授治校"体制、自由流动机制、"按质论价"的薪酬制度和以研究为导向的教师进修制度。

关键词：大学教师制度　近代　学术独立　学术自由　演进

ABSTRACT

The rise and development of Chinese modern universities was embedded in the life of the country. Modern universities were created as the state was in anirresolvable crisis, and they matured in the long struggle of Chinese people for national independence. The system of university teachers, the core part of Chinese modern universities, was gestated and nurtured in the national salvation, and accordingly developed with an ever-growing self-consciousness of going all out to save the nation. Thus, "academic independence", the essential ideology extended from the ideal of "national independence", became the theme of value or soul of the system of university teachers in modern China. In the enlightenment of democracy and science promoted during the New Culture Movement of May Fourth, the idea of "academic freedom" originating from the western universities had been absorbed into the much indigenised view system of "academic independence", and became the new spirit of system of modern university teacher in China. Thanks to this educational indigenisation, the development of the system of modern university teachers in China is a typical example of Sino-Western Cultural integration, and silhouettes a way of growth of intellectuals in modern China and reflects the ideals and principles of modern universities in China. As a result, the system of university teachers gained more impetus and shaped up nicely.

The system of modern university teachers has such key components as qualification, appointment, promotion, evaluation, rewarding, nurturing, salary and retirement. Teacher appointment, however, is the most important among them, co-managed by government and university authorities. The system of modern university teachers, always moulded by influences of government, university authorities and teachers, walked a way from cautious imitation of its foreign counterparts to indigenisation to innovation. In the 1940s, the system of university teachers had already taken shape in China.

This dissertation intends to unfold the general picture of the system of university teachers in China and traces the evolution of it from the mid 19th century up to 1948 by dividing this probable 80 years into six stages, namely, the period of gestation (1862 – 1895), the period of emergence (1895 – 1902), the period of formation (1902 – 1911), the period of growing (1912 – 1927), the period of maturing (1927 – 1937) and the period of perfecting (1937 – 1948). This dissertation accordingly relocates the official legal documents as the main line to trace the evolution of the system and explores into the internal regulations that are the specific rules to run the system.

The rise of the earliest modern government schools in China, represented by the Imperial Tongwen College of Peking, initiates the formation of the system of modern university teachers in China. The prototype of modern university in China, these earliest modern government schools, having had quite few early indigenous examples to follow, kept the old educational institutions as the external form, and began to learn from the models of indigenous Christian schools and western universities. Motivated by the idea "Chinese substance and western function", these new-style government schools hired teachers from both China and western countries, thus formulated the earliest element of teaching personnel. After the first Sino-Japanese War, the first modern university, the Imperial University of Peking, emerged in China in the background of Reform Movement and national salvation. *Charter of the Imperial University* represents the infant look of the system of Chinese university teachers with a separate chapter and several sections in other four chapters, which settled the teacher appointment rules and set "teacher cultivation" as the start point of evolution logic of the system of university teachers. *Charter of Teacher Appointment* out of Renyin-Kuimao Educational System symbolises the initial settlement of the system of university teachers in modern China by clarifying the legitimate status of university teacher and setting up an initial framework of teacher qualification.

After 1912, thoughts of education democratization swept across China. As a result, new educators headed by Cai Yuanpei modeled the system of university teachers on Japanese, European and American universities, and finally established the new system of university teachers in the period of republic of China, with Chinese factors much considered and integrated. A series of regulations on universities issued by central government of China subsequently, such as *Directive about University*, *Regulations on State University Faculty Appointment and Salary*, constructed an internal framework of faculty-governance in university. This had been followed by the creation of new organisations of scientific research to gather advanced teaching personnel. All these pioneering ventures formed the basis of "academic independence" and promoted the system of university teachers to a more advanced level. The eleven years from 1927 to 1937 witnessed the maturing of the system of modern university teachers in China. Despite the restraint on the rights of academic freedom imposed by Kuomintang's rigorist education policy, the tradition of liberalism was still maintained more or less within the system of university teachers in different universities thanks to the fact that lots of overseas graduates returned to China to become university heads, deans of faculty and professors. Some important higher education laws promulgated over this period, such as *Regulations on University Teacher Qualification* and *Law of University Organisation*, made much concrete progress in either the stratification of teacher posts into a four-tier structure, or the building of up-or-out rules-centred mechanism of free flow of personnel, the forming of a culture of cultivation of academic leading figures, or the establishing of regulations on teacher retirement and pension.

From 1937 to 1945 national salvation and nationalindependence became the theme of China and Chinese universities again. Under that severe wartime conditions, Chinese universities, loyal to the idea of "saving the nation with education", began to change their system of teachers from one single track to more tracks combined, namely a comprehensive personnel system. Institutional elements of incentive and guarantee, such as in-service advanced training, salary, personnel quota, retirement and reward for senior teachers, were added and improved. Teachers' scientific research was particularly well systematized. From 1945 to 1948 the construction of the system of university teachers in modern China came to its final scene. These four years saw the promulgation of *University*

Law and the setting of the goal of creating first-class university.

The eighty years of development of the system of university teachers in modern China from its gestation to its full maturity, was remarkable and historic with the issue of a complete set of legal and administrative documents and the full emergence of a community of university teachers. This history has impressed us with its valuable modern experiences about the building of a system of university teachers: "academic independence" and "academic freedom" are the soul of it; the shift from simple borrowing to self innovation is the line along which modern university culture has evolved; university self governance under the direction of government, the general leadership of university chancellor and faculty-governance are the external motivation factor and the driving force from inside. The most effective parts of it are the mechanism of faculty-governance, the mechanism of free flow of university personnel, a salary system based on pricing by quality and a research-oriented in-service advanced training system.

Key Words: system of university teachers modern academic independence academic freedom

目　录

第一章　绪论 ………………………………………………………… (1)
　第一节　选题缘由 ……………………………………………………… (1)
　第二节　主要概念界定与制度演进分期 ……………………………… (6)
　　一　关于"近代"与"大学" …………………………………………… (7)
　　二　关于"制度"和"大学教师制度" ………………………………… (8)
　　三　关于"学术独立"与"学术自由" ………………………………… (9)
　　四　关于制度分期 …………………………………………………… (14)
　第三节　学术史 ………………………………………………………… (16)
　第四节　研究思路、框架 ……………………………………………… (19)
　第五节　研究方法 ……………………………………………………… (21)
　　一　文献法 …………………………………………………………… (21)
　　二　比较法 …………………………………………………………… (21)

第二章　新教育的萌芽与近代大学教师制度的孕育 ……………… (22)
　第一节　学校制度的先例资源与近代新教育的萌芽 ………………… (23)
　第二节　"中体西用"与"学术独立"思想之源头 ……………………… (28)
　第三节　新式学堂的教师来源与教师身份的最初定位 ……………… (33)
　　一　外国传教士及技术人员 ………………………………………… (34)
　　二　传统士人 ………………………………………………………… (39)
　　三　本土科学家 ……………………………………………………… (40)
　　四　归国留学生 ……………………………………………………… (40)
　　五　新式学堂毕业生 ………………………………………………… (41)
　第四节　早期办学实践与教师管理的制度元素 ……………………… (45)
　　一　教习与职员"兼任制" …………………………………………… (47)
　　二　中西教习聘用"双轨制" ………………………………………… (47)

三　教习职务分等制……………………………………（48）
　　四　提出教习奖掖办法………………………………（49）
　　五　创设教习培养办法………………………………（49）
　　六　设计了教习薪俸的基本结构……………………（49）

第三章　近代大学的诞生与教师制度的雏形………………（52）
　第一节　"思想之风云激荡"与对洋务教育和教师问题的
　　　　　反思…………………………………………（52）
　第二节　大学制度的构建与近代大学的诞生…………（58）
　第三节　近代大学教师制度的"婴儿"形态……………（64）
　　一　"文凭"概念的引入………………………………（67）
　　二　聘用契约管理……………………………………（68）
　　三　"权限"、"权利"与"权力"之词流行……………（69）
　第四节　"从培养入手"：近代大学教师制度的起始逻辑…（71）

第四章　近代高等教育制度的确立与大学教师制度的形成…（76）
　第一节　"壬寅癸卯学制"与近代大学教师制度的初立…（76）
　　一　明确大学教员的法律地位………………………（79）
　　二　设置大学教员之资格……………………………（80）
　　三　规定各类教员的职守……………………………（82）
　　四　提出大学教员的定员标准问题…………………（83）
　　五　建立教员会议制度………………………………（84）
　第二节　"大学之竞争"与近代大学教师制度的实施及充盈……（84）
　第三节　"聘期制"与大学教师的流动机制……………（94）
　　一　清朝官制及任期制………………………………（95）
　　二　晚清的财政危机…………………………………（96）
　　三　新教育制度的实践………………………………（97）
　第四节　"分科治学"与中外教师的薪俸差别…………（100）
　第五节　"学问之自由独立"与大学教师制度思想的新变化…（105）

第五章　教育民主化与近代大学教师制度的发展……………（110）
　第一节　民国大学制度的创立与大学教师制度之进退………（110）

一　关于大学教师之资格 …………………………………… (115)
　　二　关于大学的科系设置 …………………………………… (115)
　第二节　"学术自由"与大学教师制度灵魂之塑 ………………… (120)
　第三节　"学术共同体"与"学术独立"的自由主义使命 ……… (127)
　第四节　"终身制"之构想与大学教师制度的系统化努力 ……… (133)
　　一　大学教师专任制 ………………………………………… (138)
　　二　"学术假"与教员出国留学 …………………………… (139)
　　三　退休金制度 ……………………………………………… (140)
　　四　教师聘任组织与程序之规范 …………………………… (140)
　第五节　教会大学尝试建立独立的中国化大学教师制度 ……… (141)

第六章　高等教育质量主题与近代大学教师制度的成熟 ………… (148)
　第一节　"严格主义"与近代大学教师制度的成熟性标志 …… (148)
　第二节　"政校合作"与大学教师制度的学术取向 …………… (160)
　第三节　"非聘即走"与大学教师的自由流动机制 …………… (169)
　第四节　"学界领袖"之造就与民间力量的介入助推 ………… (177)
　第五节　党义教师检定与大学教师制度的政治取向 …………… (182)

第七章　大学生命的延续与教师制度之完善 ……………………… (186)
　第一节　"学术救国"与大学教师制度的"战时特征" ……… (187)
　第二节　"学术自由"之复归与大学教师制度的完善 ………… (197)
　第三节　战时生活状态与大学教师待遇制度的变化 …………… (204)
　第四节　"部聘教授"与大学教师职业稳定性的制度支持 …… (210)
　第五节　"第一流大学"与近代大学教师制度建设的
　　　　　"最后一幕" ……………………………………………… (215)

第八章　我国近代大学教师制度的整体概貌和基本经验 ………… (224)
　第一节　我国近代大学教师制度的规则体系及演进轨迹 ……… (224)
　第二节　我国大学教师制度的"近代经验" …………………… (239)
　　一　"学术独立"与"学术自由"：近代大学教师制度
　　　　之灵魂 …………………………………………………… (240)
　　二　从移植到创造：近代大学教师制度的文化理路 ……… (242)

三　政府主导与大学自主：近代大学教师制度演进的
　　　　外部动因 ………………………………………………（244）
　　四　"校长负责"与"教授治校"：我国近代大学教师制度演进的
　　　　内在动力 ………………………………………………（250）

结束语 ……………………………………………………………（256）

主要参考文献 ……………………………………………………（259）

后记 ………………………………………………………………（276）

第一章
绪　　论

梁启超在京师大学堂创立的次年撰文说："今所称识时务之俊杰，孰不曰泰西者文明之国也。欲进吾国使与泰西各国相等，必先求进吾国之文明，使与泰西文明相等。此言诚当矣！虽然，文明者，有形质焉，有精神焉；求形质之文明易，求精神之文明难。精神既具，则形质自生；精神不存，则形质无附"。[①] 梁启超所提出的"与泰西文明相等"的追求理想和"形质"与"精神"相结合之论，确实是真知灼见。梁启超所论的"形质"，主要是指外在的、物化的东西，其中也包含形式之要素。这就深深地启发我们对我国近代大学史的认识和研究。大学史实质上是人和制度的历史。人根据社会和自身之需要与价值追求创立了大学制度，而大学制度又为人的发展和人的现实需要提供了前所未有的支持和促进，并在这一过程中形成自身的独特的精神特质。这样，就构成大学史的独特图景：精神与形式之间的复杂关系，从分离到结合乃至融合为一体，最后产生新的有机体。因此，我自悟这也许是研究我国近代大学教师制度的一把钥匙。

第一节　选题缘由

我国近代大学从一萌芽起，就与国运和时势紧密相连。可以说，大学因国家危亡而诞生，又随民族独立进程而成长。近代大学成为国家与民族自救自强乃至独立自主的一支重要力量和一幅色彩斑斓的历史画卷。

两次鸦片战争从根本上改变了中国历史的走向。各国列强以舰炮这一军事手段敲开了闭关久远的清朝之门，并以一系列不平等条约迫使清政府

---

① 梁启超：《国民十大元气论》，《饮冰室合集·饮冰文集之三》，中华书局1989年版，第61页。

从军事、政治、经济、外交乃至文化教育诸多主权领域退让、妥协和委曲求全，从而为"西学东渐"、"西教东来"开辟了广阔而又顺长的坦途，以致赢得经济与贸易上的特殊地位和高额回报。此时的清朝政府和国人从"天朝上国"的梦境中初醒过来，面对着"数千年未有之大变局"和滚滚而来的"西学东渐"文化思潮，开始在新的开明官僚和知识分子中讨论挽救国家危难的自强之道这一时代课题。"非兴学不足以图强"成为其中最重要的一个答案和自强方案。1862年京师同文馆在中西文化处于接触、碰撞的背景下艰难而生。其难不仅在于经济因素，而在于它建设的不只是一所新式学堂，而是选择和创建一种新的学校制度和教育制度，可谓史无前例。建新式学堂首先面临的是制度设计和师资配置两大问题，可那时有关学校的制度资源和师资资源都处于极度贫乏的状态，从本土传统中寻找固然无法，因而别无选择，只能"以强敌为师"，移植外国学校制度模式，开始了漫长而又艰难的近代大学制度发展之路。从近代新教育的发生史可知，教师问题或大学教师制度建设问题是新式教育或近代大学制度成长中的关键因素。这不单单是我国近代大学，世界各国大学发展历史大抵都能证明之。正如曾任哈佛大学校长的科南特所说的，"大学的荣誉不在于其校舍和人数，而在于它一代一代教师的质量"。[①]

我国近代大学"生于忧患"、"长于忧患"，但其办学成就和制度水平而言，确实是近代我国一个业绩不凡的部门或领域。我国近代大学制度是一个体系，并经过八十余年的不断演进，从单个的局部的移植发展到整体的创造的程度，中间伴随着众多的矛盾、冲突，也出现过诸多的片面和失误，但总体上看它走的是一条比较适合中国的较为成功的制度建设道路。大学制度既有宏观性要素又有微观层面的内容。大学教师制度作为与大学性质休戚相关的制度种类，其重要性是不言而喻的，虽然它属于微观性制度，但作为这一制度设计和实施的主体之一的教师，既是国家公民中的先进文化代表即传播与创造者，又是大学的主人之一，其中公立大学教师职位的创设者和资助者是政府，因而大学教师制度成了政府和学校的"共管地带"。正因为有这一特别属性，我国近代大学教师制度始终在政府、学校与教师的共同作用下经历了从模仿到融合乃至创造的过程，到20世纪40年代时我国大学教师制度已经结出了成熟之果。可以说，那时

[①] 转引自陶爱珠《世界一流大学研究》，上海交通大学出版社1993年版，第1页。

的大学教师制度水平已经达到了较高的程度，有许多方面今日我国大学也尚未完全达成。

我国近代大学制度尤其是大学教师制度孕育与萌芽于民族危亡之际，而且与救亡图存、战争频扰相伴而进，这就使得大学教师制度起始阶段必须不失历史责任，与民族独立、国家富强相呼应。换句话说，衡量制度的正确与否、良莠之分，一个重要的价值标准是有助于民族的独立和国家的富强，"不再为外人所欺压"。这种现实性主题，深刻地影响着我国近代大学制度（包括大学教师制度）建设的思想、理念和价值基础。自鸦片战争后，西方列强借军事和文化打开了中国的门户，实现了梦寐以求的国家利益和经贸权益。从"坚舰利炮"中，中国人初步推测到教育和知识的力量，随后掀起的洋务运动便把革新的视角触向"兴学自强"这一全新的领域。甲午一败，更使清朝上下乃至国人意识到时势之骤变，以开放为特征的变革如海潮澎湃，激荡着社会的主体阶层和民间力量。与此同时，在教育这一成长中的领域，与民族独立相依存的"学术独立"思想开始萌生，随后伴着历史演进而逐步成为大学教师制度的价值基础，反过来它又成为民族独立的重要的对策和动力之源。从京师大学堂创办第一天起，办学者和与办学相关的各方皆为这个新型机构的性质而陷入思索的丛林之中：官办或国立的大学堂该承载什么样的功能？选择什么样的大学制度才能为国家富强提供人才之供给？大学里的教习又该用什么的规格来选拔，才能挑起培养人才的重担？晚清之"新政"、五四新文化运动，二三十年代的教育革新运动都分别作着回答。作为我国新教育模仿的本土上的西式教育样式——教会教育也在作着不懈的探索和建设。本土的和外来的文化力量在这里交汇，换言之，中西文化在这里有了相通的机遇和平台。1917年1月18日，蔡元培在就任北京大学校长不久就提出要"以改造大学为纯粹研究学问之机关"，其对策是"延聘纯粹之学问家，一面教授，一面与学生共同研究"，[①] 真是石破天惊，振聋发聩。随后的"五四运动"使科学和民主的时代精神和爱国进步的民族精神有机地融合在一起，以"思想自由"、"兼容并包"的中国话语精辟阐发了"学术自由"的大学经典原则理念，并与由民族独立而生发的"学术独立"这一本土化思想开始相融相合，进而成为我国近代大学制度尤其是大学教师制度的价值根

---

① 高平叔：《蔡元培教育论著选》，人民教育出版社1991年版，第70页。

基。这就形成了我国近代大学教师制度建设的独特价值，即民族性与普适性相结合，形式与精神相融合。

本课题就是基于上述的基本判断，确定研究大学教师制度在中西文化交流的背景下如何孕育、萌芽、形成、发展与成熟的演进历程，着力于梳理其"发生之故与嬗变之迹"，揭示近代大学教师制度的形式与精神相融合的宝贵经验和历史遗产。有学者说："教育发展的历史是一个整体，研究教育发展史通常从教育思想和教育制度两个角度入手，或进行专题研究，或进行综合研究"，"事实上，教育制度对教育发展的影响十分巨大，甚至可以说，某种教育思想往往通过制度化的形态才能更实际有效地作用于教育实践，影响教育发展的进程，决定教育的成败得失。因此，在继续重视教育思想史研究的同时，进一步加强教育制度史的研究，十分必要"。[①] 这话无疑是极有道理的。对近代大学教师制度之研究是一种专项制度史研究，其意义和价值有四：

第一，我国近代大学教师制度的演进是中西文化会通的一个典型样本。近代大学教师制度伴随近代大学诞生而孕育与产生，它本身就成为近代大学制度的核心构成。近代大学教师制度与近代教育、近代大学乃至大学制度一样，首先是移植、借鉴外国大学教师制度模式的，经历中西文化交流、冲突、融合的全过程，其可贵的是近代大学教师制度孕育期内就具有明显的主体性，尽管西文、西艺、西学教师本土难以找寻，不得不"借材异域"，聘请外国人担任教习，但并不就此了事，而是从培养入手，把用中国人逐渐代替外国人，从而建立一支独立的新型教师队伍作为学校制度设计与实施的重点和目标。到 20 世纪二三十年代教师队伍主体本土化以后，便把制度建设重点转向激励与保障上，为中国的学术不再作西方学术的附庸，实现与世界学术界平等对话奠定相应的基础。我国近代大学教师制度的演进是有曲折的，但总体上呈现着螺旋式上升的形态，尤其是它在中西文化交流中不失其民族独立性，并以开放的姿态与胸怀吸纳西方先进的大学教师制度模式，从而创造了既不同于传统又不同西方的具有本土化特征的近代大学教师制度，这在我国近代大学制度建设上是较为突出的，因而在中西文化会通中有着典型的样本意义。

---

① 李国钧、王炳照：《总序》，《中国教育制度史》（第七卷），山东教育出版社 2000 年版，第 1 页。

第二，近代大学教师队伍的成长反映了我国近代知识分子成长的轨迹。我国近代大学萌芽于洋务运动。洋务运动不但诞生了一批新式学堂，同时也培养了我国具有近代意义的洋务知识分子群体，其代表人物有冯桂芬、容闳、王韬等。他们不仅是新式教育制度的倡导者和思想家，而且亲自参加新式教育制度的设计与实施。甲午之役后，以康有为、梁启超为代表的维新知识分子不失时机地登上了中国的政治与文化舞台，演绎变法富强的历史话剧。维新知识分子大多是新式学堂或书院的教师和毕业生，他们为近代大学的诞生立下了不朽业绩。当中国进入20世纪后，共和政体取代君主专制，新文化运动汹涌而来，我国又一代新型知识分子迅速成长与壮大。他们以北大为中心点，迅速扩散到全国的教育文化领域，并将民主和科学的启蒙思想和时代精神传遍神州大地，从而拉开了中国社会建设与创造的大幕。试想，如果没有新教育制度的培植，哪有一代代近代知识分子的诞生与成长；如果没有近代大学制度的引进与创新，哪有大学知识分子成为近代知识分子主体的全新局面。不可否认，大学教师队伍的成长之路是我国近代新型知识分子成长轨迹的客观呈现，而促使大学教师队伍不断成长的关键因素是大学教师制度的建立与完善。

第三，近代大学教师制度的内在精神集中地体现我国近代大学的基本理念和办学原则。"学术独立"与"学术自由"是我国近代大学教师制度的精神所寄。"学术独立"是基于民族主义立场而言的，以本国教师为办学主体，以创造能立于世界学术之林的中国学术为目标，将独立之精神始终贯穿于近代大学乃至教师制度从诞生到成长的全过程。"学术自由"是西方近代大学的核心理念。从严复、梁启超到蔡元培、梅贻琦都自觉地将其引进到中国大学的办学实践之中，尤其蔡元培是以"思想自由"、"兼容并包"的民族语言重新诠释西方大学的这一经典理念，梅贻琦则以"大师论"、"从游论"、"从众论"的本土理念坚定地实践着"学术自由"的大学理念。正因为有一代代大学人及与大学相关的人的不屈努力，西方的大学核心理念在中国渐渐扎下了根，并在大学教师制度中"化合"成一种中国化的东西，即"教授治校"体制、自由流动机制、"按质论价"工资制和以研究为导向的教师进修制度。进而，"学术独立"与"学术自由"有机融合于一个制度之中，成为目的与手段相统一的有机体，让大学教师制度跳动着生生不息的"灵魂"。这样，研究近代大学教师制度的意义不单单限于其本身，而是从一个侧面折射出我国近代大学发展的生命之光。

第四，近代大学教师制度演进的另一样本意义是能为当代中国大学人事制度改革提供有益的借鉴。记得2003年北大人事改革方案（草案）一公布，不但在校内，并且在海内外均掀起一场争论的波澜，引发众多学者对大学教师制度的重新审视和深刻思考，而争论之焦点仍然是我国自近代以来不断重复的时代命题，即如何对待中西文化问题。换言之，当代大学人事制度改革在制度移植与制度创新之间如何做一个理性的选择。香港学者甘阳说："华人大学的根本使命在于必须一方面学习西方大学的优良制度和成果，但另一方面，这种学习的目的是要加强中国人思想、学术、文化、教育的独立自主，而决不是要华人大学成为西方大学的'附庸藩属'"。[①] 内地学者应星则从历史的角度论证"积极引进学术自由的理念与努力追求学术独立的思想，这就是蔡元培和蒋梦麟、胡适、梅贻琦那两代教育家所共同面对的塑造大学精神的两大问题"。[②] 上述两位学者的观点正是将思绪重新触摸近代那样令人难忘的历史。近代大学教师制度在一定程度上实现"学术独立"与"学术自由"的大学理想和精神，确能为当代改革设计者与实践者提供一个历史证明是比较成功的本土的制度范本。这就为本课题研究增强了现实感和历史的当代价值。

近代大学教师群体是"与本民族的文化共同着命运，欲以学术为宗基'承续先哲将坠之业'"的知识精英。[③] 她的产生、成长和成熟是由融汇中西文化传统和精神的教师制度作为有力的支撑和守护的。因此，本课题将以较长的篇幅逐渐展开近代大学教师制度的演进史，为曾经被忽视或遗忘的制度史章节续补其中的一段。

第二节　主要概念界定与制度演进分期

作为教育史中的概念，应置于当时的社会环境中回原历史语境，这样才能作出符合历史真实的阐释与界定。本课题专题研究我国近代大学教师

[①] 钱理群、高远东：《中国大学的问题与改革》，天津人民出版社2003年版，第140页。
[②] 应星：《塑造中国大学精神的现代实践——以蔡元培1917—1923年对北京大学改造为中心》（http://www.acriticism.com/article.asp? Newsid = 5015，2004 – 05 – 30）。
[③] 刘梦溪：《学术独立与中国现代学术传统》，《传统的误读》，河北教育出版社1996年版，第79页。

制度的演进，因而对相关概念的界定，既要明确一般的基本的意义，又要注意切合"教师制度"这一特定的视角。这是下面界定概念所秉承的基本原则。

一 关于"近代"与"大学"

我国大多近代史书都将"近代"起点和终点划为鸦片战争发生即1840年至1949年蒋介石政权在大陆覆亡止。而近代高等教育史则将"近代"断自1862年，即京师同文馆创办为标志性事件。舒新城在《近代中国教育思想史》中论道："同治元年（1862）之创设同文馆，是我国教育制度因外力逼迫而逐渐破坏之始，也是中国逐渐将固有的农业社会的教育制度变而采用西洋的工商业社会的教育制度之始。故近代的时间即以斯年为断。"[①] 制度因学校而出，无学校何以有学校制度。京师同文馆既然是我国近代最早的一所新式专科学校，因而大学教师制度演进的起始期断于1862年，是名正言顺、有理有据的。同时，将近代大学教师制度的终结期划定南京国民政府在大陆颁布最后一部教育法律《大学法》之时即1948年，也符合一般史界公论。

"大学"的概念在我国近代教育发展不同时期内涵上有所不同，甚至名称也不一。从起源上说，最初的大学大多用"馆"、"堂"、"塾"、"书院"之名。它们一般只是初中等水平，这不仅仅是中国，世界各国大体也如此。中世纪大学和美国最早的哈佛大学创立时，其水平也不高，但并不妨碍对其后世发展巨大成就的评价。"大学"概念有广义和狭义之分。广义的大学，包括大学、学院及专科学校，类型则包含国立、公立、私立和教会等四种，并且可与"高等教育"同义。光绪三十四年四月（1908年5月）学部在《奏准各项学堂招考限制章程》中对"高等教育"作了定义："凡《奏定学堂章程》所定分科大学、大学选科、大学实科、高等学堂、高等农工商实业学堂、优级师范学堂、译学馆、方言学堂以及未列专章之邮电、路矿暨政法学堂正科，属于高等教育者。"[②] 这是早期"大

[①] 舒新城：《近代中国教育思想史》，上海中华书局1929年版，福建教育出版社2007年版，第6页。

[②] 潘懋元、刘海峰：《中国近代教育史资料汇编·高等教育》，上海教育出版社1983年版，第315页。

学"的广义解,可作为我国的"大学"的原始之义。1930年,蔡元培在《大学教育》中也"用大学教育之广义",把专门学校归入"大学"名下,是为例证。狭义的大学专指冠名为"大学"的高等教育机构。胡适曾定义"凡具各种专门学科合为一大校者,始可称为大学"。① 狭义的"大学"概念有个演变过程。"癸卯学制"(1904)笼统将分科大学、大学选科和大学本科定义为"大学",并以大学堂为标准样式。民初所颁布的《大学令》规定大学以文理二科为主,文理二科并设或文科兼法商二科或理科兼医农工三科或二、一科者"方得命名为大学"。1917年颁布的《修正大学令》放宽"大学"设置条件,规定设二科以上者或只设一科者均可谓为"大学"。到1929年的《大学组织法》又从严设置"大学"标准,规定大学分文、理、法、教育、农、工、商、医各学院,"凡具备三学院以上者,始得称为大学"。自此,对"大学"设置趋于规范和稳定。同时,从类型上分为国立、公立(省市立)、私立和教会大学四种。教会大学到20世纪20年代末30年代初大多向中国政府立案注册,遂成为私立大学之一种。当然,从历史与现实而言,本文仍以狭义的"大学"作为主要研究对象,即指本科及以上层次的综合大学,它包括国立、公立大学和私立大学、教会大学,以国立大学为主,公立和私立(含教会)大学为辅,但在论述清末大学教师制度时,由于当时对"大学"未作严格界定,故所述的"大学"一般包括所有类型的高等学校。

二 关于"制度"和"大学教师制度"

对"制度"的定义既多又有分歧。不过,制度的杂乱的定义丛中仍然可以捕捉到"规范"、"规则"是"制度"概念的中心词。T. W. 舒尔茨把"制度"定义为"为管束人们行为的一系列规则"。② 这里所说的"规则",显然是制度的核心内容。制度是由正式规则、非正式规则及实施机制三个因素所组成的,但从大学教师制度这一特定对象而言,"制度"除"规则"这一中心思想外,还应引入"权利或权力"与"责任或义务"的概念,即斯密德所定义的"制度是人们有序关系的集合,它界

---

① 姜义华:《胡适学术文集·教育》,中华书局1998年版,第18页。
② 转引自卢现祥《西方新制度经济学》,中国发展出版社2003年版,第2页。

定人们的权利、责任、特权以及所面对的其他人的权利"。① 我国学者张旭昆也将"制度"定义为"关于人们（个人及组织）行为的规则，是关于人们的权利、义务和禁忌的规定"。② 根据上述定义，对"大学教师制度"可作这样的理解，它是大学教师行为的规则系统，是关于教师个体和群体的权利或权力、义务或责任的规定。我国近代大学经历了若干发展时期，不同时期对教师的称呼及制度内涵均有区别，但大学教师制度严格意义上属于大学管理制度的范畴，它涉及管理过程的各个环节，因而大学教师制度具体应包括职务、资格、聘任、晋升、奖惩、培养、考核及薪俸、退休等制度内容。当然在制度的演进研究中，还要注意到制度背后所蕴含着的价值思想和理论，因为它是制度的灵魂，而制度则是它的载体和外在表现。

"大学教师制度"的上位概念是大学制度，而大学制度又是制度的下位概念，与制度具有通约性。因此，大学制度可以定义为"是关于大学管理与运行的规则体系，是以大学的学术性本质为根据的、确定大学生存与发展的规则体系"。③ 从内容维度上讲，大学制度包括组织制度、管理制度和工作制度等，其中管理制度又可分政府管理制度、社会参与制度和大学内部管理制度。大学制度的核心价值是由其学术性本质所决定的，即大学自治和学术自由，这两者构筑了大学制度的两大基石。这样，大学教师制度作为大学制度中管理制度区域，也就必然要置于"自治"和"自由"价值理念之下。

三 关于"学术独立"与"学术自由"

"学术独立"是一个历史的概念或本土思想或理念，且有多义性。在我国近代，"学术独立"有着中国学术独立于西方，学术独立于政治，学术独立于其他社会活动三种基本含义。"近代学人提出'学术独立'，首先是对西学东渐的回应。"④ 这一判断是准确的。近代"学术独立"的原始意义是指学术事业上的独立自主，即中国学术应独立于西方。它源于洋

---

① 转引自卢现祥《西方新制度经济学》，中国发展出版社2003年版，第120、131页。
② 张旭昆：《制度的定义与分类》，《浙江社会科学》2002年第6期。
③ 张俊宗：《现代大学制度》，中国社会科学出版社2004年版，第46页。
④ 肖雄：《近代学术的"学术独立"观念》，《云南民族大学学报》（哲学社会科学版）2006年第3期。

务运动之"中体西用"论,①是晚清开明官僚和洋务知识分子从对"西学东渐"有可能使中国学术成为西方学术的附庸的担忧而生发的学术民族主义思想。正如近人所论"考我国废科举与兴学校之唯一动机,无非求所以摆脱外人之支配"。②民国成立之后,"学术独立"思想有了新质,即开始出现独立性与国际性相结合之趋向。这样,"学术独立"就有了较为完整的含义,它主要包含:一是中国学术在"西学东渐"中应保持其独立性,不做西方学术的附庸;二是立足国情,在吸收西方学术的基础上创造能贡献于人类的学术成果,从而使中国学术屹立于世界学术之林。无疑,近代"学术独立"思想是始于民族主义立场的,这里有继承中国学术传统的含义,但不能简单地理解为学术上的保守主义,其开放性是显而易见的,它所选择的学术上的自主自足之路是与世界视野相结合。张君劢对此指出:"凡以求中西之通,以达到吾国学术自主之地位而已。"③姜琦曾于1940年11月明确提出反对"无民族性之思想自由与无国际性之学术独立"。④1947年9月28日,胡适发表了《争取学术独立的十年计划》,对"学术独立"作了系统的阐述:"我说的'学术独立',当然不是一班守旧的人们心里想的'汉家自有学术,何必远法欧美'。我决不想中国今后的学术可以脱离现代世界的学术而自己寻出一条孤立的途径。我也决不主张十年之后就可以没有留学外国的中国学生了。我所谓'学术独立'必须具备四个条件:(一)世界现代学术的基本训练,中国自己应该有大学可以充分担负,不必向国外去寻求。(二)受了基本训练的人才,在国内应该有设备够用与师资良好的地方,可以继续做专门的科学研究。(三)本国需要解决的科学问题、工业问题、医药与公共卫生问题、国防工业问题等等,在国内都应该有适宜的专门人才与研究机构可以帮助社会国家寻求得解决。(四)对于现代世界的学术,本国的学人与研究机关应该能和世界各国的学人与研究机关分工合作,共同担负人类与学术进展的

---

① 肖雄:《近代学人的"学术独立"观念》,《云南民族大学学报》(哲学社会科学版)2006年第3期。
② 余家菊、李璜:《国家主义的教育》(第一集),中华书局1923年版,第1页。
③ 史华慈等:《近代中国思想人物论:自由主义》,时报文化出版事业公司1980年版,第379页。
④ 姜琦:《我国大学课程之基本原则》,《抗战时期之高等教育》,中央文物供应社1972年版,第83页。

责任"。① 这是对"学术独立"第一种含义的"封口"之义，全面而又准确，也是本文所取之义。第二种含义指的是学术独立于政治，即学术不受政府、政党、宗教乃至校方不合理之干扰，学者应独立自主地开展学术活动。其萌芽于戊戌之后。严复早就有"学问"与"政治"应"分工"之观点。② 王国维则提出"学术之发达，存乎其独立而已"。③ 民国以后，"学术独立"中"独立于政治"之义开始汇入"学术自由"和"教育独立"思想或思潮之中。这里要特别指出的是"学术独立"与"教育独立"之间的关系。"教育独立"产生于"五四"前后，但真正成为一种思潮或运动的是以1922年蔡元培的《教育独立议》、李石岑的《教育独立建议》等方案提出及南北各校师生的有关活动为标志的。它主要包括教育经费独立、教育行政独立和教育思想独立等内容。可以说，在"五四"前后至20年代末"教育独立"对"学术独立"思想发生过某种影响，使"学术独立"成为"教育独立"的组成部分，但前者在1930年代初便走向沉寂。第三种含义是指学术独立于其他社会活动，即学术除不依附于政治之外，同样应独立于经济、军事、文化等，并与"致用"作适度的区分，由此引申为"为学术而学术"思想。这一学术独立之义同样发端于戊戌之后，如章太炎提出"学在求是，不以致用"，而真正成为我国学界流行之观点的是20世纪30年代之后。萧公权曾于1945年倡议"为学问而问学"，并提出"学术独立不是学术与社会隔离，与生活脱节。'独立'的意思是：治学者或求学者在治学求学的时候，专心致志去治学求学，而不'胸怀异志'，别有企图"。④ 事实上，这一含义在近代中国始终只是学人的一种治学理想而已。上述"学术独立"的三种含义，将其置于近代大学制度的语境下，就不难发现"学术独立"第一、二种含义与近代大学教师制度最为关切，因而本文所取的"学术独立"之定义主要是中国学术应独立于西方与政治，并力求学术自主与世界视野、学术自由与民族使

---

① 胡适：《争取学术独立的十年计划》，《胡适教育论著选》，人民教育出版社1994年版，第369页。
② 严复：《论治学治事宜分二途》，《严复集》（第一卷），中华书局1986年版，第89页。
③ 王国维：《论近年之学术界》，《王国维学术文化随笔》，中国青年出版社1996年版，第11页。
④ 萧公权：《问学谏往录》，学林出版社1997年版，第192页。

命相结合。"学术独立"第二种含义，本文用"学术自由"来界说。第三种含义不纳入本文所用"学术独立"之义。无疑，"学术独立"思想是近代大学教师制度的内在精神一方面构成，而且"学术独立"首先必须由大学教师制度来保障和体现。这在后来的各章中会有详尽的论述。近代大学教师制度中所体现的"学术独立"思想，主要体现有三，一是中国大学要以国人充当教师主体和管理主体；二是中国教师要努力承担起民族学术独立发展之责任；三是中国教师要具有世界视野，能与国际学术界平等对话，并共同担负人类与学术进步的责任。

"学术自由"是西方大学的经典理念。英国《简明不列颠百科全书》定义"学术自由"是"指教师和学生不受法律、学校各种规定的限制或公众压力的不合理干扰而进行讲课、学习、探求知识及研究的自由"。《美国百科全书》的定义："指教师的教学和学生的学习，有不受不合理干扰和限制的权利。包括讲学自由、出版自由及信仰自由"。由此可见，"学术自由"主要包括教学自由、学习自由、研究自由和思想自由，它适用于大学教师及学生的学术活动，其主旨是"教师与学生在进行有关高深知识的研究与探讨时，可以不受学术范围之外的政治、宗教和社会因素的干扰，独立解决学术领域的问题"。[①] 我国近代的"学术自由"思想无疑是舶来品，是由以蔡元培为代表的一代新型知识分子从欧美引入的，并借着新文化运动迅速弥散到中国的大学系统和学术界，并渐渐地在中国土地上生根开花结果。"学术自由"渗入大学教师制度的成长过程，并最终成为其内在精神之构成，自然经历了较为漫长的演进过程。在大学教师制度孕育期并没有"自由"之成分，到戊戌变法才有"自由"概念的传入与宣扬，只有到民主共和政体确立之后，"学术自由"才在中国大地传扬，并逐渐演化为本土化概念，即"思想自由"、"兼容并包"。到20年代末30年代初，其逐渐从官方政策中消解而转为教授主导的"学院逻辑"。"学术自由"的制度体现主要在教师制度与学术制度方面。在近代大学教师制度中"学术自由"的集中体现是"教授治校"体制及其相关制度中，但没有形成像美国大学那样的"终身教授"制度，这也说明制度移植的"变异性"。

---

① 张斌贤、李子江：《大学：自由、自治与控制》，北京师范大学出版社2005年版，第10页。

至于"学术自由"与"学术独立"之关系,近代学者姜琦有过精彩之论。他在《我国大学课程之基本原则》一文中指出:"所谓'思想自由'与所谓'学术独立'系互相为因同时互相为果;设使中国学术不尊重本国国情有所发明与创造,单只以舶来品为摹本,便失其学术独立之资格;独立之资格一经丧失,则吾人思想之自由焉能保全?不啻受外国文化之侵略而有所屈服矣",进而强调"思想自由"与"学术独立"也必须"与所谓'求国际上、政治上及经济上之平等自由'一语相互串通并打成一片而行动"。[①] 1932 年 12 月,时任教育部长朱家骅指出,"中国现在就整个民族言,必须在教育上注重民族复兴,而后中国民族乃能自由"。[②] 上述可知,"学术自由"与"学术独立"是互相依存、互为因果的关系。没有"学术独立"就没有"学术自由","学术独立"是实现"学术自由"的前提与条件,反之"学术自由"是"学术独立"的有力支撑,没有"学术自由"也不可能有真正的"学术独立"。不过在近代中国,"学术自由"始终置于"学术独立"言语方式之下。换言之,"学术独立"是"学术自由"的目的,"学术自由"是"学术独立"之手段或工具,而且"学术独立"第二种含义就包含"学术自由"的基本要义。

我国近代大学教师制度的演进历程八十余年,最初或隐或显的是"学术独立"本土思想,而"学术自由"到"五四"新文化运动前后才在我国开始扎根,并渗入教师制度建设领域,以致 20 世纪 30 年代末 40 年代初与"学术独立"相融合,一并构成近代大学教师制度的内在精神或指导思想或价值基础。从文化变迁角度说,制度移植过程中形式与精神有时分离,或先有形式后有精神,是符合文化变迁规律的。孟禄 1922 年来华讲学时说过:"社会学上有一个原则说,凡个己或国家采用或借用外国习惯与制度,始则模仿外表,及经验既久,始能移植外国制度之精神"。[③] 我国近代大学教师制度的演进也是沿着这条路径的。自洋务运动以后,我国具有高等教育性质的新式学校教师主体是西方传教士及技术人员,尤其是讲授近代自然科学的几乎是清一色的"洋人"。这对华夏民族

---

① 姜琦:《我国大学课程之基本原则》,《抗战时期之高等教育》,中央文物供应社 1972 年版,第 83 页。

② 朱家骅:《九个月来教育部整理全国教育之说明》,《革命文献》(第 53 辑),中央文物供应社 1971 年版,第 108 页。

③ [美]孟禄:《论中国新学制草案》,《新教育》第 4 卷第 2 期。

和国人无疑是极大的刺激。模仿西方办学,培养本国学者,建立独立的中国新型教师队伍就成了清末开明官僚和知识界"学术独立"思想的主要内容。那时"学术"的概念几乎与"教育"同义。到民国尤其是五四运动以后,"科学"逐渐成为"学术"的核心要素。这样,大学教师从事科学研究,进而成为建立和发展中国新学术的主力军,成为大学教师制度的指导原则,并始终与"民族独立"相存相依。随着近代大学的不断成长,本土教师渐成大学的主人和学术的主导,中国学术也随之渐渐脱离了"模仿"而进入自创的阶段,到了20世纪40年代前后,我国大学形成了一支具有较高学术水准的教师队伍,中国学术也初步实现了独立于世界学术之林的目标。因此,可以说,近代"学术独立"思想主要是由大学教师及其制度来承载和体现的。

四 关于制度分期

我国近代大学教师制度从孕育、萌芽到形成、发展、成熟、完善,前后经历了八十余年。对其演进进行时期的划分,对研究的便利和遵循历史本相都是必不可少的。那么,分期标准是什么呢?这当然要考虑时势和制度发生本身的阶段性,更重要的要关注"标志性事件",尤其制度演进中所发生的与制度密切相关,有的甚至就是制度本身的标志性事件。这里的"标志性事件"既含"事件"原义,又含某一件法律法规,只是以是否有重大意义为标准。周予同说得好:"一切历史著作之时期的划分,都不过是为研究或说明的便利而设;因为社会的演变自有其绵延性,历史著作中之每一个时期,都含有前一时期的余波与后一时期的萌蘖,势不易为截然的分割。"[1] 根据上述原理,对我国近代大学教师制度的演进史分为如下六个时期:

第一时期(1862—1895):以京师同文馆创办为开端,以甲午之役为止,前后三十余年,为孕育期。本期中有一批洋务学堂先后举办,尤其是教会学校已进入发展期,这些新式学校共同绘就新教育的不凡前景,但学校大多处于初创,办学水平仅为初级水平,个别的也达到专科学校或预科的水平,因而学术界大多不认近代大学已创立,但其重要的贡献是为近代大学的诞生而培养和准备了部分新型的师资,并确立了中国教师应成为中

---

[1] 周予同:《中国学校制度》,商务印书馆1933年原版,上海书店影印,第2—3页。

国新式学校师资主体的目标，故称之为近代大学教师制度的孕育期是恰当的。

第二时期（1895—1902）：以三所近代大学创办为标志，我国近代大学制度开始萌芽并初显雏形。1902年京师大学堂遭遇庚子劫难后而又重新恢复办学，表明一度中停的演进又开展其新的征程。

第三时期（1902—1911）：以"壬寅癸卯学制"颁布到清朝覆亡。《奏定任用教员章程》这一我国近代首部教员任用的独立规章的颁布，标志着我国近代大学教师制度的初步形成，故将此时期称之为"初立期"。

第四时期（1912—1927）：从民国成立到北洋政府谢幕为前后时，我国近代大学教师制度进入了一个发展时期，制度建设内容扩展，速度加快，尤其是其制度终于有了一个新的灵魂，即"学术自由"成了教师制度发展的价值基础之一，科学研究成为教师的基本职责和学术独立自由的主要区域。

第五时期（1927—1937）：1927年6月25日南京国民政府教育行政委员会颁布《大学教员资格条例》，这是教师制度发展中最为重要的事件，它意味着我国近代大学教师制度已进入"成熟期"。到1937年初，我国近代大学教师制度已达到基本成熟的程度，若干著名大学的教师队伍学术水平已接近西方大学的水准。

第六时期（1937—1945）：以抗战爆发，大学迁移为起点，到抗战胜利为终点，我国近代大学教师制度在艰难的战时环境中走向成熟是其演进的主要特征，故称之为"完善期"。

1945—1948年，作为近代之末，虽然在抗战之后有短暂的一二年和平发展时期，但很快又陷入一场国内战争，因而大学教师制度除颁布国民政府在大陆最后一部教育法律《大学法》之外，并没有太多制度建设举措，故不作一个分期，只在第七章第五节中作附带的论述。

从京师同文馆创立到国民政府在大陆颁布最后一部教育法律《大学法》，我国大学教师制度走过了八十余年的漫长的旅程，其命运与国家民族的命运是相同的，虽然时有曲折，但前进的步伐始终没有歇止，一直向着"学术独立"的目标行进，六个时期的前后相接，最终形成具有中西会通的近代大学教师制度。这份制度遗产值得研究和承继。

第三节　学术史

我国近代教育史研究是卓有成就的学术领域。其研究重点在近代教育发展史和教育思想史上，而教育制度史研究相对薄弱，已有的成果大多数是非专题的，或以通史形式呈现的，专题制度研究成果较少。对近代大学教师制度的系统研究，至今仍是十分薄弱的部位。

较早关注近代大学教师制度变化的是陈东原。1941年他在《高等教育季刊》创刊号上发表了《论我国大学教员之资格标准及聘任制度》长文，较清晰地勾勒了自京师大学堂创办至20世纪40年代大学教员资格与聘任制度的沿革，而且介绍德国、法国、美国、英国、意大利等西方五国大学教员聘任制度的标准，以此作为比较研究；最后一部分是对国民政府1940年8月颁布的《大学及独立学院教员资格审查暂行规程》和《大学及独立学院教员聘任待遇暂行规程》进行介绍与评论。在本文中，陈东原从大学教师所肩负的"重大的责任"出发，强调大学教师资格与聘任制度重心应放在"教师的地位确定"上，并提出"大学师资及最高学术人才，惟望外国大学为我培养，则本国之学术必永无独立发展之望"，进而得出注重大学师资之培养是"学术独立"的根本性措施的结论。当然，关于外国大学教员介绍尚有一些成果，如何炳松译的《美国大学教员团》（《新教育》第3卷第3期，1920年7月）等。值得一提的是孟宪承著《大学教育》（商务印书馆，1933）第三章中用了7页篇幅重点论述我国近代大学教师的聘任和待遇方面的一些制度规定，提出大学教师"认清了自己对于教育和学术的使命，而不懈地执行着这使命"。当然，还有三四十年代出版的通史类著作偶尔也涉及教师问题和教师制度问题，大多着墨较少，缺乏深入的探讨。新中国前三十年中，由于全面照搬苏联的大学教育制度，因而对以欧美为借鉴模式的近代大学教育制度（包括教师制度）研究缺乏现实的推动和活动的空间，除文献史料收集与整理时续时断地进行以外，专题研究大多为"禁区"。

改革开放三十余年，我国近代教育史研究进入了繁荣时期。其研究已覆盖到近代教育的大部分领域或方面，大学教师制度专题史研究也进入了学术的视野，并出现一系列的研究成果。较早研究高校教师制度的是刘来泉等，他们在《教育研究》（1993年第4期）上发表《我国教师工资待遇的历史（1909—1949）》一文，迈开了将大学教师制度作为专题研究的初步。此后，陆续有学者对近代、当代教师聘任、职称、培训等制度作探讨，但大多只是论文中的一部分或一段。当《中国教育管理制度史》（李才栋等主编，江西教育出版社，1996）、《中国教育制度通史》（李国钧、王炳照总编，山东教育出版社，2000）等问世，标志着教育制度史研究已逐渐成为一种显学。当然，通史类著作侧重于全面性，不可能对教师制度这样微观制度作深入的研究。值得欣喜的是到20世纪末21世纪初，关于近代大学教师制度的一批研究成果较为集中的出现。史静寰的《教会学校与近代中国的师资培养》（《高等教育研究》1995年第1期），刘剑虹的《试论蔡元培和梅贻琦的大学教师观》（《华东师范大学报·教科版》1998年第1期），田正平、吴民祥的《近代中国大学教师的资格检定与聘任》（《教育研究》2004年第10期），慈鸿飞的《二三十年代教师、公务员工资及生活状况考》（《近代史研究》1994年第3期）、刘明的《论民国时期的大学教员聘任》（《资料通讯》2004年第6期）、商丽浩的《晚清中国教习在新式高等教育机构的薪酬》（《近代史研究》2007年第2期）、邓小林的《近代中国大学教师聘任、晋升等问题》（《求索》2004年第1期）等论文，从不同的视角对近代大学教师制度的其中一部分进行研究，达到了较高的水平。从著作方面看，田正平、商丽浩主编的《中国高等教育百年史论》以制度变迁、财政运作与教师流动三个专题为重点，其中第四章"高等学校教师薪酬制度的演进"，从职业角度较有深度地揭示我国近代高校教师的经济生活和薪酬制度对不同类型教师职业之影响，提出了"近代高等教育机构的酬薪制度随国家政治体制、高等教育管理结构、高校发展目标等的发展而变化"的颇有价值的观点，与此内容相类似的还有马嘶的《百年冷暖——20世纪中国知识分子生活状况》（北京图书馆出版社，2003）、陈明远的《文化人的经济生活》（文汇出版社，2005），只是后两者以描述性为主，虽涉及大学教师的生活状况，但缺乏专题性；胡建华等合著的《大学制度改革论》（南京师范大学出版社，2006）、王全林的《精神式微与复归——"知识分子"视角下的大学教师研究》（南京师范大学出版社，2006）均有一定的篇幅论及近代大学教师制度，但从书名即可得知两书的重点不在教师制度上，不过胡著的第九章"大学教师制度改革论"第二节集中论述了我国大学教师制度的历史变迁，按晚清、民国时期和新中国时期三个阶段进行史料的梳理与归纳，可惜篇幅较短，不可能有系统性的深入的研究内容。台湾学者苏云峰的两部关于清华大学的专题研究著作，[1]虽然非教师制度专题史，但教师素质或品质提升、教师待遇差别、人事网络与权力组织、校长人选等是两书的主体内容，史料翔实，概括新颖，确实给人耳目一新之感觉。此外，汪向荣的《日本教习》（生活·读书·新知三联书店1988）是不可多得的探讨日本来华教习的著作，史料收集上用力甚烈。美国学者杰西·格·卢茨的《中国教会大学史（1850—1950）》（曾钜生译，浙江教育出版社，1987）中有一定的内容是讲教师的来源、结构及收入等，用语简洁，极具价值。

21世纪初，在学界有了一个新的现象：一些博士、硕士生将论文选题确定在近代大学教师这个领域内，并形成一定的研究规模，成果也陆续呈现。其中博士学位论文有邓小林的《民国时期国立大学教师聘任之研究》（四川大学，2005）、吴民祥的《中国近代大学教师流动研究》（浙江大学，2005）、张立程的《西学东渐与晚清新式学堂教师群体研究》（中国人民大学，2006）等。邓小林的从题目看可知研究明显是聘任工作，文献收集很用力，论文中对各个时期的有关国立大学教师聘任的法规前后比较十分细致精到，但研究的视角没有集中在制度层面上，因而也没有论及大学教师聘任制度背后的价值精神，但提出"现代中国学术的发展，实则与近代大学聘得怎样的教师关系甚大"这一颇有启迪的观点。吴民祥的论文令人意外地选择人口迁移理论来勾勒和分析近代大学教师流动状况，尤其将思想的论争、校长的办学理念、学术共同体、政治干预、经济窘迫及战争压力等作为教师流动的相关因素颇有见地，还涉及"学术自由"和"教授治校"的相关内容，但作者没有将近代大学教师自由流动作为一种机制和一种制度来分析。张立程的论文选题颇新，将西学东渐与教师群体形成联系起来，既符合史实，又有史论上的提升，不过非专门针对大学教师的。硕士学位论文有向仁富的《北洋政府时期北京国立八高校教师索薪运动》（四川师范大学，2001）、储德天的《西南联大知识分子共同体研究》（上海师范大学，2005）、王蔚清的《西南联大的权力结构研究》（浙江师范大学，2006）、陈育红《战前十年中国教师薪俸

---

[1] 苏云峰：《从清华学堂到清华大学（1911—1929）》，生活·读书·新知三联书店2001年版。

研究》（中国社会科学院，2005）、庞海江的《近代大学教师群体透析》（吉林大学，2006）等，大多属于教师制度研究有关内容。

总之，关于我国大学教师制度的研究，从现有文献看，只有陈东原1941年的论文谈及大学教师资格与聘任制度中的"学术独立"思想，而其他的研究主要集中在聘任、培养、薪酬等制度要素上，至今还没有一项综合性的系统研究成果。韩水法说："聘任和晋升制度仅仅是教师制度的一个部分，虽然是一个重要的部分，但并不是唯一重要的部分，同样重要的部分还包括学术和教学自由、学术民主和其他权利和职责的规定"。[1]本文企图将近代大学教师制度作为一个规则系统列为研究重点，并尽力挖掘大学教师制度中的价值元素，力求展示其"躯体"与"灵魂"融然一体的制度全貌。这也许是本文选题的价值所在。此外，上述研究大多没将教会大学纳入研究域，其实我国近代大学制度（包括教师制度）发展是与教会大学互相促进分不开的。从尊重历史原相和研究系统性着眼，应将教会大学教师制度置于中国近代大学教师制度的有机构成中加以考察。这也是本文一个特别考虑的方面。

第四节 研究思路、框架

对教育制度史研究必然要重点考察其变迁或演进的路径与脉络，"应该在重新审视中国历史上教育制度的形成、发展和演变的历程时，回答教育制度作为一个历史存在物的存在特性，及其与现实存在的教育制度之间的关联"。[2]同时，要考虑到制度的根本特征是规范性和系统性，侧重于正式规则即法制性教育制度和惯例性教育制度的探讨。基于上述认识，本文研究的基本思路：从制度形式入手，进而挖掘制度背后之学术独立与自由精神，力图勾勒出近代大学教师制度的系统形象或全貌。制度形式主要指有关教师的法律法规。以政府的法律法规文本为主，同时也将学校制定的教师方面的规章制度一并纳入考察范围，后者主要属于大学实施法律法规的细则性文件。由于文献资料的不足，对非正式规则即教育传统与习

---

[1] 韩水法：《牵一发而动全身》，《中国大学的问题与改革》，天津人民出版社2003年版，第199页。

[2] 于述胜：《中国教育制度史》（第七卷），山东教育出版社2000年版，第1页。

俗、教风等，只是略微点到。制度精神指的是制度背后所蕴藏的思想、观念和价值观，形象地称之为"灵魂"。没有灵魂的制度是死的制度，注定是不会长久存在的，正如有学者所说的，"法令条文的背后，最能表现或映出政府或一部分人们的教育主张"。① 因而，制度精神就成了本文所要特别着力和力求突破之处，这就决定制度思想成为研究的一个重点内容，也是本论文的创新点。大学教师制度的系统性包括职务、资格、聘任、晋升、考核、奖惩、培养及薪酬、退休等基本构件，但聘任（可包括资格、晋升）仍然是教师制度的最重要最关键的部分，本文研究以聘任制度为主线，以培养制度为次主线，以此来牵动教师制度的其余要素。教师制度是微观的实践性的制度，这样在研究中是不能忽视制度与实践之间的一致性和不一致性，尤其是不一致性，特别是制度制定主体的政府对待不一致性的态度和所采取的措施。这个问题是我感兴趣的，在本文中会有所体现。换言之，"从思想的产生到法令条文和规章制度的制定，最后通过具体操作的实践得以实现"的制度化过程均将程度不同地纳入本文研究思路之中。

至于制度演进史，顾名思义要以时间为主要线索。本书将按上节所划分的六个时期顺序渐次地展开近代大学教师制度从孕育到萌芽乃至成熟与完善的演进轨迹，在因循时间线索的同时要将制度的形式与精神从"分"到"合"的另一隐性轨迹勾勒出来，这就决定本文的基本内容：全文共分三部分。第一部分是绪论，作为全文的引文，着重于选题的意义、主要核心概念的界定、演进分期和学术史回顾等。第二部分为六章，以六个时期近代大学教师制度的变化和推进作各有侧重的论述，在这六章中时间线索与制度思想有时可能会顾此失彼，因而采取线式叙述与横断面有机结合的办法，力求将制度发展的脉络勾勒清楚，同时又能较深入地呈现其制度里层所涌动的生命内涵。在这六章论述的内容大体分制度环境与思想、制度形式（即政府的法律法规和学校规章制度）和制度实施等。当然每一章因时期不同而侧重点有所不同。毫无疑义的是这种线性叙述结构，具有一些先天不足，如注重系统性而忽略重点性，强调演进脉络的清晰而一定程度上对复杂性的思考不力等，这就要求每章在理清演进线索的基础上，

---

① 瞿菊农：《抗战七年来的教育学》，《革命文献》（第59辑），中央文物供应社1971年版，第30页。

对各个时期大学教师制度建设的重点和特色再作专题性的论述。这样就形成"线索为先，专题为后"的基本结构。第三部分是我国近代大学制度的系统形态和基本经验之总结，讨论制度演进所折射出来的一些带有规律性的东西，主要是制度之灵魂，制度与文化的关系，政府与大学的关系，校长与教授的关系等。

第五节 研究方法

一 文献法

教育史的研究，最主要的研究方法是文献法，用力最勤的也应是文献收集与整理。本文资料收集范围为原始档案、校史、文史资料、当时的报刊及大量的史料汇编。本人采取边收集边研读第一手文献的办法。当文献阅读基本完成后，从扩大视野、获取理论启迪角度考虑，集中一段时间阅读与本文研究相关的论著，包括新制度经济学、知识分子理论、基督教史、欧美大学史、近代史以及现代化进程等，即"跳开课题看课题"，颇有收获。接下来，我再回过来继续研读第一手文献，并旁涉一部分二手文献性的书籍，主要是教会大学及校长的相关书籍以及一些叙述性的回忆文章。经过上述三个阶段的研读与思考，从而形成了本文的基本观点和基本框架。然后，我又集中一段时间阅读与大学教师制度有关的论著和博士、硕士学位论文，尤其是我国近代教育家的教育论著，如康有为、梁启超、严复、王国维、蔡元培、梅贻琦、胡适、蒋梦麟等，均启迪颇多，促使我一而再地修改写作提纲。

二 比较法

本文所采用的比较法属于同类比较研究，分纵向比较和横向比较。纵向比较主要指向同类制度性法规前后之不同，从而揭示出近代大学教师制度演进的脉络。横向比较主要指向大学之间在大学教师制度实施中的不同，由此反映其多样化特征。

第 二 章
新教育的萌芽与近代大学教师制度的孕育

当第二次鸦片战争爆发，中法联军将战火"由广东一隅而最终进入华北，使上国帝京一时成为夷狄世界"，同时也"把沉重的震撼带到了中国社会的中枢"之际，① 朝野上下开始有人真正地认识到国家民族所面临的生存与独立危机而思图变革。洋务自强运动就是在这样的时势下掀起的。毋庸置疑，当时清朝政府和洋务官僚运作洋务只是出于应急，而思想准备显然是相当不足的。他们从列强的"坚甲利兵"中推测出"制洋器"之必要，而又从制器中明白"洋务从算学入"，加之算学又是西学的范畴，这样"采西学"、"制洋器"就成洋务自强运动的主题。

清政府被迫与列强签署了一系列不平等条约，只视为缓兵之计，还没有意识到这是列强"依靠条约法规使各种权利成为制度"。② 虽然中国民间的"私人契约交换"由来已久，颇为流行，但对国与国之间的契约知识是相当陌生的，这样自然不可能一开始就感觉到不平等条约作为一种制度安排，其本身所具有的非人格化的制度力量，以及制度背后所包含着的不同文化和价值观念。这个课题也只能留给历史的新进程，好在洋务自强运动终于在开放中国、学习世界上迈出了实质性的一步，近代新教育也作为其运动的主体议程而缓缓拉开了序幕。自此，近代教育与国家民族的命运如此紧地联结在一起，并开始萌发由民族独立引发的"学术独立"思想。

---

① 陈旭麓：《近代中国社会的新陈代谢》，上海人民出版社1992年版，第45页。
② [美]费正清、刘广京：《剑桥中国晚清史》（上卷），中国社会科学出版社1985年版，第213页。

第一节　学校制度的先例资源与
近代新教育的萌芽

同治元年即1862年6月，京师同文馆的创立，标志着我国近代新教育进入萌芽状态。所谓新教育，是相对于官学、私学和书院这些传统教育而言的，指学校式的近代教育。京师同文馆设立的直接动机，是应对中外交涉中"语言不通、文字难辨，一切隔膜，安望其能妥协"之困境的。① 当然，筹议者的目的是多元的，想通过学西语，进而译西书，探窥西方强大之谜，最后以助我富强，这无疑是基于民族主义立场的。1862年8月20日，总理事务衙门大臣恭亲王奕訢（1833—1898）等在《奏请设立同文馆折》中陈述筹备时曾行文两广总督、江苏巡抚调派教习，结果"广东则称无人可派，上海虽有其人，而艺不甚精，价则过巨，未便饬令前来"。② 这一尴尬局面的出现对闭关久远的清朝来说不为突然，虽然有学者认为有两广、江苏两地官僚对新式学堂持观望的态度而拖延所致，但在当时外语翻译人才奇缺是客观存在的事实。奕訢等"不得不于外国中延访"，最终由英国驻华使馆汉务参赞威妥玛推荐，聘到了首位英文教习包尔腾（J. S. Burdon），同时调遣汉儒徐澍琳充当汉文教习，又推选八旗子弟10人，这样我国近代第一所官办的新式学堂破土而出。包尔腾（1826—1907）是英国传教士，1853年来华传教，先在上海，后赴北京，兼通汉文。徐澍琳是师儒，为顺天人，候补八旗官学教习。耐人寻味的是，近代第一代新式学堂教师是由西籍传教士和儒学官师所组成，是偶然所致还是历史之必然呢？在京师同文馆的最初几年里，又渐次增设法文馆、俄文馆，教习分别由法国传教士司默灵和俄罗斯驻华使馆翻译柏林担任，张旭新和杨亦铭分别为两馆汉文教习。据曾任同文馆教习的美国人毕乃德研究，使用司默灵和柏林的合同，正如一年前使用包尔腾一样，都是由总理衙门和他们所隶属的公使馆签订的，而不是和他们个人。③ 这实际

---

① 奕訢等：《通筹善后章程折》，《中国近代教育史资料汇编·洋务运动时期教育》，上海教育出版社1992年版，第3页。

② 奕訢等：《奏请设立同文馆折》，《中国近代教育史教学参考资料》（上册），人民教育出版社1986年版，第26页。

③ ［美］毕乃德：《洋务学堂》，曾钜生译，杭州大学出版社1993年版，第80页。

上就形成了教师来源和聘请的最初路向，即西籍教习（以传教士为主）、中国教习（以有科举功名者为主）分别担负西学与中学的教学，"双轨制"由此形成。

京师同文馆创办时，首先面临的是学校制度和教师来源的贫乏，别无选择的是"旧制新知"。《京师同文馆章程六条》（1862）中每一条都写"查旧例，俄罗斯文馆……"。其实，俄罗斯文馆早已名存实亡，既无学生又无教习，只是"一些章程先例"而已。当然，以旧例立章，容易不被保守官僚攻讦，可事实上也别无官学新制可借。当时从学校制度而言，仅存的"先例"有官学、私学、书院和科举制度，此外还有正处于萌发状态又列于传统教育体制和社会阶层之外的教会学校。官学制度在中国具有深厚的历史基础，到晚清，国子监、八旗学及府州县学均以选拔为业，成为科举之附庸。官学实行官师合一制度，如国子监祭酒之下设助教、学正、学录之官职。私学以私塾为基本类型，个别教学，读经楷书括帖，而且塾师大多是科举仕途失意之儒生，并靠私塾举办者提供的束修而营生。只是书院制度，作为私学的一种高级形式，"最早出现在唐代，宋代达到极盛，明清仍不绝于缕"。[①] 晚清的书院官学化很重，大多以应试为预备，但仍有部分书院仍沿袭书院的一贯传统，即自由讲学，学生自修为主，师生问答，独立钻研与共同切磋相结合，形成了一种与一般官学相异的教学风格和自由研究的学术氛围。科举制度存在于中国已上千年，最初的那种不拘一格凭才取官的活力和优势，到清代已荡然无存了，科举的空疏无用深刻地影响乃至阻碍社会文化事业的进步，因而变革科举成为清代的一种思潮。"乾隆三年，兵部侍郎舒赫德言：'科举之制，凭文而取，按格而官，已非良法。况积弊日深，侥幸日众。……应将考试条款改移更张，别思所以遴拔真才实学之道'"。[②] 到清末，废科举与兴学图强相联系，终致1905年被废止。官学、私学、书院和科举制度，均以儒家经典、历朝史书、性理为教学或考试内容，以八股为文体，最终以科场取名获仕为目的。这就是洋务新式学堂创办时的本土教育制度的传统资源，但新教育是以西文、西艺、西学为主体内容的，这些"新知"需要有与之相配套的

[①] 卫道治：《中外教育交流史》，湖南教育出版社1998年版，第61页。
[②] 《清文稿·选举志三》（节录），《中国近代教育史资料汇编·鸦片战争时期教育》，上海教育出版社1990年版，第4页。

教学方法及体制，用旧例这一旧瓶来装"新知"之新酒，显然是难以适应的。京师同文馆仿照的是俄罗斯文馆"旧例"。俄罗斯文馆有额定学生，分设教习，提调专管，学生平时严察，考试严判优劣以及助教酌发俸饷等之旧例，悉由京师同文馆抄录并全部仿照，微加变动并加以实施之。应该说，俄罗斯文馆上述旧例属于办学当中的一般形式，旧新之间可通用，但英文、法文、俄文及算学课程开设，依旧例已经不能满足其需要了，首先是分班分课教学形式和西方语言与自然科学教学内容需要新教师、新的教学方法乃至新的学校制度，这就迫使第一所新式学堂寻找新的借鉴或移植对象。

在中国本土时存的学校样式是尚在起步阶段的教会学校。近代中国的教会学校最早由基督教新教传教士创办的，并作为传教的一个工具和"西学东渐"的一种载体，但它异质于中国传统教育，已展示其初步的成效和较强的生命力。1807年，英国伦敦布道会教士马礼逊（Morrison, Robert, 1782—1834）试探性来华传教，结果受清政府的禁教令所阻，不得已于1818年在马六甲与另一传教士米怜合作创建了英华书院。马礼逊办学传教之念萌发很早，1811年起草的《马六甲筹组英华书院计划书》确定"以交互教育中西文学及传播基督教理为宗旨"，并对教习聘任制度设计为"聘任欧籍教习以中文教授欧洲学术，以及聘任本地华人教师、欧籍教师教习，以基督教徒为限"。[①] 在课程上，其规定欧美学生应学习中文，中国学生应学习英文。开设课程有天文、地理、历史、数学、几何、机械、西方科学、伦理、基督教神学等。这种中西课程并设、中西教习并重的"双轨制"为以后教会学校乃至中国的新式学校提供了首个先例。在本土上的第一所教会学校是1836年在澳门举办的马礼逊学校。它是以纪念已故的马礼逊博士在促进中国教育上的贡献而设立的马礼逊教育协会所创办的。马礼逊教育协会于1836年11月正式成立。"马礼逊教育协会章程"第二条规定"本会是以学校或其他方法促进和改善在中国之教育为目的"，并以董事会为体制架构，明确联络书记为本会总干事，以实施董事会的决议，如招收学生、聘任教师、选择书籍等为职责。首任书记是英国驻华商务监督的华文翻译马儒翰，秘书为美国传教士裨治文。马儒翰在华专责《中国丛报》的出版，故实际事务由裨治文担当。《章程》

---

① 陈谷嘉、邓洪波：《中国书院史资料》（下册），浙江教育出版社1998年版，第2025页。

的附则有关于学生、教师、课本的办学三个基本要素的细则规定。其中对教师的两则规定比"英华书院计划"有了更多的制度意味，即"一、本会视财力情况，将长期聘请来自欧美国家的教师。二、本会也将聘用品行高尚、学识渊博的中国人充当教师"。① 这里依然是中西教师兼聘的制度主线。这里的欧美教师"长期聘请"与对中国教师的素质要求，可视为教师制度中的"聘期"与"资格"的起始表达，尤其是"长期聘任"对教师队伍而言是一种基本策略，若对教师个人而言则是一种终身制的萌芽，可惜行文太简略，只能作大概之理解。1845年，美国长老会在浙江宁波设立了崇信义塾（为之江大学之源头）。"在1850年第一届八名毕业生中，一名留校教书，一名跟一位医生传教士学医，四名去长老会印刷所工作，二名回家"。② 1867年该校迁往杭州改为育英义塾，后来发展为育英书院（即之江大学前身）。在1862年之前，在香港、广州、福州、上海、宁波等沿海城市设立若干所教会学校，大致是初等办学水平，但是它们毕竟是教会学校的第一批成果。这些学校有以下共同的制度元素：一是皆由来华传教士创办，其办学本身就为传教的有机部分或尝试的方式，具有国际化特征；二是课程体系由中国古典经典、西方自然科学和宗教知识所构成，但自然科学大体上是西方中世纪末叶的科学知识，粗浅而又经基督教的适度改造；三是教师大多是传教士，由举办者本人及夫人担任，除外则由传教差会派遣③，而儒家经典则聘请中国本土的师儒或传统文人担任，中西教师享受不同的薪俸待遇，其标准西籍教师大大高于中国教师；四是学生大多来自社会底层家庭，靠提供食宿条件来吸收，并要求学生信仰基督教或天主教。上述制度元素在中国土地上萌生，其新奇性成为正统社会所不纳的怪异之物。因而，它要像官学、私学、书院及科举那样作为"旧例"取而用之是不可能的，但这不等于它对新式教育没有任何影响。传教士们那种传道牺牲的精神，会使之择机而动。当京师同文馆创立时，就意味着他们所等待较久的机会随之而来。"中国新式学堂的建立，为传

---

① 朱有瓛等：《中国近代教育史资料汇编·教育行政及教育团体》，上海教育出版社1993年版，第597—599页。
② [美] 杰西·格·卢茨：《中国教会大学史》，曾钜生译，浙江教育出版社1987年版，第24页。
③ 差会（Foreign Missions），是指西方国家基督教新教负责集资、派遣人员到国外传教布道的机构。

教士们提供了合法活动的平台。"① 然而，其影响的途径是隐晦的、个体的，即通过传教士担任新式学堂之教习，渐占课堂主体，并以言传身教、编印教科书来制造影响。当然，这种影响毕竟有限，因为动摇不了教育的根本制度，这需要有更大的权限和更多的途径来改变中国教育体制或制度，因而外国传教士比商人更热衷于推动清朝的变革。1850 年美国长老会传教士丁韪良（Martin，W. A. P.，1827—1916）登陆宁波布道，1863年到北京从事传教和教育活动，那时，他肯定未曾料到日后他会在中国新教育史留下不可抹杀的一笔。1865 年丁韪良由总税务司赫德推荐而接替傅兰雅担任京师同文馆英文教习，二年后兼任国际公法教习，1869 年担任总教习，直到 1894 年卸任，长达 25 年。"总教习"一职具有负责馆中的教学工作之职，包括制订课程计划、西教习的聘任与日常管理等诸多事宜，故他自认为"校长"。丁韪良毕业于新阿尔巴尼神学院，又进印第安纳大学学习三年，1868—1869 年间曾专门赴耶鲁大学进修，1881—1882年间考察欧美、日本教育，因此对西方教育模式尤其是大学制度模式相当熟悉。这种学习和教育活动的经历为他治理京师同文馆提供了一定的经验与知识。他上任后即按照西方的学院模式谋划和实施对同文馆的"逐渐的但是彻底的改组，"② 使该馆教学内容、方法与办学体制逐渐相匹配，初显新教育的基本特点，从而成为近代中国新教育的发端和近代高等教育的胚胎。

上述的内容，已经使人明白，我国近代新教育创建之初，本土的学校制度是极为贫乏的，因为同文馆问世同年在太平洋彼岸的美国，林肯总统已签署旨在资助开办农工学院的《莫里尔法案》，使美国高等教育进入一个大发展的时期。与此相比，古老的中国还只有这么一所具有高等教育性质的半旧半新的机构，还根本没想到要形成全国性的教育体系，但就是如此，也同样值得肯定的是它毕竟开启了近代中国新教育事业的大幕。京师同文馆创立之初可借鉴的制度资源有三，一是以俄罗斯文馆为模板的本土传统教育制度，二是已在本土上种子发芽的教会学校样本，三是驻外领使、赴国外短期考察者、外国传教士等所介绍的泰西（包括日本）的教育制度若干侧面。这些制度资源已不可能满足京师同文馆的进一步发展需

---

① 王德滋：《南京大学史》，南京大学出版社 1992 年版，第 454 页。
② ［美］毕乃德：《洋务学堂》，曾钜生译，杭州大学出版社 1992 年版，第 97 页。

要，更说不上为整个新教育创立所吸取，但毕竟有后者作基础，新教育必将成为中西文化交流的主要场景，虽然彼此冲突、矛盾是绕不开的。

1866年12月，奕訢等奏请在京师同文馆内添设天文算学馆。这立即引起一场洋务派与守旧派之间的激烈争论，最终以洋务派胜利而告终。次年天文算学馆设立，"招取满汉举人，恩、拔、副、岁、优贡生，并前项正途出身之五品下京外各官"引人入馆学习，并且由浙江海宁生员李善兰（1811—1882）担任教习。这是同文馆的一个重大转折点，自此它已由一所单纯的外语翻译学校开始演变为一所以外语为主，兼采西学的综合性的高等教育机构。《京师同文馆章程》"新六条"所体现出来的规范性和系统性，已清晰地表明制度借鉴模式已趋向于与西学相伴相生的西方大学模式。奕訢等奏请章程时以"西学中源"作为撰论之基础，大胆地提出"师法西人"，并直言"夫中国之宜谋自强，至今日而已亟矣。识时务者，莫以采西学、制洋器为自强之道"，[①] 因而章程提出对于教习"厚给薪水"、"优加奖叙"等激励性制度措施。在京师同文馆创办后，上海、广东先后设立了同文馆，均仿京师同文馆成例，并结合当地情况略作变通而开办，从而形成了洋务语言类新式学堂的基本样式：外在的形式似书院，课程体系及教学组织方式移植于西方，中外教师"双轨制"聘任方式，其内在精神是服务于民族独立。同样不可忽略的是第一批新式学堂初创时"中国之法"印迹可见，但随着学堂不断发展，其越来越脱离传统教育制度的躯壳，与西方学校越来越相像。而这种演变是渐进式的，以内容西化为起点，逐步渗透到学校的制度体系，从量到质，终使洋务学堂蜕化为近代意义上的新式教育模式。

第二节 "中体西用"与"学术独立"思想之源头

洋务自强运动的指导思想无疑是以最初的"本辅说"到张之洞的"中体西用"，同时它们也是新教育的办学观念，正如有学者所说的"以张之洞'中体西用'论为代表的保护中国文化学术传统的思想，实也是

[①] 奕訢等：《国文馆设天文学一馆折（附清单）》，《中国近代教育史资料汇编·洋务运动时期教育》，上海教育出版社1992年版，第44—47页。

产生中国学术应独立于西方之观点的源头"。①

张之洞（1837—1909）是"中体西用"之集大成者，但不是最初提出者。洋务自强时期，开明的地方与朝廷官僚和以绅士为代表的洋务知识分子大多认同这一种思想，并自觉地指导自己的新教育开创事业，始终以中国民族学术或教育为主体，去借鉴、吸纳、过滤、内化西学，努力将西学化为中学，形成既异于中国传统学术又异于西学的本土学术。当然，其道路是曲折的。"洋务"当时普遍称为"自强运动"。"自强"一词是1860年英法联军占领北京以后第一次出现的，其本义就是以我为主，不为西方所同化所殖民，图强自保。外国学者也敏锐地发现："虽然民族主义作为广泛的运动直到90年代才在中国出现，但是它作为一种精神状态却早在60和70年代就开始出现了。许多开明人士，特别是沿海一带开明人士（例如王韬和郑观应）的排外情绪与其说是出于文化上的考虑，不如说是由民族主义的感情激发而成。"② 这种民族主义的思想与情感不仅仅宣泄在政治、思想上，还体现在经济、文化等主要社会领域，而在教育上的反映则是"学术独立"之主义。

蒋廷黻在《中国近代史大纲》中分析第二次鸦片战争与英法订立《天津条约》（1858）、《北京条约》（1860）时说道："历史上的意义不外从此中国与西洋的关系更加密切了。这种关系固可以为祸，亦可以为福，看我们振作与否。"③ 当时的洋务派就以"中体西用"来指导"振作之法"和"自强之道"。"中体西用"思想源于第一次鸦片之役后。林则徐、魏源最早阐发的"师夷长技以制夷"思想也是基于民族本位之论，主要是针对技术引进的，与"中体西用"思想脉络是相通的，但后者主要是针对兴学自强这一主题的，当然其意义弥散更广。

洋务运动思想家、教育家冯桂芬（1829—1874）是一位进士和翰林院编修。1860年，避太平军难而至上海。此前，他先后主持金陵、苏州等地书院，是有着深厚传统文化功力和书院办学经验的本土学者。1861年发表了《校邠庐抗议》一书，迅速成为阐发洋务运动指导思想的代表

---

① 肖雄：《近代学人的"学术独立"观念》，《云南民族大学学报》（哲学社会科学版）2006年第3期。

② [美] 费正清、刘广京：《剑桥中国晚清史》（下卷），中国社会科学出版社1985年版，第184页。

③ 蒋廷黻：《中国近代史大纲》，台湾启明书局1949年版，第23页。

作。其书中的《采西学议》和《上海设立同文馆议》二文提出"以中国之伦常名教为原本，辅以诸国富强之术"为"学问"的原则，这是"中体西用"之最初的表述。接着，又提出"夫驭夷为今天下第一要政，乃以枢纽付之若辈，无怪彼已之不知，情伪之不识，议和议战，泛不得其要领，此国家之隐忧也"，① 于是建议宜于上海、广东这两个"洋人总汇之地"仿京师同文馆再建外国语学堂，"募近郡年十五岁以下之颖悟诚实文童，聘西人如法教习。仍兼聘品学兼优之举贡生监，兼课经史文艺"，培养出中西贯通的外语人才，进而译介西人"历算之学，格物之理，制器尚象之法"，再进而"探颐索隐，由粗迹而入精微。我中华智巧聪明，必不出西人之下，安知不冰寒于水，青出于蓝"。② 冯桂芬的"驭夷"、"不出西人之下"是定位于解"国家之隐忧"的。而"本"与"辅"之分，只是目的与手段之分，其主导思想是富国强兵。这样，学问与国家的关系首次相连。自此，以民族为基础的"国家"概念就成了新教育事业的原动力。在教师问题上，冯桂芬则提出西人教习与汉教习"相辅而行"，体现教师队伍上的民族性思考。恭亲王奕訢等在朝大臣赞成冯桂芬的洋务思想，在奏请添设京师同文馆天文算学馆情由折中说，"臣等筹思长久之策，与各疆臣通盘熟算，如学习外国语言文字，制造机器各法，教授洋枪队伍，派赴周游各国访其风土人情，并于京畿一带设立六军，借资拱卫；凡此苦心孤诣，无非欲图强"。③ 此前，奕訢在奏设京师同文馆折中就教习不得不聘请英国传教士包尔腾时已说："将来如广东、上海两处得人……此缺系由中国人充当。"④ 洋务运动另一位思想家、教育家王韬（1828—1897）则提出"国之强弱"是"由人才之盛衰"所决定的，而"欲养人才，必兴学校"。郑观应（1842—1922）在《学校》、《西学》中特别强调"西法各种，西人借以富强，已收实效，皆有程式，我步趋其

---

① 璩鑫圭、童富勇：《中国近代教育史资料汇编·教育思想》，上海教育出版社1997年版，第25页。
② 璩鑫圭、童富勇：《中国近代教育史资料汇编·教育思想》，上海教育出版社1997年版，第29、30页。
③ 高时良：《中国近代教育史资料汇编·洋务运动时期教育》，上海教育出版社1992年版，第10页。
④ 高时良：《中国近代教育史资料汇编·洋务运动时期教育》，上海教育出版社1992年版，第39页。

第二章 新教育的萌芽与近代大学教师制度的孕育

后，较易见功，西文译作中文，以西学化为中学，不及十年，中国人才，无难与泰西相颉颃"，"学校者，人才所由出，人才者，国势所由强，故泰西之强，强于学，非强于人也。我则欲与之争强，非徒在枪炮战舰也，强在学国中之学，而又学其所学也"。① 从冯桂芬提出"本辅"说，到奕訢的"变法自强"，从王韬的"盛衰"论到郑观应的"以西学化为中学"，无不体现强烈的民族独立之意志和维护"中学"主体地位之愿望。从另一方面说，他们倡导"西学"，也同样不失民族独立之追求，正如有学者所指出的洋务知识分子"反抗西方的方式却正是向西方学习"。② 这无疑是新教育兴起的思想和理论基础。

发生于1866年至1867年之间的"天文算学馆之争"是耐人寻味的。保守派代表文渊阁大学士倭仁对奕訢奏请在京师同文馆增设天文算学馆提出坚决反对的意见，其立论是"立国之道，尚礼仪不尚权谋；根本之图，在人心不在技艺"，而反对理由之一对西人教习之聘用，认为"西人教习正途，所损其大"，"今求之一艺之末，而又奉夷人为师，无论夷人诡谲，未必传其精巧"。③ 也许不必怀疑，倭仁的观点同样基于民族与国家之立场，但与"中体西用"之论相差甚远，是极端的"民族孤立主义"。从反面可证，建立在虚心学习西学基础上的民族性的坚守才是正确的。其实，新教育繁荣之后，中西文化冲突一直伴随左右，谁主谁辅，谁体谁用，争论时起时伏，但总体上讲"中体西用"是贯彻于办学实践之中的，尤其是对聘用教师问题上。《广州同文馆章程十五条》（1864）明确规定，"所有一切事务及延请西洋教习，关订汉文教习，应即为监督总理"，④ 体现中国人主导办学的原则。中国首任驻英公使郭嵩焘1876年致李鸿章信中写道："抑嵩焘之意，以为事事须洋人为之，必不可常也，当先令中国人通晓其法。"⑤ 这个意见实际上再次强调办学和人才使用的独立自主精神

---

① 璩鑫圭、童富勇：《中国近代教育史资料汇编·教育思想》，上海教育出版社1997年版，第78、83页。
② 李长莉：《先觉者的悲剧——洋务知识分子研究》，学林出版社1993年版，第161页。
③ 高时良：《中国近代教育史资料汇编·洋务运动时期教育》，上海教育出版社1992年版，第9页。
④ 高时良：《中国近代教育史资料汇编·洋务运动时期教育》，上海教育出版社1992年版，第223页。
⑤ 高时良：《中国近代教育史资料汇编·洋务运动时期教育》，上海教育出版社1992年版，第855页。

和目标。1881年,上海广方言馆教习全部为中国人。由浙江人舒高第博士教英文,江苏人刘彝程教算学,上海顾文藻教法文。这说明教师队伍本土化进程有所进展。在洋务学堂举办过程中,各学堂都把用中国教师教授西语西学作为用人原则与自觉追求,当然效果并非十分理想,这个问题一直到20世纪30年代才有根本的转变。起用更多的合格的中国教师执教的举措是民族独立意识在教师聘任中的一个反映,它是"学术独立"思想的近代原初形态。虽有点狭隘,但毕竟代表了当时的合理动机和民族意识。这一点,外国学者也看到"对外国教员是不信任的,特别是对那些身为基督教传教士的外国教员"。① 当然,这个现象未必客观,但在外侮日深的环境下也许有某种必然性。

　　这个问题同样引起传教士们的关注。1872年1月18日,京师同文馆总教习丁韪良写信给美国驻北京公使镂斐迪说:"自从两年多以前我接任以来,这个学院进行了逐渐的但是彻底的改组。……由本国的教授教算学,在唤起他的同胞在思想上喜爱算学方面,他的影响是很大的"。② 丁韪良的话可以反映当时被中国政府聘用的传教士的一般想法,这是从现实中领悟的,因为当时除沿海地区一部分买办、商人和知识分子外,大多官绅对传教士有较深的隔膜,甚至怀有"恨意"。这些官佣传教士势必用自己认为合适的方式去逐渐改变人们的想法,以便自己处境好些或行动自如。当然,这只是一方面的情况,还有一方面是传教士高人一等的心态,从另一面刺激中国教师的独立成长。在华传教士确有几位见地不凡的教会教育家。1877年5月在华基督教传教士第一次大会在上海举行。这次会议是教会学校发展史上的一个转折点。会上,创办登州文会馆的狄考文(Mateer,Calvin.W,1836—1908),大声疾呼"教育是教会工作的一个合理部分",并建议教会采取有效的措施开办学校,"不仅要培养传教士,还要培养教员、工程师、测量员、机械师、手艺人等等",这是传教士的"责任和特有的权利"。③ 狄考文的观点被大会所采纳,自此各地教会学校开始有计划地提高层次和水平,包括创办高等教育。1882年登州文会馆

---

① [美]毕乃德:《洋务学堂》,曾钜生译,杭州大学出版社1993年版,第56页。
② [美]毕乃德:《洋务学堂》,曾钜生译,杭州大学出版社1993年版,第97页。
③ [美]狄考文:《基督教会与教育》(1877),《中国近代学制史料》(第四辑),华东师范大学出版社1993年版,第90、92页。

开设高等教育课程,并且有意识地为教会学校培养教师,后来的效果证明它是异常成功的。登州文会馆从一开办时坚持用中文教学,并让学生参加科举选拔,结果有一人中举,在当地名声大振。以文会馆为代表的教会学校有意识的"中国化",从某种程度上讲是以京师同文馆为代表的官办新式学堂的创办所激发的。官办新式学堂与教会学校的并行发展,实际上形成了隐性的竞争的态势,起初并不为人所认识,但其存在是客观的,这实际上为后面近代大学的诞生和发展提供了一个极为重要的发展动力。同样,这也是"学术独立"思想的一个现实基础。

洋务派在举办新式学堂之初,便有一个明确的政策,即宗教与学校分离,在官办学校中不允许传教士传教。这一"禁忌"在外籍教师聘用合同与管理监督中无不列为重要条文或内容。奕訢在京师同文馆筹办过程中明确地通过威妥玛告知首任英文教习包尔腾只教语言文学,"不准传教",有意思的是奕訢还不放心,"另请汉人徐澍琳教习汉文,并令暗为稽察"。① 这种监督机制包含着一定的国家主权意识。1864年7月,李鸿章为开办广州同文馆呈奏,上谕重申"惟该馆学生专习外国语言文学,不准西人借端影射,将天主教暗中传习"。② 从洋务运动直到中华民国时期,官办学校禁止传教是恒定规则。这规则一方面顺应民族的禀性和教育的独立性,另一方面也为中国传统文化设了一道防火墙,其积极作用是主要的。

第三节 新式学堂的教师来源与教师身份的最初定位

新教育的肇端以京师同文馆的创办为标志,其后的福建船政学堂(1866)、北洋水师学堂(1880)、湖北自强学堂(1893)、北洋医学堂(1893)等是洋务运动时期的新式学堂的代表作。此外,还有登州文会馆(1864)、圣约翰书院(1879)、汇文书院(1888)、华北协和学院(1889)等是教会学校的领头羊。官办学校与教会学校"并峙"之局面形

---

① 奕訢等:《建议设立同文馆折》(1862),《中国近代教育史资料汇编·洋务运动时期教育》,上海教育出版社1992年版,第37页。

② 毛鸿宾:《开设教习外国语言文字学馆折》(1864.7.13),《中国近代教育史资料汇编·洋务运动时期教育》,上海教育出版社1992年版,第221页。

成于洋务运动后期，总体上是各自独立发展，教会学校领先，构成一种互相"遥看"的景象。当时，已有交流的途径是教师的互相流动，尤其是教会学校教师或毕业生到官办学校任教习相对占优势。这是由中外教习所拥有的知识结构和知识水平差距所决定的。近代新式学堂的教师是中外兼聘、旧新杂处，其来源呈现相当的一致性，这与当时教师资源贫乏及教师的身份定位有很大的关系。

近代新学堂按学科可分为语言类、军事类、技术类、普通学校类等。每所学校的规模都不大，所聘用教师人数大多在个位数，教学一般以班级为组织单元，与之相配合的是"一班一师制"（如船政学堂等），总体上有着较浓厚的书院特色。教师的组成自然要由课程设置所框定，但由于当时学堂大多处在低级程度上，因而课程设置对教师结构的决定性作用还显得较弱，课程内容随教师的变动而变动，教师专业化标准尚未进入举办者的视野。这样，教师的来源顺势而趋于大体一致。其主要来源有五种：

一 外国传教士及技术人员

洋务新式学堂与传统教育最大的不同是引进西学，主要是西方的自然科学。而当时清朝因闭关锁国二百年，不要说是近代科学上的无知，就是对世界基本知识也近于赤贫。两次鸦片战争，中国有可能变成西方列强殖民地的危险陡然骤增，"采西学"、"制洋器"和发展民族军用、民用工业和举办新式学堂成为国运所系的议题。对新式学堂举办者来说，西语西艺西学作为学堂的主要教学内容是时势所定的，但教师选择也是时势所定，唯一可选的师资是在华外国传教士以及在华或国外的工程技术人员，个别还聘外国使馆、海关中的外国职员等。京师同文馆所聘的外文及化学、格致、医学等教习均为传教士或使馆翻译，马礼逊学堂与登州文会馆更是如此，而且我国第一批新型本土教师也是由教会学校提供的。据《京师同文馆题名录》（1898）记载历任中外教习统计，聘得中国教师32人，其中汉文教习29人，数学教习3人；外国教习52人，其中英文14人，法文12人，俄文10人，德文6人，化学2人、天文3人、格致2人（其中一人兼化学教习、一人由英文改授）、医学4人、东文1人。外国教习中有傅兰雅、丁韪良、欧礼斐等知名的传教士，在中西文化交流史上占有重要的地位。可以说，在华传教士中学识水平较高的基本上在具有高等教育潜在性质的新式学堂或相关的文化机构中任职，这也说明当时新式学堂虽然尚处于高等教育的萌芽状态，但毕竟是我国近代学术水平的标志和文化中心。换言之，传教士是我国新教育萌芽阶段传播西学的主力群体或教师的主体部分。

由于洋务运动是以军事技术为重心的。其领袖大多是在与太平军作战中崛起的地方实力官僚，如曾国藩、李鸿章、左宗棠等。从洋务的实际需要和这些地方巡抚的出身背景，军事、技术类学堂创办在新教育开创事业中占有特别重要的地位。福建船政学堂是第一所，以后举办的大多仿照船政学堂，总共二十余所之多，占洋务学堂的绝对多数。这种军事、技术类学堂技术课程占主体，如继续仿京师同文馆聘师方式行不通，只得另辟通道，通过在华外国人或使馆或有关国家军事部门聘用工程技术人员。这些工程技术人员大多是军官或军工技术人员。福建船政学堂分前后学堂，前学堂为制造学堂，学法文，后学堂为驾驶学堂，学英文。船政学堂初创时教师队伍以洋教习为主，先聘正监督日意格、副监督德克碑，然后由正副监督向英法聘人，签订"五年内包教包会"的协议，并规定外籍教师以私人身份受聘，这样既"权操诸我"，又能如期举办学堂培养我国第一代海军军官和工程师。法人日意格于1861年来华在宁波税务司任职，并参加清军镇压太平军活动，与船政学堂创办者左宗棠十分熟稔，故1866年应左宗棠之邀，主持船政学堂及造船厂的教学与工程。德克碑为法国海军大尉，有相当的造船经验。该学堂以法人日意格、德克碑为代表，先后从国外聘请37名工程技术人员和外文教师，很快形成基本的教师队伍（详见表1）：

表1　　　　　福建船政学堂外籍教师名录表（1866—1887）

序号	姓名	国籍	任教时间 到校	任教时间 离校	教授课程	备注
1	曾恒忠	新加坡	1866年		英文	1875年尚在校任教
2	曾锦文	新加坡	1866年		英文	离职时间不详
3	博赖	法国	1866年	1875年	兼教制造	洋办公所秘书，聘期延长一年，期满回国
4	禄赛	法国	1868年	1875年	物理、化学	期满回国
5	迈达	法国	1860年		化学、数学、制造	1874年2月期满回国，1878年2月续聘，其后多次续聘，1907年还聘用

续表

序号	姓名	国籍	任教时间 到校	任教时间 离校	教授课程	备注
6	舒斐	法国	1868年	1877年9月	轮机制造	延长聘用，期满回国
7	马尔识	法国	1868年	1875年	兼制造实习课	延长聘用，期满回国
8	乐平	法国	1868年	1875年	兼制造实习课	延长聘用，期满回国
9	德索	法国	1868年	1875年	兼制造实习课	延长聘用，期满回国
10	卢维	法国	1868年	1875年	绘事院绘图、数学	延长聘用，期满回国
11	杰翁达	法国	1860年	1875年	绘图设计、数学	延长聘用，期满回国
12	克林	法国	1868年	1875年	法文、数学、绘图	负责艺圃，期满回国
13	帛黎	法国	1868年	1875年	法文、数学、绘图	负责艺圃，期满回国
14	腊都实	法国	1868年	1875年	法文、数学、绘图	负责艺圃，期满回国
15	力法索	法国	1860年	1875年	法文、数学、绘图	担任艺圃教学期满回国
16	嘉部勒	法国	1868年	1877年6月	法文、数学、绘图	担任艺圃教学延长聘期，期满回国
17	和排讬	法国	1868年	1875年	法文、数学、绘图	担任艺圃教学延长一年，期满回国
18	赛和	法国	1868年	1875年	法文、数学、绘图	担任艺圃教学延长一年，期满回国
19	罗布尔	法国	1868年	1875年	法文、数学、绘图	担任艺圃教学延长一年，期满回国
20	里瓦塞奥	法国	1868年	1875年	法文、数学、绘图	担任艺圃教学延长一年，期满回国

续表

序号	姓名	国籍	任教时间 到校	任教时间 离校	教授课程	备注
21	嘉乐尔	英国	1867年11月 1876年3月	1873年 1880年	航海	主持驾驶学堂教学，两次受聘，1880年5月病故
22	仕 记	英国			航海	1873年在校任教
23	逊 顺	英国	1871年2月	1871年11月	练船教练	侮辱学生，被提前解聘
24	阿务德	英国	1872年5月	1877年1月	练船、枪炮教练	期满回国
25	德勒塞	英国	1872年5月	1877年1月	练船总教练	期满回国
26	阖 顺	英国	1872年5月	1877年1月	帆缆教练	期满回国
27	儒昂索	英国	1872年6月	1877年1月	水手工艺	期满回国
28	阿 兰	法国	1868年		管轮	主持管轮学堂教学工作，1873年还在校任教
29	斯恭塞格	英国	?① 1875年	1871年11月 ?②	练船驾驶	1871年引咎辞职 1875年协驾扬武练船，1886年接任监督
30	穆勒登	英国	1878年1月	1880年5月	管轮	期满回国
31	德 尚	英国	1878年	1880年	造船	因病提前回国
32	邓 罗	英国	1880年10月	1892年	航海	1883年、1885年、1888年分别续聘
33	理 格	英国	1880年10月	1881年11月	管轮	教绩不佳、提前遣回

续表

序号	姓名	国籍	任教时间 到校	任教时间 离校	教授课程	备注
34	师丢瓦	英国	1883年6月	1883年11月	管轮	水土不服回国
35	赖格罗	英国	1885年5月	1889年11月	管轮	1888年续聘，期满回国
36	李家孜	英国	1885年5月	1887年11月	前学堂物理、数学	1887年11月到广东水师学堂任教
37	裴士博	英国	1887年11月	1890年11月	前学堂物理、数学	接任李家孜，期满回国

注：①第一次离校时间不详

②第二次离校时间不详

资料来源：沈岩：《船政学堂》，科学出版社2007年版，第84—86页。

从上表可知，船政学堂的外国教习以工程技术类为多，这是学堂的性质所限，外聘的高峰期是1868年。这是该学堂办得最红火的时期，三年后有第一届毕业生，四年后外国监督期满，进入自办时期。船政学堂的教师聘任方式及办学模式，从创立后即为水师、陆师等军事学堂所模仿，甚至从船政学堂毕业生调遣教习。从京师同文馆和船政学堂办学实践中，举办者也慢慢悟出只有先聘外籍教师将学堂办得正规和有质量，那么教师队伍本土化才有可能，因为学堂毕业生是教师的自产的基础和最佳途径。事实上，到19世纪80年代以后创办的洋务学堂，绝大多数都有洋务学堂出身的人担任教习。至于教会学校，最初的教师是办学者本人及亲属，之后由所在国传教差会选派。由于外国教会有教堂与学堂相结合的传统，总体上所选派的教师有一些的资格标准。耶稣会会章规定："凡申请入会者都要经过严格审查，审查合格后编入学舍，作为见习生接受两年严格的精神与身体训练。通过见习后，其中部分人经过筛选进入学院，作为学者接受五年的系统正规的知识教育，这是以后在耶稣会学校任人文学科教师的必备条件"。[①] 19世纪90年代以前来华的传教士及技术人员大多是小型文理

[①] 转引自史静寰、王立新《基督教教育与中国知识分子》，福建教育出版社1998年版，第26页。

学院毕业的，只是到英美等国掀起海外传教志愿者运动之后情况才有很大的改观。但无论怎样，这些外国传教士和技术人员在中国学堂里担负着传播西方文化的任务，虽然有不胜任者，但总体上是完成任务的。

二 传统士人

我国有五千年的悠久历史，上千年的科举取士制度，官学和书院都以培养士人为其目的，这样形成了一支规模颇大的士人阶层。据顾炎武估计，17世纪末清朝天下生员"不下五十万人"。法国人钱德明估算乾隆四十二年（1777）的文生员为494002人。张仲礼估算咸丰以前文生员526869人。这个数字，相差不大。据此，我们有理由将道咸年间的秀才以上的传统士人估计为50万。① 到同治元年，这个数字不会减少，只会有些增加。这支传统士人队伍有相当比例的对中国古典经籍和文史造诣颇深，加之我国自古有官师合一的传统，会当教师者不少，只是其教学内容与教学方法与近代新教育所需有一定距离。事实上，到清末传统文人的生存空间变得狭窄，也面临着向近代知识分子转型的任务。在这样情势下，传统士人纷纷被聘为新式学堂的汉文教习不失是一种机遇和挑战。尤其是他们与西洋教习相伴共业，自然会受其影响。洋务派思想家中有相当一部分是担任过新式学堂和新式书院的教习的，如冯桂芬任上海同文馆首任监院（1863）；李善兰1868年奉召入京师同文馆任算学教习；王韬（1828—1897）1885年主持上海格致书院等。京师同文馆"中文教师起码也是举人"。② 就是这些开明的士人成为洋务知识分子的基本力量。其实，在洋务这样的"变局"时期传统士人是饱受精神煎熬的。在新式学堂里，虽然有"中体西用"的办学方针，但由于西学的应用性与时代需求相契合，中国古代经典的教学地位开始下降，中文课程一般放在下半天，采取书院教学方式，学生以自修为主，教师的责任是答疑、批阅作业及管理学生等，加之中西教习之间待遇相差悬殊，其心理不平衡是常态。此外，还有一些中文教师在执教的同时要赶考于科场，这样，压力大是可想而知的。不过，到了科举废止后，传统士人似乎渐渐分化了。客观地说，传统士人是我国新式学堂的第一、二代的本土教师主体之一，而且肩负着国家

---

① 熊月之：《西学东渐与晚清社会》，上海人民出版社1994年版，第282页。
② ［美］毕乃德：《洋务学堂》，曾钜生译，杭州大学出版社1993年版，第24页。

独立和民族复兴的一份担子。历史让他们留下了不朽的记忆。

三 本土科学家

中国传统学术是一个独立的系统，除文史学术鼎盛外，在算学、天文、建筑等领域里仍有一定的发展水平。在明末清初，随着"西学东渐"此起彼伏，江、浙、皖等地受西学影响最为深刻、广泛，涌现出徐光启、李之藻、孙之化、梅文鼎、王锡闻、江永等一批执着于研究自然科学的学者，使长江一带形成比较适应科学发育的学术环境。到晚清，这种科学氛围覆盖到沿海最广的地区，从而涌现了李善兰、邹伯奇、冯桂芬、徐寿、徐建寅、华蘅芳等本土科学家。这些自然科学家继传统士人之后登上新式学堂的讲台，成为新一代的民族科学先驱。李善兰1868年应召入京担任京师同文馆的首任数学教习，也是第一位中国籍的西学教习，其意义超越教习聘任本身。应该说，李善兰任同文馆数学教习是名副其实的。他在1867年刊刻的《则古昔斋算学》一书中，收录了此前他的数学著述13种，共24卷，多是有关幂级数、圆锥曲线、高阶等差数求和等数学问题的研究成果。他是本土的著名数学家，得到了精通数学的传教士伟烈亚力的称赞。[①] 徐寿、华蘅芳、舒高第、赵元益、徐建寅、钟天纬、李凤苞等参加上海江南制造局翻译馆译书工作，同时部分兼任上海广方言馆、上海格致书院教习。徐寿于1876年参与创办近代中国第一所科技学堂——格致书院，并长时期主持该院工作。1876年，数学家华蘅芳也兼任格致书院教习。舒高第留学美国十余年，是一位医学家，1877年他进江南制造局为译员，兼任广方言馆英文教习。钟天纬1882年从德国归来后，入江南制造局译书，后以独立创办上海高等公学而出名。这些本土科学家尽管数量不大，但其作为中国人能驾驭西学而呈现非同一般的时代意义，因而成为新式学堂教师的一支重要来源。

四 归国留学生

我国近代留学活动起源于民间。1847年马礼逊学堂教习布朗回国休假，随带学生容闳、黄觉、黄胜赴美留学。1866年，总税务司赫德告假回国，随领京师同文馆学生凤仪等三人赴欧洲考察，这是同文馆学生游学

---

① 李长莉：《先觉者的悲剧》，学林出版社1993年版，第51页。

外国之始。最初的留学归国者中,黄胜、凤仪担任了上海广方言馆西学教习。官派留学活动则是幼童留美,始于1872年,共派出四批120人。但1881年被清政府命令中途撤回。幼童留学计划是容闳提出的,并由曾国藩、李鸿章呈报朝廷最后获准启动。1876年,福建船政学堂毕业生30人赴英、法等国留学,约期三年,是为该学堂首批出洋学生。此外,还有一些小量包括三个同文馆、教会学校及其他新式学堂毕业生出国,官派或民间或自费。在洋务运动时期,留学教育只是开风气,规模、影响度均不大。"幼童留美"计划是浓墨重彩之笔,始作俑者是美国耶鲁大学留学生容闳。容闳在自传中描述他在耶鲁大学留学尤其最后一年的心境时写道:"我可以自称是一个受过教育的人;那么,就应该自问:'把所学用在什么地方呢?'……我决定使中国的下一辈人享受与我同样的教育。如此,通过西方教育,中国将得以复兴,变成一个开明、富强的国家。此目的成为我一展雄心大志的引路明星,我尽一切智慧和精力奔向这个目标"。[①]幼童留美教育计划是他呕心沥血之作。这批留美学生被强令撤回后,有的担任新式学堂的教师。至于福建船政学堂留欧归国留学生先后有30多人在母校任教,其中严复不久调任天津水师学堂总教习,继后任会办、总办,前后达20年之久。蒋超英任江南水师学堂总办兼总教习,后又调广州黄埔水师鱼雷学堂任总办。魏瀚任黄埔水师学堂总办,叶祖珪兼任江南水师学堂总办。归国留学生作为新式学堂的西学西文教师是洋务运动直至民国时期大学教师培养的主要措施。当然,作为新教育之早期,归国留学生人数不多,从事教学工作的数量有限,但他们与传教士一样接受欧美大学教育,所不同的是前者是中国人,因而有一颗对中华民族的忠诚的心和一份效力于民族独立的责任感,促使他们为祖国的教育事业尽心尽力。他们是新教育的希望,后面发展情形完全证明这一点。

五 新式学堂毕业生

在新教育的萌芽期里,京师同文馆、福建船政学堂和教会学校登州文会馆像一根教师的"生产链",一定数量的毕业生走出母校大门即投身于新教育事业。京师同文馆开办以后较长一段时间就采取一个非常规性措施,让优秀高年级学生担任副教习,并发适当的津贴,这是一个创举。新

---

① 容闳:《我在美国和在中国生活的追忆》,王蓁译,中华书局1991年版,第2页。

中国成立直至改革开放后仍用此法解决大学教师急需问题。如据《同文馆题名录》记载，1879—1898年京师同文馆学习的176名学生中，有26人任新式学堂教习或学堂斋长，如恩禧、长德为四川学堂教习，毛鸿遇为珲春俄文书院教习，陈应宗、德海任天津武备学堂教习，德昆、李联璧任安徽学堂教习等。可以说，福建船政学堂是早期军事技术学堂的师资母机。李鸿章（1823—1901）1880年创办天津水师学堂时，先奏调前任船政大臣吴赞诚主持筹备事宜，吴赞诚因病最终不能履职，就再抽调船政提调吴仲翔总办水师学堂练船事宜，同时调留英回国在船政学堂任教习的严宗光（严复）（1854—1921）为总教习，后升为会办（副校长），再升为总办（校长）。据陈景芗记载："开办之初，驾驶、管轮正教习皆聘洋员充任，以后则以回闽的留学生任副教习，循序升任"。[①] 1877年，两广总督刘坤一奏准在广州创办广东水陆师学堂，略仿福建船政局规制，并抽调福州船政后学堂教习汤金铭、汤金铸兄弟赴粤筹备，又调前福建船政局提调吴仲翔任该学堂总办。1904年，由船政学堂毕业生魏瀚接任总办。据统计，1886年以前约有38名福建船政毕业生留在船政学堂任教习和行政管理。从全国而言，早期的新式学堂教习总体数量不大。这些新式学堂毕业生逐渐顶补了教习空缺。他们与归国留学生、传统士人、本土科学家共同组成了中国第一代新型教师群体，为新教育的师资供给上的独立自主作出了贡献。至于教会学校毕业生除供本校师资外，还有一部分输送到官办或私人办的新式学堂担任英文和自然科学课程教习，但到具有高等教育性质的学堂任教数量不多，大多在普通教育层次执教。这可能由于教会学校特殊性质，像军事技术类学堂不可能接收教会学校毕业生任教。

新式学堂的教师来源已初步多样化，但这些途径能供给的师资数量不多，一时难以适应新教育发展之需求。其实，这仅仅是问题的一方面，还有一个不可忽视的原因是新式学堂的教师身份定位。当时的中国社会，"学而优则仕"是普通的社会心理和共同的价值取向，而且自古以来"官师合一"，亦官亦师，或官或师成了官学教师的人生图景。其身份是职官，即类似于今天的公务员。《清史稿·选举志》记载国子监"乾隆初定朝考制，列一、二等者，拣选引见录用，三等札监肄业。……三年期满，

[①] 高时良：《中国近代教育史资料汇编·洋务运动时期教育》，上海教育出版社1992年版，第445页。

祭酒等分别等第,核实保荐,用知县、教职"。① 到清末,连书院院长大多是官员兼任或职官专任。这种官师合一制是与科举制相联系,无功名则无官,无官职则无师业,而科举的内容又集中于儒家经典,这种"官师合一"制度自然难以与新式教育相对接,但早期的新教育又不得不延用这一"旧例"。在"官师合一"制度下,做教师是失官或候补时期的选择,这样教师的地位自然低于官吏,但其责任却很重。叶裕仁在《送钱调甫之任赣榆教谕序》中写道:"谓教官之秩虽卑,而为职甚重,非品端学粹、敦笃廉静之士,不足以居之。甚矣!教官之难其人也久矣。"《关中书院课艺序》(1663)曰:"盖为官为师者,时时以教育为心,斯为士为儒者,孳孳以力学为念,'精于勤而成于思',昌黎氏之言,岂敢欺我哉?抑余更有说焉,汉儒有言:'经师易得,人师难求'。"② 由此可见,"官师合一"和职官作为教师的基本特征和法定地位,使教师置于官卑与责重的两难境界,这为以后教师地位上的矛盾和教师稳定性弱埋下了伏笔。

京师同文馆创办伊始,教习聘任实行中西人分聘的"双轨制",西教习以合同为契约聘请,中教习则按官吏方法选调,因为选调的中教习本身就是官吏,那么其身份地位是不变的,有着明显的依附性。这样,对教师的法定身份与地位自然不必作重新规定。随着新式学堂种类增多、规模扩大,对教师的质和量以及学问种类等诸多方面都提出了新的要求。当新式学堂毕业生充任教习时,"官师合一"制度出现了问题:毕业生不经过科举没有科名,那么其身份该如何确定?奕訢等在提交《京师同文馆章程六条》(1862.8.20)折中提出"汉教习薪水,较之外国教习薪水厚薄悬殊,如教有成效,拟由臣等酌量奖励"。如何奖励,未具体明确,但对学生则仿俄罗斯文馆旧例,作明确规定:"臣等拟请每届三年,由臣衙门堂官自行考试一次,核定甄别,按照旧例,优者授为七、八、九品官等,劣者分别降革、留学,俟考定等第,将升降各生咨行吏部注册"③。应该说,

---

① 璩鑫圭:《中国近代教育史资料汇编·鸦片战争时期教育》,上海教育出版社1990年版,第110页。

② 璩鑫圭:《中国近代教育史资料汇编·鸦片战争时期教育》,上海教育出版社1990年版,第161、174页。

③ 高时良:《中国近代教育史资料汇编·洋务运动时期教育》,上海教育出版社1992年版,第38、40页。

章程规定是系统的，也基本满足新式学堂初期毕业生就职和师资之需求。问题在于洋务举办者还没有认识到新教育与传统教育性质上的不同，教师队伍的独立性还没有成为办学中的重要问题。旧的思维仍在延续，1892年创办的新疆俄文馆并未取得什么大的办学成绩，但其章程所规定的对教习奖励本身条文却被众多学堂援引。《新疆俄文学馆章程四条》规定："俄文教习、汉文教习、馆中学徒三年期满，给予奖叙。拟照广东同文馆奖察，稍为变通。如教习三年期满，著有成效，系有官职人员，准保加升阶一层；系无官职人员，比照同文馆作为翻译官章程，再留三年，始终不懈，准以府经历、县丞，归部铨选"。[1] 教习、学生奖叙办法是在"官师合一"原则指导下设计出来的。科举未废之前，这种方法也算是及时而有效的，但实质上改变不了教师地位不高的问题，这就大大影响教师队伍的稳定性，因而新式学堂萌芽时期教师变动情况时常发生，而且极为普遍。

教会学校的教师身份也具有"两重性"，即既是牧师又是教师。双重身份，主次难辨，完全由传教士本人和现实的需要决定。传教士由外国基督教差会派遣来华，其教会职务等级及待遇均已有明确的约定，包括来华的期限大多也是事先约定的。教会学校聘用教师的制度化程度显然高于中国官办学堂，但是依附于教会制度的。然后，也面临着一个传教与教育之间的关系问题。1877年之前，教会学校举办仅仅是传教士对传教方式的一种探索性的拓展，个体的自然的办学行为占主导。1877年是个标界。这年在华基督教传教士在上海举行第一次会员大会。会上，狄考文发表了"基督教会与教育的关系"演讲，强烈呼吁与主张"基督教会应把教育作为它们工作的一个重要组成部分"，并将教员培养问题作为一个主要问题提出。他说："教会一经建立就会产生开办学校的愿望，就会产生对教员的需求，这种教员不仅能教中国古典作品，还能教各门普通学科，如地理、算学、音乐、通史和物理学"，"也只有第一流的教会学校才能提供他们所需要的教师"。[2] 狄考文的观点得到大会的肯定。后人评论道："及

---

[1] 高时良：《中国近代教育史资料汇编·洋务运动时期教育》，上海教育出版社1992年版，第251页。

[2] [美] 狄考文：《基督教会与教育关系》，《中国近代教育史教学参考资料》（下册），人民教育出版社1987年版，第29页。

至1877年的传教士大会，教育事业，方才放出光明来。种种改进的需要，也逐渐觉悟"。① 自此，传教士与教师的职责开始趋于分离，当然进展是缓慢的。

新式学堂的"官师合一"的本土传统和教会学校教师的牧师兼教习的双重身份，在形式上具有同一性，而在精神上却大相径庭。前者是官本位，后者是传道之延伸，其中包含着牺牲的精神。可以这样说，官办学堂教师把执教视之为求仕途中的驿站，多带临时性，当然也有贡献于民族独立之责任，而教会学校教师则较少考虑个人的功利因素，同时个人的权利与义务的观点也较为清晰。这就决定早期新教育中，教会学校发展领先官办学堂，教师管理上的制度元素萌发也要早些。

第四节 早期办学实践与教师管理的制度元素

新式学堂的创办像整个洋务自强运动一样是因外人入侵、国运危急而仓促上马的。举办者只是把它当作一个个教育机构来办理，而且均附设在政府机关和制造局，无独立性。就其性质来说，大多属于行业性专门学堂，普通文理学堂甚少。早期的办学实践，从组织构架和教师聘任看，基本上是沿用晚清官学和书院的成例，酷似官府衙门。当然，作为军事技术性质的福建船政学堂因无旧例可承袭，"开办之初，沈葆桢对教育计划和学堂制度等事，均与日意格商量，采取英、法海校成规并参酌中国习惯而定"。② 上海同文馆始创则由李鸿章主其议，冯桂芬定其规，仿京师同文馆之"良法"，并"参照西法，酌为变通，裨以实用"。就整体而言，新式学堂的早期办学"制度"意识尚未生长，每个办学机构缺乏相应联系，更没有努力将单个办学单位促成一个系统，从而建立基于共同价值认识的制度样式。新式学堂即洋务学堂大多是由洋务官僚奕䜣、李鸿章、左宗棠、张之洞等创办的，个人意志或官僚意志左右着学堂从办学思想到办学实践。这种个人性妨碍了新教育走向体系化、制度化，即教育近代化。

---

① 陈学恂：《中国近代教育史教学参考资料》（下册），人民教育出版社1987年版，第91页。

② 高时良：《中国近代教育史资料汇编·洋务运动时期教育》，上海教育出版社1992年版，第392页。

新教育的早期办学实践对西方学校模式的移植和借鉴，是从与课程或教学内容相关因素开始的，比如分班级、分年级教学，实验教学方式以及新式教科书的编译与采用等。这些教学的新元素很快就成了新教育的标志，使之与传统教育相区别的"新质"。这些"新质"是中国传统教育的先例资源中找不到的，是"西学东渐"所带来的。客观地说，最初的模板是教会学校。1875 年前后，随着对西方学校及制度的译介增多，人们逐渐认识到学校制度亦为"西学"之一。这样，直接从西方移植或借鉴大学和学校模式渐成一种趋势，但由于时势和社会观念所限，这种移植也只是零零碎碎的，不成系统，成效亦小。况且，西方教育制度是与工商业社会相适应的。洋务运动推动近代军用工业的建立，进而产生了第一批近代民用工业，但就有近四亿人口的中国来说只是星星之火。此时，新教育的萌芽期不可能短时而过，近代学校制度的形成还需要时日和机遇。

教会学校是本土上的西式学校，独立于国家和社会体制之外。1860 年之前，仅基督教在香港和通商五口开设的各式学校有 50 所，有学生一千余人。这些学校绝大多数相当于小学，单个规模在 10 人以下。[①] 但它们所传散的新鲜气息，确实给古老的封闭的中国社会传统以较大震动。到洋务运动后期，沿海和沿江一带地区已经弥漫着一股渐浓的"西化"氛围，尤其是上海、广州等地，英语的身价迅速提升，西学已经优先于中学。1890 年，基督教在华传教士大会决定在"学校教科书委员会"（1877 年成立）基础上成立"中国教育会"（后改为"中华基督教教育会"），狄考文、花之安、傅兰雅、卜舫济、谢卫楼、潘慎文等知名在华教会教育家都是该组织的领导成员。该会实际上是教会学校的联合体，"互相交流方法和工作计划，并提高所有成员的工作兴趣"，并计划在编制统一的中英文对照人名与地名、统一技术术语、编译书籍、创办杂志以及建立公共考试计划和建立成员间通信联系等方面做工作。此后，教会学校有了形成全国性教育体系与制度的宏大计划，并取得了积极进展。一些教会学校达到了中等教育水平，若干所开设了高等教育课程，并努力采取合作方式向大学发展。可以说，教会学校走在官办学堂之前面，其示范性和学术性呈现于世。

官办新式学堂、教会学校和少量的新式书院作为我国新教育的早期开

[①] 熊月之：《西学东渐与晚清社会》，上海人民出版社 1994 年版，第 288 页。

创性实践，虽然还缺乏明确的制度性标志，但不可否认其制度元素的存在。作为办学根本问题的师资建设，是继教学制度之后逐渐萌芽的制度"新质"。尽管远没达到制度形成之程度，但可以说这些制度新元素为我国近代大学教师制度的建立奠了基、开了路。这些制度元素有以下几点：

一 教习与职员"兼任制"

新式学堂创立之初，教习与职员不多。一般而言，学堂官员除兼职官员外，大多兼任一定的授课任务。总教习既是行政官员，又是教习，这与"官师合一"相一致。外籍教习也负有教习与职员的双重角色。京师同文馆总教习丁韪良除教务管理之外，还讲授《万国公法》等。这种教习兼职员的做法，在民国时期大学中较为普遍，甚至提升到"学术自由"的制度保障层面。

二 中西教习聘用"双轨制"

新式学堂从创立到洋务后期乃至20世纪20年代之前，均实行中国教师与外籍教师两种不同的聘用方式，即西教习采取国际惯例，以合同方式明确聘期、任务、权利、待遇及不传教之"禁忌"和不干涉学校行政等，"其西人为分教习者不以官论"。如1882年11月13日福建船政大臣咨呈总理各国事务衙门合约底稿，记录了聘用外国教师有关合同的规约的基本内容。该合约共10条，第一条规定所聘用合格学堂教习"应尽心教导在堂生徒；并各管车，无论在船在岸，均应教以管轮理法，兼教手艺"；第二条规定聘用年限，并明确"若系某人教导不力，或办理不善，或擅打中国生徒人等被撤者，则只给回费，不给两月贴薪"；第三条规定外国教习"除应授课程并衙门谕办各事外，不得干预别项事宜"；第四条则明定外国教习"应受船政大臣节制，并应听稽查学堂委员之谕，以外不准私自越蹑干谒中国官长"；第五条规定月薪标准，即"月给洋平二百两"；第六、七、八、九条涉及外国教习住房、医疗、旅费等事项；第十条则规定合同由船政衙门与外国教习个人签字画押。[①] 应该说，这份合同是相当完整的，尤其是整个合同规定中都体现"权操诸我"的教师管理思想。从某种意义上说，这一合同是"学术独立"理念在外国教师聘用中的一

---

① 转引自沈岩《船政学堂》，科学出版社2007年版，第76—78页。

定的体现。中国教习因以官为师，采取奉调、委任之办法，循官制。这种"双轨制"是早期办学自然的产物。从深层上讲，科举未废，经济发展处于低级水平，这种"双轨制"平衡了政治风险与经济负担之间的张力，同时也制造了中外教师待遇不平等的矛盾，但这一矛盾也许是不可避免的，因为后面的办学进程证明了这一点。

三　教习职务分等制

早期新式学堂的教习有了职务分等的粗略做法。一般分为二、三等级，而且彼此任职资格与条件是相当模糊的，有关章程规定也只有片言只语，但毕竟开了教习分等之先河（见表2）。

表2　　　　　　　　部分洋务学堂教习职务分等表

类别	校名	设立时间	教习职务名称与等级	教习分类	创办人
外国语言学堂	京师同文馆	1862	总教习、教习、副教习	西教习、汉教习	奕訢等
	上海广方言馆	1863	总教习、西教习、分教习	西教习、汉教习	李鸿章
	广州方言馆	1864	教习、分教习	西洋教习、汉文教习	毛鸿宾
	湖北自强学堂	1893	教习	西文教习、华文教习	张之洞
军事技术学堂	福建船政学堂	1866	总教习、帮教习、操教习、汉文教习	洋员、中国官员、教习	左宗棠
	天津水师学堂	1880	教习	洋文教习、汉文教习	李鸿章
	天津武备学堂	1885	外国教师、翻译、教习、帮教习	洋教习、汉教习	李鸿章
	广东陆师学堂	1887	正教习、教习、副教习、帮教习	洋教习、华教习	张之洞
	江南水师学堂	1890	教习、洋文汉教习	洋教习、汉文教习	曾国荃
	天津电报学堂	1880	教员	中国教员、外国教员	李鸿章
	北洋医学堂	1893	正教习、副教习	洋文教习、汉文教习	李鸿章

资料来源：此表依据《中国近代教育史资料汇编》、《中国近代教育史教学参考资料》、《中国近代学制史料》等资料整理而成。

从上表可见，各学堂教习职务分等有较大的不同，这主要是举办者各自为政，全国没有一个统一的办学计划所致。同时，也从侧面表明洋务运动时期对西方学校制度的认知粗浅,还没有认清官制与教师职务制度的性质不同。

四 提出教习奖掖办法

洋务运动时期的新式学堂教习奖掖办法源于对西教习课堂传教之禁忌规定和官吏考核勤惰之规定。《续京师同文馆条规八条》中规定:"汉、洋各教习及副教习,有成就人才之责,其或督课不力,任听学生因循怠玩者,即著提调随时稽查,会同总教习商酌核办,其汉教习即著四堂查办。如学生中有不遵教习及副教习指教者,立即斥退,以肃馆规"。[①] 与此同时,还设立了抽考、奖励出身及出国留学等办法,总体上比较严格,一定程度上反映清朝政府对新式教育和教师有所顾忌。

五 创设教习培养办法

新教育一建立,教习缺乏是办学中最难解决的问题。在本土师资资源短缺的情况下,"不得不"采取聘用外国人之办法来解决。举办者意识到聘用外人不是长久之计,还是要靠本国教师来担任发展新教育之重任,于是高瞻远瞩地采用优等毕业生留校、出国留学以及中国教师与外国教师合作译书等方法来补充、培养教师队伍。事实上,这仅仅是方法之提出,有初步的行动,可能还没提升到制度建设的层次。

六 设计了教习薪俸的基本结构

由于中西教习聘任实行"双轨制",这样教习薪俸结构设计主要是针对西教习的,而且在聘用合同书上有明确的条文加以明确。西教习的薪俸结构大体包括两部分内容:薪水、福利(含交通费、食宿补贴、书费),另附加往返川资。这一薪俸结构是相当系统和优惠的。令人意外的是西教习薪俸结构设计思想是基于对外国人的某种误解之上的。奕䜣等拟订京师同文馆第一份"章程"中说:"今所延英文教习包尔腾,只图薪水,不求官职",又具体说明"臣等查外国人惟利是图,既令教习诸生,诸不得不厚其薪水以生其歆羡之心。至汉教习薪水,按照中国办法,现拟每月酌给

[①] 高时良:《中国近代教育史资料汇编·洋务运动时期教育》,上海教育出版社1992年版,第52页。

银八两"。① 京师同文馆首任英文教习包尔腾，第一年试用给银 300 两，第一年即提到 1000 两。此后西教习年薪均在 1000 两以上。各洋务学堂教习的薪俸无统一标准，互相差别较大，但西教习薪俸结构大体相当，应该说是与国际接轨的。

上述分析，1862—1895 年间新式学堂的教师管理的制度元素，从形式上看似乎教师制度的主要构件都有了，事实上这些制度元素是萌芽于各个学堂，而且并非每个学堂都有这些因素。从精神上看，它与近代意义上的教师制度差距很大，因为合理地规定教师的权利与义务是近代教师制度的本质特征。洋务运动时期只为"学术独立"这一与教师义务相联系的思想掘开了源头。可以说，在君主专制政体下教师的权利意识几乎没有生长空间。

洋务运动因甲午之役而宣告失败。但作为洋务运动的主要构成之新教育"并不失败"。虽然所取得的成效，评价不一。然而，它们作为我国近代新教育的发端，在国力、民意及国际环境都相当不利的情况下，能取得不少的进展实乃不易，尤其是教师管理的近代制度元素已经渐渐萌芽。美国学者毕乃德也认为："如果考虑到在 1861—1894 年之间，中国政府开办的这些学校所面临的巨大困难，它们是异常成功地起到了原定的作用，对中国的现代化作出了巨大的贡献。它们与各种困难作斗争，使学校坚持下来了。事实证明他们培养的毕业生大部分是能够完成原定的任务的"。② 概括地说，近代新教育发端期有三条具有历史意义的成效：一是新教育作为民族独立的支撑因素至少在思想和办学两个层面上得以确认，并培育"中体西用"与以学术挽救民族危亡的思想氛围和民族主义情怀。正如毕乃德所说："在我们所考察的新式学校中，没有一个负责官员想用西方文化来代替中国文化，或者用外国教育制度来代替中国的教育制度"。③ 二是将西学引入学校课程之中，并促成近代粗略的"学术"概念的形成，即教学科目与作为知识结果的学问分类具有同一性，教育等同于"学术"，实质性地推进了西学的传播和民族学术走向近代。三是为近代大学

---

① 高时良：《中国近代教育史资料汇编·洋务运动时期教育》，上海教育出版社 1992 年版，第 38、39 页。
② ［美］毕乃德：《洋务学堂》，曾钜生译，杭州大学出版社 1993 年版，第 70 页。
③ ［美］毕乃德：《洋务学堂》，曾钜生译，杭州大学出版社 1993 年版，第 55 页。

的诞生孕育和准备了一个能担任近代科学知识教学的教师小群体。根据近代新式学堂所提供的办学基础,近代大学的诞生前奏曲已经缓缓奏响。历史总是出乎意料的。甲午一役一方面使清朝败象毕显,另一方面又振奋民族精神,近代大学随之诞生。

第三章
近代大学的诞生与教师制度的雏形

"惟事难于创始,而效期于有恒。"洋务三十余年,遭甲午之役而告败,但其所发动的近代新教育和近代工业之功,却不可轻易抹杀。正是由于甲午之败,"吾华人士,稍稍知苟安之不可狃,而自强之不可迟也"。[①]这样,"中国人的民族意识被激活",从而使半新半旧、时中时西的洋务自强之道演变为变法图强、全效西法的维新之怒潮,民族精神为之一振,新时代的过渡之舟乘风前行,近代大学以全新面貌问世于神州大地。同时,"学术独立"开始成为大学教师制度萌芽的思想氛围。

第一节 "思想之风云激荡"与对洋务教育和教师问题的反思

《剑桥中国晚清史》写道:"在中国,19世纪90年代开始了思想的风云激荡过程,这不仅产生了变法维新运动,也预示了一个社会文化变化的新时代的到来。诚然,这种激荡在很大程度上应归因于19世纪后期中国文化传统自身的发展。……而使这些本国固有的发展转变成思想激荡的原因,则是西方的扩张引起的变化"。[②] 此论颇为客观。甲午之役,给中国社会所造成的深重灾难强烈地震撼了国人之心,"知耻而后勇",中国的民族精神为之一变,一场维新变法、救亡图存的思想文化启蒙运动随之"惊起"。启蒙起于反思,"前后凡三十年的洋务运动,因此而成为民族反

---

① 汤志钧、陈祖恩:《中国近代教育史资料汇编·戊戌时期教育》,上海教育出版社1990年版,第101页。

② [美]费正清、刘广京:《剑桥中国晚清史(1800—1911)》(下卷),中国社会科学出版社,1985年版,第271页。

思的矢的"。① 作为洋务运动主要内容的近代新教育创立,自然也成了反思的题中之义。

甲午惨败,心灵受伤最重的是中国的近代知识分子,大多是从洋务中走出来的那一代,因而他们对洋务运动和新教育的反思是从心灵深处生发的,是一种痛苦而艰难的思想蜕变,最终"在炼狱中永生",以群体的形式登上了新的历史舞台。以康有为、梁启超、严复、谭嗣同、黄遵宪等为代表的维新知识分子与第一代民族资产阶级相联合,在国内兴起了一场以"变法"、"救亡"为主题的社会改革和思想启蒙运动,其核心内容是按照西方模式改革我国的政体、教育制度以及封建文化。这种"彻底的学西学"变革方针,正是基于对洋务运动失败之原因和存在的主要问题所得出的结论,其本质仍然是民族主义的。洋务派首领之一奕訢说:"中国之败,全由不西化之故,非鸿章之过"。② 换句话说,日本用彻底的西化打败了中国的"不彻底的西化"。"西化"不仅仅是学习西方的军事技术,更重要的是学习西方的制度及与制度相连的思想纲领,而洋务之"变法"最大的症候是枝节的局部的表层的"东一块西一块"的"变"。在这里应该指出的是奕訢的"西化"之论,是建立在保存民族文化和学术基础之上的,"西化"只是民族独立和学术独立的一个工具。康有为(1852—1927)同样批评说:"今数十年诸臣所言变法者,率皆略变其一端,而未尝筹及全体。又所谓变法者,须自制度先为改定,乃谓之变法,今所言变者,是变事耳,非变法也。臣请皇上变法,须先统筹全局而全变之,又请先开制度局而变法律,乃有益也"。正是有这种清醒的判断,康有为等提出了以改革政治制度,建立西方式的君主立宪政体为总纲和以废科举、兴学堂为主体策略的全面社会变革的纲领。这样,西方制度文明的输入就成了维新变法运动的重点,从而使"西学东渐"进入了一个新阶段。

政治制度和教育制度都属于国家制度。国家制度的根本是政体或官体,而政体有君主专制、君主立宪及民主共和之分。政体的选择决定经济、教育、文化等制度之选择。梁启超(1873—1929)认为"言自强于今日,以开民智为第一义"。所谓"开民智",就是全面提高中国人的近

---

① 陈旭麓:《近代中国社会的新陈代谢》,上海人民出版社1992年版,第162页。
② 黄遵宪:《马关纪事》,转引自陈旭麓《近代中国社会的新陈代谢》,上海人民出版社1992年版,第164页。

代意识，自觉接受西方近代的自由、平等、民权之主义。这就需要开展一场广泛的高强度的思想启蒙运动，将西方的自由、平等与民权思想传播到社会各个领域，最终成为中国社会的主流思想，为君主立宪打下思想与舆论基础。这种企图无疑具有明显的乌托邦特征，但对后世的影响却是巨大而又深远的。实际上，自由、平等和民权思想是西方制度文明的基本价值理念，即制度之灵魂。在中国，最早将西方的自由、平等思想引入中国的是基督教传教士。蒋梦麟（1886—1964）说过："博爱、自由、平等三口号，实均由耶教而来。"[①]。传教士挟列强军事胜利而登陆中国，传教与办学相辅并行。教会学校成为传播西学包括西方自由平等之论的最合适场所。由于基督教及教会学校被中国人认为异类和文化侵略的手段，其传播途径和范围有限，但毕竟是新思想的最初传播源。维新派则是基于民族主义立场，以救亡图存为标杆，将达尔文的"物竞天择"、斯宾塞的"群学"、卢梭的"民约论"和资产阶级的自由、平等、天赋人权、国家观念等一股脑儿地引入，从而形成一种维新的思潮，犹如海涛拍岸，声震神州。梁启超、严复（1854—1921）等认为"自由"是西方哲学的中心思想。严复以自由为体、民主为用来揭示英国式立宪民主政治的奥秘，并将"自由"与"民德"相联系，或视为"民德"之基础。他在《原强》中说："夫所谓富强云者，质而言之，不外利民云尔。然政欲利民，必自民各能自利始；民各能自利，又必自皆得自由始；欲听其皆得自由，尤必自其各能自治始；反是且乱。顾彼民之能自治而自由者，皆其力、其智、其德诚优者也。是以今日之要政，统于三端：一曰鼓民力，二曰开民智，三曰新民德。"[②] 换句话说，自由是"利民"之始，"富强"之基。人民有了自由，国家才会富强，民族才能独立于世。梁启超在宣传"民权平等说"的基础上则将"自由"与"权利"相联系。他说："自由者，权利之表证也。凡人所以为人者有二大要件：一曰生命，二曰权利。二者缺一，时乃非人。故自由者亦精神界之生命也"，并强调"若夫思想自由，为凡百自由之母者，""今日欲救精神界之中国，舍自由美德外，其道无

---

① 曲士培：《蒋梦麟教育论著选》，人民教育出版社1995年版，第294页。
② 严复：《原强》，《中国近代教育史资料汇编·教育思想》，上海教育出版社1997年版，第284—285页。

由"。① 这里要特别指出的是维新派竭力引进西方自由主义,其目的是作为救亡图存的工具和手段的,以此唤起民众的民族自救、民族独立之心。这样,国家的自由、民族的独立成了自由主义价值追求,个体自由服从于国家和民族的自由独立,自由精神与独立精神有了融汇之通,成为维新运动的强大思想武器。自古以来,中国缺乏自由主义的生存土壤。"夫自由一言,真中国历古圣贤之所深畏,而从未尝立以为教者也。"② 然后,"身贵自由,国贵自主",自由一旦与民族主义相结合,那就被中国文化所吸纳,从而为制度变革奠定价值基础。洋务时期萌芽的新教育有了"独立之精神",却缺乏"自由"之主义,因此不可能与传统教育分道扬镳,必然是个半新半旧或半封建半殖民化的异果。因此,维新派对自由主义的传播,有可能使国民之本性和教育之本原发生根本的变化,但专制政体下不可能为自由民主真正提供生长的天地。只有到"五四"新文化运动时,自由民主思想才在中国扎下了根。

维新派认为,"开民智"需要有制度作保障和基础。在教育上"开民智",则提出了废科举、兴学校的制度变革主张,而这主张正是基于对洋务新教育的反思基础之上的,"否定洋务运动的地方,正是维新运动准备继起而致力的地方。"③ 作为萌芽期的洋务新教育是"临时动议",先天不足是自然的。从组织形式上看像书院,从治理上讲隶属官府等于小衙门,从教学上讲则是移植于西方的,这就生产出一个不中不西的果实,当然是苦涩而又坚硬的,其根本的原因是新式学堂只是洋务的工具,以培养洋务急需人才为己任,其办学目标仍然是升官这一条道。梁启超明确提出"以教育论之,但教方言以供翻译,不授政治之科,不修学艺之术,能养人材乎?科举不变,荣途不出,士夫之家,聪颖子弟皆以入学为耻,能得高材乎?如是则有学堂如无学堂。……然则不变其本,不易其俗,不定其规模,不筹其全局,而依然若前此之支支节节以变之,则虽使各省得许多督抚皆若李鸿章、张之洞之才之识,又假以十年无事,听之使若李鸿章、

---

① 夏晓虹:《梁启超学术文化随笔》,中国青年出版社1996年版,第55—56页。
② 严复:《救亡决论》,《中国近代史教育史资料汇编·教育思想》,上海教育出版社1997年版,第295页。
③ 陈旭麓:《近代中国社会的新陈代谢》,上海人民出版社1992年版,第163—164页。

张之洞之所为,则于中国之弱之亡能稍有救乎?吾知其必不能也。"① 梁启超上述的批评是非常切中要害的。于是他断然地提出:"变法之本,在育人才;人才之兴,在开学校;学校之立,在变科举;而一切要其大成,在变官制"。② 变革乃至废止科举,无疑是为新教育发展扫清最大的制度障碍,但"兴学校"再不能停留在洋务的思想和水平上,应该朝建立系统的国家学校教育体系方向着力。

康有为的《大同书》为国家教育体系构建了一个理想图景,即从幼稚至小学至中学至大学,组成一个完整的前后相连的学校教育体系以及相应制度体系。在"百日维新"期间,以康梁为首的维新派暂时实现了"除旧布新"的初步理想。光绪帝采纳了他们所提出的变法计划,发出了几十条改革上谕。有关教育方面主要的有下列各项:③

(1) 废八股,考试策论,借以选拔"体用兼备"、"通经济变"的人才。

(2) 筹办高、中、小等各级学堂,兼习中学和西学。

(3) 要求各省将所属省、府、州、县的大小书院一律改为兼习中西学的学堂,省会的大书院改为高等学堂,府郡书院改为中等学堂,州、县书院改为小学堂。地方自行捐办的义学、社学等,亦令一律中西兼习;并奖励绅民办学。民间祀庙之不在祀典者,由地方官晓谕居民,一律改为学堂。

(4) 中学、小学应读之书,由官设书局编译中外要书颁发遵行。

(5) 筹办京师大学堂,以孙家鼐管理大学堂事务,另由美国教士丁韪良担任西学总教习。

(6) 设立农学会,刊发农报,创办农务学堂,借以促进农务。

(7) 筹设茶务学堂及蚕桑公院于出产丝茶各地区。

(8) 设立翻译局及编译学堂。

(9) 鼓励出版书籍及报纸,皆予免税权利;准许自由开设报馆

---

① 梁启超:《戊戌政变论》,《中国近代学制史料》(第一辑·上册),华东师范大学出版社1983年版,第603页。
② 夏晓虹:《梁启超学术文化随笔》,中国青年出版社1996年版,第10页。
③ 陈景磐:《中国近代教育史》,人民教育出版社1983年版,第111页。

及学会；开放言论，鼓励上书。

（10）筹设医学堂，归大学堂兼辖。

（11）发展实业，保护并奖励农工商业，提倡私人办理各种实业，包括私人办理兵工厂；鼓励设置各种实业学堂，并鼓励各种新著作和新发明。

这些改革确实是针对洋务新教育的弊病而提出来的，有鲜明的针对性。其中对兴办实业学堂政策和鼓励新著作和新发明，以及指出选拔"体用兼备"、"通经济变"人才的方针，一定程度上更新了"学术"的概念内涵和提升教育政策的系统性。这些教育改革计划，其直接的效果是加速度地促使近代大学的诞生和学制思想的传播。

出于民族独立富强之目的，维新派还对新教育存在的教师问题作了一定程度的反思和批评。新教育发展中师资缺乏和稳定性差的问题一直很突出，当时采取了许多应急措施只能解决一时不能确保长远。如京师同文馆创办之初西教习"时常调换"，又如广州水师陆学堂雇用的教员，恰好是附近海关中的外国人员和外国传教士。毕乃德叙述道："通常这样的教员是短期的，有时是兼职的。即使是有固定教员的学校，有时也要聘请临时教员，因为有时正式教员辞退，或是意外死亡，或休假，这样的代课教师很少是能够胜任他们所要担任的课程，他们往往不能认真负责地教学。"[①]这种情况的存在是客观的，并且是不奇怪的。新教育的初创时期，新式学堂仅仅是洋务官员的"个人杰作"，朝廷采取的也是"一事一议"之法，没有一种将各个新式学堂的"相似之处"归纳而提升为一种明确的制度，并以成文法规或指令予以规定和实施的计划。甲午之后，人们对此种现象予以极大关注，尤其是对新教育三十年师资依然缺乏，不得不借才异域提出了批评。梁启超将此与日本对比，认为日本变法之始亦聘外人执教，但十年以后按年裁减，至今已师资自立，而"今中国之言变法，亦既数十年，而犹然借材异地，乃能图成，其可耻孰甚也"[②]，因而提出要大力培养教师，以努力实现师资上的独立自主。

维新运动中对新教育的反思与谋划是多方面的并且有相当的深度。康

---

① ［美］毕乃德：《洋务学堂》，曾钜生译，杭州大学出版社1998年版，第63页。
② 夏晓虹：《梁启超学术文化随笔》，中国青年出版社1996年版，第90页。

有为提出的"大学"与"高等专门学"的概念可以看到其前瞻性，这实际上为近代大学和大学制度的诞生提供理论指导。康有为在《请开学校折》中对西国的"高等专门学"与"大学"作了界定："高等专门学者，教人民之应用，以为执业者也。大学者，犹高等学也，磨之砻之，精之深之，以为长为师，为士大夫者"，[①] 这里将"为师"作为大学培养目标之一，说明康有为教育思想中包含着对教师培养之思考。

维新运动中的思想启蒙，尤其是自由主义的传播，确实为维新变法事业引入了新精神。它若能与原有的"独立之精神"相融合，那么下一时期的变法会有新的表现。当然，这需要时间和机运。可惜，对康梁来说时运并不平坦，维新百日便被扼杀，但对教育而言，京师大学堂得以保存下来，成了维新运动的仅有成果。这虽出乎意料但又在情理之中，因为大学最能保储民族的血脉和承载独立主义理想。

第二节 大学制度的构建与近代大学的诞生

大学教师制度是大学制度的重要部分，因而如果没有大学制度的建立，那就不可能有教师制度的产生，而且教师制度本身就是大学制度的核心构成。"大学制度"一词最早出现在清末。1908年《学部官报》第六十四期刊《奏遣派商衍瀛何燏时赴日本考察大学制度》用了"大学制度"一词。该词实际源自日本明治时期的高等教育典章，也属于外来词。其实，在此前，中国已使用"学校规制"（1892）和"学校制度"（1896）等词，与"大学制度"一词相类似，意指学校或大学管理与运行的相关规范。这说明对学校制度或大学制度的思考早于近代大学的诞生。

1898年京师大学堂的创办及其章程的颁布，标志着我国真正具有近代意义的大学及大学制度在古老的中国诞生。客观地说，京师大学堂成立是新教育发展的自然目标，只是由于甲午一役使之加速落地，但前面的一些具有高等教育性质的新式学堂办学实践与探索可视为其诞生的基础和铺垫。当然，这种先例所提供的制度资源还十分有限，只能向外国移植章程等制度样本，不过其先验性和"试错性"办学实践对近代大学的隐性影

[①] 璩鑫圭、童富勇：《中国近代教育史资料汇编·教育思想》，上海教育出版社1990年版，第140页。

响是存在的。

洋务后期的新式学堂、新式书院和教会学校已有一定的数量，有的明显地已向大学转型，尤其是教会学校，到19世纪90年代初至少有4所已具有大学或学院的性质。官方新式学堂如京师同文馆、上海广方言馆、福建船政学堂、湖北自强学堂、北洋医学堂等，应该肯定是高等教育机构，并且初步具有近代的大学制度某些特征，如一定的分科性和近代科学进入课程，中西教习兼聘等。这些学堂创办时都有学堂章程奏准，这种学校"宪章"对组织构架及官制、课程、学科、教职员及经费等均有规定，或详或略，总体上较粗略，其中教学与课程方面的制度特征较为明显，分年级分班教学及实验教学方式的尝试虽移植于西方，但已适应中国的土壤，还有学科分类已有近代性质，如湖北自强学堂分方言、格致、算学、商务四门。京师同文馆从创办时设立英文馆后，又陆续开设俄文馆、法文馆、天文算学馆、德文馆、格致馆、东文馆及翻译处，终于成为一个综合性的专科学校。教学制度、学科制度是大学制度的核心构成，同时又是与教师制度密切相关。官办新式学堂的关乎近代学校制度的点点滴滴，最终没成为一个具有全国性意义的国家制度，其关键的问题在于洋务派将办学视为"应急之策"而非长久之计，没有由中央政府出面拟就全国的教育发展计划以及展开整体学校制度设计。不过，新式学堂的办学及制度培育的实践经验，也是一份宝贵的先例资源。

在大学制度的培植中，教会学校的贡献是比较大的，当然对近代大学诞生所产生的直接影响也许不大，这主要是教会学校与文化殖民有撇不清的关联。美国长老会传教士狄考文是创办教会高等教育的倡导者。1882年，狄考文夫妇向长老会山东传教团及国内差会总部提出将登州文会馆"升格为大学"的报告并获准，自此学校开始使用"登州书院"（Teng-Chow College）这一英文名字，中文仍沿用"文会馆"之名。"登州文会馆章程"[①] 规定学院为正斋、备斋。正斋6年，备斋3年卒业。正斋分为道学、经学、国文、算学、历史、理化、博物，暨性理、理财、天文诸科，其程度相当于美国二年制学院。该章程对课程设置、条规（包括礼拜、斋舍、讲堂、放假、禁令、赏罚条规）等规定得非常细致和规范，

[①] 《文会馆志·记齐鲁大学前身登州文会馆的创立规章等》，《中国近代学制史料》（第四辑），华东师范大学出版社1993年版，第457—465页。

具有近代大学制度的主要内容与特征,而该馆对近代大学诞生的直接影响是1898年丁韪良带了刘永锡、仲伟仪、于志坚、王长庆、綦鸿奎、连英煌、朱葆琛等8位毕业生去京师大学堂担任西学教习(员)。在京师大学堂诞生之前两所被定性为近代大学雏形的天津西学学堂(或称中西学堂)、南洋公学的创办,传教士都起了筹设与开创之功。美国传教士丁家立(Tenney,C.D,1857—1930)任天津西学学堂首位总教习。他曾创办天津中西书院,自任院长。1892年,盛宣怀(1844—1916)奉李鸿章之意旨,与丁家立共同拟定开办大学的章程。1895年,西学学堂成立后,他马上辞去中西书院院长之职,全力筹办大学。在筹备中,他把中西书院的制度理念和办学经验渗透和移植于天津西学学堂的章程起草和以后的办学过程。美国传教士福开森(Ferguson,John C,1866—1945)是南洋公学首任监院,介于监督与华文、西文学科总教习之间,是颇有实权之人。福开森1888年任南京汇文书院(金陵大学前身之一)首位院长,有较为丰富的办学经验。当盛宣怀出邀时,他欣然允诺并辞去汇文书院院长之职,全力投入南洋公学的开创事业。由于盛宣怀的信任,"从改进学校制度到教学方案的制定,从对学生的监督到学校建筑的设计,均有福开森主持或参与"。① 现在,拂起历史的尘埃,我们不难看出洋务新教育和教会教育对近代大学制度产生的奠基作用。京师大学堂的分"馆"之名以及管理体制、教学和教师等制度都有明显的洋务新式学堂的印痕。1898年7月3日军机大臣、总理衙门遵筹开办京师大学堂折中提及"臣等以事属创始,筹画匪易,当即查取东西洋各国学校制度,暨各省学堂现行章程,参酌厘定"。② 这说明京师大学堂的制度模本有两类,即一是东西洋各国学校制度,其实主要是日本大学制度,二是本土的新式学堂章程。这是符合历史本相的。我国近代大学和大学制度的产生显然具有移植性,但又不失本国的早期移植并经变异而化合为本土的制度元素,甚至里面可能深埋着传统的因子。我国近代大学也只有在这种条件下一出世就能展示不凡的魅力。

　　天津西学学堂、上海南洋公学和京师大学堂共同构成我国近代大学诞

---

① 王立新:《美国传教士与晚清中国现代化》,天津人民出版社2008年版,第153页。
② 陈学恂:《中国近代教育史教学参考资料》(上册),人民教育出版社1986年版,第434页。

生的壮美风景和近代大学制度的最初蓝本，但创立的真正标志是京师大学堂，前二者只能视作近代大学之雏形（教会大学此时还不是中国政府承认的大学，因而只是国立大学的一个参照物）。它们既是近代大学教师制度的孕育之母，又是大学教师制度的存储体和呈现形态。

天津西学学堂、南洋公学创办人均为盛宣怀，是一位洋务派实业官僚。他秉着"自强首在储才，储才必先兴学"的主张而开创性地书写了我国近代大学创办的浓重二笔，值得注意的是他聘请两位教会教育家参与学堂的筹划与创办。这说明国人与传教士的合作已成为中西文化交流的一条畅路。1895年10月2日，距《马关条约》签订仅75天，天津西学学堂奉旨批准而建立。天津西学学堂分头等、二等学堂。头等学堂为专门之学，相当于外国大学本科，而二等学堂相当于后来的预科，前后共8年。这种体制是基于中国尚未建立基础教育系统而设计的。《头等学堂章程》共10条，"以哈佛、耶鲁等大学为蓝本"[1]，文字简洁明了，与京师同文馆后期修增章程相比，更接近近代体例。该章程首先规定"须分门别类"，为分科制。第三条规定校内组织体制，为总办与总教习分工负责制，"所有学堂一切布置及银钱各事归总办管理。所有学堂考核功课，以及华洋教习勤惰，学生去取，均为总教习管理"，还特别规定"遇有要事，总办总教习均当和衷商办。"没有洋务学堂那么多的提调之类的官职。第四条讲"头等学堂，以选延教习、挑选学生两大端最为紧要。总教习不得稍有宽徇，致负委任"，慎选教习、严挑学生是本条的主义。第五条规定总教习、分教习聘期为四年，并订合同，"任满去留，再行酌定"。这是在我国第一次规定中外教习采用合同制。此前只是西教习用合同，中教习按官吏制。第六、七、八、九、十条均是关于课程学生管理方面的规定。这样，《头等学堂章程》对学科、组织、教习、课程、学生等方面作出规范，初步构成一所近代大学的制度框架，其中对严选教习、精挑学生的管理规定，体现了举办者、起草者对近代大学性质的认识提升。大学是以教师和学生为主体的，而不是以官员为重。天津西学学堂于1896年改名为"北洋大学堂"，从课程设置来看，以科学技术为主课。从延聘教习来看，仍沿用洋务学堂中西兼聘办法，除汉文课和部分外语课由中国教习执教外，其余功课由外籍教习担任，并要求学生外语基础好，教

---

[1] 《北洋大学——天津大学校史资料选编》（一），天津大学出版社1991年版，第6—7页。

科书使用外文原版,用外语授课。这些特点说明它是超越了洋务学堂的制度程度和办学水平。不过,其分科设门至1910年才开办,并仅设工科一科。因而,此时它只是一所较高水平的预科大学。

1896年1月26日,继开办天津西学学堂之后,盛宣怀又获准在上海创办了另一所近代学堂——南洋公学。他亲任督办,下设总理、监院、总教习、提调等职。总理为何嗣焜,曾是李鸿章的幕府。监院由福开森担任,相当于教务长,总教习张焕纶原为梅溪书院院长。这个组织构架与天津西学学堂不同,却与洋务学堂较相似。主要原因可能是《南洋公学章程》由总理何嗣焜制定,而天津西学学堂章程是教会教育家丁家立为主起草。这说明本土与外籍教育家在大学制度的设计思想上仍有相当的不同。南洋公学初分四院:师范院、外院(后改为附小)、中院(二等学堂即中学)、上院(头等学堂即大学)。以后逐步设立的特班、政治班、商务班、东文学堂,相当于专科(上院迟迟未开办)。这样,南洋公学构建了一个完整的学校教育体系,这只有福建船政学堂有类似的学堂构架。这种体制具有明显的过渡性特征,是对当时国情和教育实际的一种顾念,但大学文理普通学科与应用性专科融于一校之中,其理念是比较开放的。南洋公学之设立原意是"取国政之义,以行达成之实",学科以内政、外交、理财为主,但后来因时势变化而改变,而且开办大学课程也稍迟。《南洋公学章程》设6章20节。第一章"设学宗旨",这是近代学堂章程中首次出现的,这是南洋公学近代化的标志。此章有二节,第一节规定学堂经费半由商民所捐,半由官助,故命名为公学,即公众或公民所共同举办之学堂;第二节确定"以通达中国经史大义,厚植根柢为基础,以西国政治家日本法部文部为指归,略仿法国国政学堂之意",并将工艺、机器制造、矿冶诸学等归入专门。这样,南洋公学是以文科为主,工科为辅的大学,办学宗旨仍与"中体西用"相契合。第二至六章具体规定分设四院、学生分班、课程及学生管理相关内容。第七章"出洋游学"规定"上院学生卒业后,择其优异者资送出洋,照日本海外留学生之例,就学于各国大学堂,以扩才识而资大用"。这是洋务学堂办学实践的经验延用。第八章为"教员人役名额"共四节内容,将教员分为华总教习、洋总教习、洋教习、华人西文西学教习、汉教习及洋文帮教习、帮汉教习及稽察教习等多种种类,这与公学分立四院、层次多有关。公学章程与天津西学学堂章程相比,明显留有洋务学堂章程的样式特征,但最有进步意义的是第一章专论"设学宗旨"。这是对近代大学办学目的的最早规定，有着标志性意义。两校的章程所构筑的大学制度就像其办学一样仍是过渡性的，是洋务学堂向近代大学转型的两个范例，有新有旧，以新为主，至于教师制度虽然都有专章，但用语甚少，内容是人员定额和少量的职责设定，与近代大学教师制度以权利与义务界定为主体内容相距很远。这也说明甲午一役后，国人对大学性质的认识仍在沿袭"自强之道"、"兴学救亡"的传统思维模式，这就意味着新式大学成为真正意义上的近代大学还有一段路要走，但并不影响其作为近代大学雏形的历史地位。

有了天津西学学堂、上海南洋公学的披荆斩棘开创新局，第一所国立近代大学的诞生成了历史的必然。此时，正有维新变法之东风劲吹，京师大学堂终于出世，标志着我国近代大学的真正诞生。京师大学堂筹备起于1896年，李端棻（1833—1907）是最早提议者，孙家鼐（1827—1909）最终定乾坤。其筹备中以制度设计为先是十分突出的。1896年6月，李端棻在"请推广学校折"中建言"惟京师为首善之区，不宜因陋就简，示天下以朴，似当酌动帑藏，以崇体制"，建成规模较大的京师大学。孙家鼐则更为系统提出"独是中国京师建立学堂，为各国通商以来仅有之创举"，因而不能仿照旧式之学堂办理，应"参仿各国大学堂章程，变通办理，以切时用"。[①] 1898年7月3日，军机大臣、总理衙门所呈的京师大学堂开办奏折则明确提出构建"学校制度"之议题，并主张既借鉴东西洋各国学校制度，又吸取各省学堂办学之法，强调"大学堂设于京师，以为各省表率，事当开创，一切制度，均宜审度精详，非有明体达用之大臣以莞摄之，不足以宏此远模"。该折递交的《京师大学堂章程》，无疑是自京师同文馆以来最为完备最具有近代特征的大学宪章，但它基本上是日本东京帝国大学的翻版。清朝官员在设计中国大学制度时"追随东京大学的模式"，其重要的因素是其"被日本既引进西方制度和技术却同时保留了帝国的威望和儒家文化的至上地位这样的方式所吸引"。[②] 这里面虽有保守性，但同样也有维护民族学术独立之思量。这部章程分8章54

---

① 陈学恂：《中国近代教育史教学参考资料》（上册），人民教育出版社1986年版，第427、430—431页。
② [加] 许美德：《中国大学（1895—1995）：一个文化冲突的世纪》，教育科学出版社2000年版，第36—37页。

节，体例宏大，规则详尽，体系完备。"总纲"作为首章，最重要的是明确"各省学堂，皆当归大学堂统辖，一气呵成；一切章程功课，皆当遵依此次所定，务使脉络贯注，纲举目张"。[①] 这样，京师大学堂既是中国最高大学又是最高教育行政机关，还明定本章程为我国大学之母法。同时，第一次以国家法律形式提出"分小学、中学、大学三级"的学校体系。第二章以下重点规定功课、学生入学、学成出身、经费等办学要素的具体办法，其中第一次将功课分为溥通学（即普通学）、专门学两类，为学科大类概念的最初萌生，颇具近代意义。另有两章重点规定聘用教习、设官等教师制度的基本内容。第八章名"新章"实为附则。我国首部由朝廷颁布的大学章程，实际上是具有国家法律之特性，可以看作是清朝政府对近代大学制度的基本规定或框架。

从京师同文馆到京师大学堂前后三十余年，经历了洋务和戊戌两个时期，大学从无到有，大学制度从设想到创制，其演进缓滞但又不失进取，尤其是在"中体西用"的方针下逐渐向西学开放，大胆移植欧美和日本的大学制度，使新式学堂渐渐完成了第一次大转型而成为新式大学，彰显古老中国的学术体的新生和重新焕发活力。天津西学学堂、南洋公学和京师大学堂三部章程，共同筑建了我国近代意义上的大学制度样式。从宏观而言，规定了朝廷办学上的相关权限，主要是职官制度、教育行政制度和经费体制等。从微观而言，主要规定了学校管理制度、学科制度、课程教学制度、教师制度、学生管理制度等，这些是关乎大学性质的大学基本制度，由宏观制度和微观制度构成了大学制度的整体。这一制度体系虽然内涵还不稳定且有些杂芜和若干内容的陈旧，但从框架而言是具有近代性的，与日本等国大学章程是大体相当的。当然，由于京师大学堂刚创办，大学的职能仅限于培养人才，而对研究的职能没有任何法律上的规定，这无疑是一个很大的缺陷。这个问题到民国初期才得以弥补。

第三节　近代大学教师制度的"婴儿"形态

京师大学堂章程通篇都关注教习的问题，这是办学实践中感悟的，也

---

① 陈学恂：《中国近代教育史教学参考资料》（上册），人民教育出版社1986年版，第436页。

是洋务新教育三十年所得出的最有价值的经验。新式学堂自1862年创办以来，办学者一直为教习的本土化而谋划尽力，但效果始终不如人意。原因当然是多方面的，但主要是全国尚未建立学校教育体系，师资自产能力不强。每所新式学堂均似一座孤岛，除了"土著人"，只能"空降"外人。京师大学堂举办者从新式学堂办学经验教训中明白"命官既须郑重，而择师尤关紧要。"《京师大学堂章程》第五章"聘用教习例"（共五节），以法律专章形式较为全面地提出教师管理相关规则，标志着我国近代大学教师制度的雏形已显。虽然显得有点幼稚，但毕竟已出世，日后会不断成长的。本章全文如下：①

第一节：同文馆及北洋学堂等，多以西人为总教习。然学堂功课，既中西并重，华人若有兼通西学者，西人必无兼通中学者。前此各学堂于中学不免偏枯，皆由以西人为总教习故也。即专就西文而论：英法俄德诸文并用，无论任聘何国之人，皆不能节制他种文字之教习，专门诸学亦然，故必择中国通人，学贯中西，能见其大者为总教习，然后可以崇体制而收实效。

第二节：学生之成就与否，全视教习。教习得人，则纲目毕举；教习不得人，则徒縻巨帑，必无成效。此举既属维新之政，实事求是，必不可如教习、庶吉士、国子监、祭酒等之虚应故事，宜取品学兼优通晓中外者，不论官阶，不论年齿，务以得人为主。或由总理衙门大臣保荐人才可任此职者，请旨擢用。

第三节：设溥通学分教习十人，皆华人。英文分教习十二人，英人华人各六；日本人教习二人，日本人华人各一；俄德法文分教习各一人，或用彼国人，或用华人，随所有而定。专门学十种分教习各一人，皆用欧美洲人。

第四节：用使臣自辟参随例，凡分教习皆由总教习辟用，以免枘凿之见，而收指臂之益。其欧美人或难于聘请者，则由总教习总办，随时会同总署及各国使臣向彼中学堂商请。

第五节：现当开办之始，各学生大率初学，必须先依编译局所编出之溥通功课卒业，然后乃学专门。计最速者，亦当在两年以后。现

---

① 陈学恂：《中国近代教育史教学参考资料》（上册），人民教育出版社1986年版，第442页。

时专门各学之分教习，如尚无学生可教，即暂以充编译局译书之用。

上述"聘用教习例"具体规定总教习人选原则、教习聘用条件、分教习定员、教习选聘权归属及分教习参与编、译书等内容，仅涉及教师制度中的资格、聘任两项制度内容。从文本上可知，对教习的作用认识极为正确，并首次提出"取品学兼优，通晓中外者，不论官阶，不论年龄，务以得人为主"的教习聘用原则，这是以往学堂章程未曾有的进步。此外，第六章"设官例"既规定了大学堂各级职务设定与分级，又明确总教习、分教习为官吏，从而明确教习的法律地位。这是沿袭传统教育制度的一个例子。第四章"学成出身例"又规定教习的奖励办法"学生既有出身，教习亦宜奖励。今拟京师大学堂分教习，及各省学堂总教习，其实心教授，著有成效，确有凭证者，皆三年一保举。原系生监者，赏给举人。原系举人者，赏给进士，引见授职。原系有职人员者，从异常劳绩保举之例，以为各尽心善诱者劝"。① 第七章"经费"中又规定除管学大臣外各教习及办事人的薪俸标准，实行月薪制，总教习月薪300两，专门学分教习月薪300两，溥通学分教习头班、二班月薪分别为50两、30两，西文分教习头班、二级分别200两、50两。这也是第一次国家制定的大学教职员的薪俸制度。此外，第八章"新章"还规定功课章程（条规）"皆归总教习、分教习续拟"，第一次明确教习的教学管理权限。这意义非同一般，为我国大学教师制度中有权力或权利规定的起始，这也是大学教师制度近代性的根本特征，或者作为大学教师制度初步的主要标志。当然，综括上述的分析，《京师大学堂章程》所构建的大学教师制度基本属于"婴儿"形态或为雏形，它规定了聘用、奖励、薪俸制度以及教习身份之定位，对考核、晋升等重要内容没有相应的规定，前面有规定的也大体用语不详，规则粗略，而且有些条文仍有封建性的东西。不过，京师大学堂因遭庚子之祸而停办一年有余，当1902年重新恢复时其章程纳入了学制系统，使之趋于完整、稳定。

京师大学堂章程所构设的大学教师制度框架，其规范化程度和系统化水平均是近代大学和高等教育机构中最高的，而且作为国家法律颁布，其

---

① 陈学恂：《中国近代教育史教学参考资料》（上册），人民教育出版社1986年版，第442—443、441页。

母法之地位毋庸置疑。尤其是择师强调"中西并重",以"中"为本,从而以法律形式将教师队伍本土化作为"学术独立"的重要措施加以确认,确有先锋之功。当然,制度的演进是过程,又是一个系统。其他学堂包括新式书院和教会大学的制度上之努力,也应视为制度化进程的不可忽略的重要一环。

一 "文凭"概念的引入

我国科举制延续上千年,及第之名状元、进士、举人及生员成为学问程度的区别词,没有独立的学历学位的概念。我国最早有"文凭"之称的是1879年,首任驻日公使黄遵宪在《日本杂事诗广注》中记录他在东京大学所见所闻:"生徒凡百余人,分法、理、文三部。法学则英吉利法律、法兰西法律、日本今古法律;理学有化学、气学、重学、数学、矿学、画学、天文地理学、动物学、植物学、机器学;文学有日本史学、汉文学、英文学。以四年卒业,则给以文凭。此四年中,随年而分等级。所读皆有用书,规模善矣"。[①] 文凭是与科举出身性质根本不同的概念,其从日本引进,实际上为学业水平评价提供新的独立的标准,有助于逐渐与科举制分驰,最终确定学术的独立性和衡量学业或学术水准的通用凭证。1895年,何启、胡礼垣在《新政论议》则将"执照"("文凭"的中国土语)引入教师聘任资格之中:"中国人有曾学得其事,经外国考试,得隽有执照为凭者,则延以为师,如无其人,则延外国人暂为之师,例以有考取之执照为凭,方能居此师席也。"[②] 1897年2月,《设立杭州养蚕学堂章程》第二条则规定:"教习或两人,或先请一人,必精于蚕学,在外国养蚕公院给有凭据者,方能充选。此最紧要,为全局之关键。"[③] 1898年,《南学会大概章程》更明确规定对学术有成者"仿西国文凭之例,给予考

[①] 朱有瓛:《中国近代学制史料》(第二辑·下册),华东师范大学出版社1987年版,第3页。

[②] 朱有瓛:《中国近代学制史料》(第一辑·上册),华东师范大学出版社1986年版,第472页。

[③] 陈学恂:《中国近代教育史教学参考资料》(上册),人民教育出版社1986年版,第338页。

凭"。① 这样，"文凭"（或执照或凭据）的概念引入了教师聘任工作范畴，为教师资格制度的建立提供社会科学知识和标准，在近代确有非同一般的意义。

二 聘用契约管理

新式学堂开办以后，聘用外国人执教一开始就采用合同形式进行契约管理，而对本国人则循官例采用官员派遣文书形式选调，所以有"合同，所以约洋教习也"之说。② 外国学者评论道："只要可能，外国官员看来总是被保持在'外国专家'的位置上。他们教书，但不决定学校的基本构成，也不作最终的裁决"。③ 无疑，它反映的是教育主权、"学术独立"和民族自保的意识。教会学校一开办就对差会派来的教习和在中国聘请的华人洋教习均采用合同契约方式聘任。1902年，英国传教士、广学会总办李提摩太（Richard, Timothy, 1845—1919）与山西巡抚岑春煊（1861—1933）订立《中西大学堂改为山西大学堂西学专斋合同》，第十条规定"各教习，西人则由李提摩太荐举，商明巡抚，缮立合同，由李提摩太签字"，"华人则由总教习荐举，会同总理督办缮立合同"。④ 官办新式学堂采择合同方式聘用本国教习时间则较晚。1895年《天津西学学堂头等学堂章程》才有总教习、分教习均订立年合同之规定。此类契约对中国一般学堂来说大多不用，这与"官师合一"体制与传统有关。天津西学学堂有此条文，这与起草者是传教士丁家立有关。南洋公学、京师大学堂章程中有关教习条款均无此内容。合同契约管理是教师聘任制的前提条件，合同所确定的双方地位对等以及商议之机制具有近代性。本时期已有中国学堂采用此法，可视作一个进步。但总体上说，聘任制在中国还没建立，继续沿用职官制度。

---

① 汤志钧、陈祖恩：《中国近代教育史资料汇编·戊戌时期教育》，上海教育出版社1993年版，第92页。

② 高时良：《中国近代教育史资料汇编·洋务运动时期教育》，上海教育出版社1992年版，第591页。

③ ［加］许美德、［法］巴斯蒂等：《中外比较教育史》，上海人民出版社1990年版，第53页。

④ 陈学恂：《中国近代教育史教学参考资料》（下册），人民教育出版社1987年版，第250页。

三 "权限"、"权利"与"权力"之词流行

大学教师制度核心要素是对教师的权利、权力和义务、责任作出合理的规定。甲午之后，西方的自由主义开始在我国知识界泛起涟漪，但被主流社会所排斥。在中国历朝有君权而无民权。维新派鼓吹君主立宪制，那就要倡议"民权"。这样，"权限"与"权利"、"权力"之类词开始流行起来，在学界和教育界尤烈。梁启超说："权也者，兼事与利言之也。"[①]知识分子是最有权力意识的群体。维新潮起，近代知识分子的群体开始形成，他们为民族为国人呼喊权利与权力意识的觉醒："天生人而赋之以权利，且赋之以扩充此权利之智识，保护此权利之能力。"[②] 以梁启超、严复为代表的自由主义者视"自由"、"平等"为人民之权利。这种西方思想的输入，渐渐地改变着当时思想界、学术界的精神生态。1898年，《格致新报》论游历为国家之要道时写道："游历之事，贵有专责，任之者宜富室与学堂中人。盖惟彼二者，能易用其权力也"。[③] 1899年1月颁布《京师大学堂规条》第六条规定："凡提调、分教习各员分内之事，不得推诿；分外之事不得侵越。当由管学大臣总教习定其权限，以期责有攸归，如有贻误，一人承担"。[④] 这里提出了管理权限之义，是大学管理上轨道必然遇着的问题。京师大学堂将此问题列入规条，说明"权限"已成为管理者思考的重要议题。其实，权限的划定与管理者的思想观念有密切关系。按官府论，学校权力理应在学官；按学校言，行政者与教习应各有权限，分工合作。康有为在记述《总理衙门奏拟京师大学堂章程》(1898)起草过程中说，1898年4月大学堂议起，总理衙门托其起草章程，他无暇，"命卓如草稿，酌英美日之制为之，甚周密，而以大权归之教习"，"所请各分教习，皆由总教习专之，以一事权"。管学大臣孙家鼐"见章程大怒，以教权皆属总教习，而管学大臣无权"。[⑤] 这是近代有记载

[①] 夏晓虹：《梁启超学术文化随笔》，中国铁道出版社1996年版，第20页。
[②] 夏晓虹：《梁启超学术文化随笔》，中国铁道出版社1996年版，第42页。
[③] 高时良：《中国近代教育史资料汇编·洋务运动时期教育》，上海教育出版社1992年版，第864页。
[④] 汤志钧、陈祖恩：《中国近代教育史资料汇编·戊戌时期教育》，上海教育出版社1993年版，第141页。
[⑤] 《北京大学史料》（第一卷），北京大学出版社1993年版，第87页。

较早关于学官与教习分权之争，颇耐人寻味。孙家鼐作为正统朝廷大臣，站在官府的立场上去思考，必然主张管学大臣掌大学堂全权。康梁作为新型知识分子首领，从维新立场出发谋划大学管理权，那势必倾向于教习。这种主张不仅是思路不同，而且也是对大学堂性质认识的不同。事实上，学术权力的管理之争一直伴随着近代大学的成长，是政府与大学之间的博弈地带，它深刻地影响着大学教师制度的基调。

在教师的权利、权力问题上，教会学校确有居先之功。基督教新教从理论上主张上帝面前人人平等，不接受教皇的权威，从而形成"权力分享"的观念和机制。教会学校由自由派传教士主持居多，在学校管理上秉持民主的态度，"学术自由"较早地得以在大学中贯彻。当然，基督教义和福音传播从另一方面钳制人们的思想。1893年，岭南大学就设立教员会议，议决教学、课程及办学上诸多问题。之江大学很早就有"教授会"组织，并拥有较大的学校管理议决权。1896年1月15日，美国圣公会上海区主教郭斐蔚向圣公会布道部提交改组和扩建圣约翰书院的建议"备忘录"。"备忘录"中提出，成立由文理、医学和神学三科组成的大学部，书院院长改为校长，并"成立由校长和教职工组成的委员会（即教授会）对学校进行管理"。[①] 1898年6月，江南道监察御史李盛铎为学堂创始办法献计折中介绍了日本大学的评议会："日本大学设有评议会，以各科学长及教授为议员，而大学总长为议长。凡各科废置，规制变更，皆公认而后定，又授学位有须各员评议而后酌量选授者，似宜仿照办理。"[②] 1897年，《浙江求是学堂章程》规定："院中一切规约，应由监院会同教习详细妥拟，呈由总办详请抚宪核定。"[③] 1899年11月，蔡元培任绍兴中西学堂总理时制定《绍兴府学堂学友约》中有"爰放外国学堂评议员之例，广援同志，联为学友。"[④] 这可能是最早仿照外国大学评议会制度的实例，表明其民主思想和教师权利意识业已萌发。教师制度是否合理界定

---

① 熊月之、周武：《圣约翰大学史》，上海人民出版社2007年版，第24页。
② 朱有瓛：《中国近代学制史料》（第一辑·下册），华东师范大学出版社1986年版，第635页。
③ 陈学恂：《中国近代教育史教学参考资料》（上册），人民教育出版社1986年版，第253页。
④ 汤志钧、陈祖恩：《中国近代教育史资料汇编·戊戌时期教育》，上海教育出版社1993年版，第226页。

教师的权利与义务，无疑是其近代化或成熟的衡器。我国大学教师管理法规中有权利之明文规定，在专制政体下是不可能出现的，只有到民国建立共和政体时方有可能和条件。本时期只有"权限"、"权利"与"权力"一组词的流传，但其意义是为大学教师制度拓展权利空间播下思想的种子，同时也证明其还是"婴儿"形态。

第四节 "从培养入手"：近代大学教师制度的起始逻辑

近代新教育始于洋务时期，随民族独立思潮而生，也伴民族独立进程而长。教师队伍建设和教师制度萌芽的内在动力始终是由外侮而激发的民族独立之主义。甲午之役，更激荡着国人的民族情感和"救亡"之心。中华民族的"学术独立"在教师制度上主要课题是为了传播西学之需要，"不得不"聘用外国人，但这只能是短时间的"临时之计"，永久之策是尽早让中国人能主讲西学，成为教师队伍中的主导力量。这样，培养中国人当教师，赋予新式学堂的毕业生"救国的重任"，[1] 就成了新式学堂创办之初就确立的办学思路和战略之举，也是教师制度构建的起始逻辑。

1903年12月，京师大学堂管学大臣张百熙（1847—1907）奏派学生赴东西洋各国留学时提出，根据办学实践"深以教习之才为念"，京师大学堂"宜派学生出洋分习专门，以备教习之选"，并强调"咨遣学生出洋之举万不可缓，诚以教育初基，必从培养教员入手；而大学堂教习，尤当储之于早，以资任用"。他还特别列举日本例子："查日本明治八年，选优等学生留学外国。至明治十三年，留学生毕业归国后，多任为大学堂教员。迄今博士、学士，人才众多，六科大师，取材本国。从前所延欧美教员，每科不过数人，去留皆无足轻重，而日本之留学欧美者，尚源源不绝。此其用心深远，可为前事之师"，又联系到本国大学分科和新政之紧要，认为派留学生"以备将来学成回国，可充大学教习，庶几中国办理学堂尚有不待借材操纵自如之一日。早为之计，应用无穷，及今不图，后

---

[1] ［美］吉尔伯特·罗兹曼：《中国的现代化》，江苏人民出版社1998年版，第495页。

将追悔"。① 张百熙的这番议论,可谓是对自新教育举办以来的办学难题的反思与对策之想,从另一角度隐约地表达了警惕西方对中国大学师资上"操纵"之思想。作为全国最高的教育行政长官,有如此深刻的认识,可预示我国新教育发展和教师队伍组建的明亮前景。

张百熙是较早用"大学教习"一词的中央官员。"大学教习"一词的使用,表明此前对大学教习的专业性的认识有所深化,而它正是"从培养入手"的理论基础。张之洞在《劝学篇》中提出"师有定程"、"师不苟求"的思想。1902年10月,时任湖广总督张之洞在筹定学堂规模次第兴办折奏的"兴学办法十五条",其中第六条为"教员不迁就",这说明张氏对教员的质量观有变化。从现有文献看,1886年候选教谕江西拔贡生赵世骏"陈海防折"中较早提出了"教之者专"的命题。② 教习的专业性由此而成为教师议题中的重要内容。教会教育家对此的认识也许更早更深些。1877年,在华基督教传教士第一次大会决定成立"学校教科书委员会",着手编写初级和高级中文教材,"以应当前教会学校的需要"。1890年,在此委员会基础上成立了"中国教育会",标志着教会教育专业化进程的开始。1890年,李承恩在第二次在华传教士大会提出了哺育"有能力、有才干的教师们"的观点。他认为"高等教育"这个主题"在不久的将来它很可能是教会工作的主要部分",因此应像西方一样"支持这些高等学校,学校的最有才干的人担任教授席位"。③ 此后,教会学校纷纷向学院和大学发展,大学分科体制有力地促进了大学教师的专业化。差会根据在华教会学校的要求,提高了聘用教师的资格,欧美一些著名大学毕业生,其中有相当部分人拥有博士学位,以志愿者身份来华执教。如1897年,汇文书院(金陵大学前身之一)院长福开森博士辞职去南洋公学任职,继任院长师图尔为哈佛大学医学博士,骨干教师比必则是美国西北大学医学博士。④ 官办大学或学堂,包括戊戌以后陆续创办的私立大学

---

① 陈学恂:《中国近代教育史教学参考资料》(上册),人民教育出版社1986年版,第690页。
② 高时良:《中国近代教育史资料汇编·洋务运动时期教育》,上海教育出版社1992年版,第424页。
③ 陈学恂:《中国近代教育史教学参考资料》(下册),人民教育出版社1987年版,第43页。
④ 张宪文:《金陵大学史》,南京大学出版社2002年版,第13—14页。

也逐步提高了大学教师的任职条件，但大学教师的专业化问题上升到国家法律程度尚要相当长的时间。

汪向荣在《日本教习》中写道："在中国开设建设新式学校，确立新教育基础的时候，就注意到了师资的培养、训练。"① 事实确实如此。我国近代大学教师培养的首要方法是本土学堂培养本国的教师，从而奠定"学术独立"的根本基础。新式学堂都把头几届学生作为教习储备来培养。这一做法早在洋务时期新式学堂中已极为普遍，而且效果甚佳。1890年福州鹤龄英华书院举行首届毕业生典礼，毕业生只有陈孟仁一人，毕业后留校担任数学教师。1894年创办的北洋医学堂之办学目标之一"现雇之洋教习，将来期满时察看，如各医官学生等技艺精进，能与西医颉颃，即随时裁撤"，② 话语中包含着与西方学术相抗衡的志向。而首任校长就是该医学堂前身——天津总督医院附属医学校的第一届优秀毕业生林联辉。到1900年，该校教师有3名中国人和2名外国医生。从尊重新教育历史而论，教会学校最先开始培养培训师资。正如有学者所说的"从某种意义上说，中国近代师资培训工作就奠基于教会学校"。③ 最典型的个案是登州文会馆。该馆于1882年改为学院，开设大学课程，培训师资。到1895年已有85名学生，14名教师，中外教习各半。在中国籍7名教师中，有5人是本校毕业生。1898年丁韪良带刘永锡等8名毕业生去京师大学堂任西学教员。1902年，该校教习赫士又带刘玉峰、王锡恩等6人到济南协助创办山东大学堂。在19世纪末，北京、天津、南京等许多地区的新式学堂都有文会馆的毕业生执教。据1910年对文会馆毕业生就职情况的调查统计，有近60%的毕业生从事教育工作（其中37.9%的人任职教会学校，20.7%的人在国家学堂担任教习），而真正担任教会职务，直接从事布道工作者不到10%。"从某种意义上说，文会馆成了教师的养成所，为培养中国所急需的西学教师，作出了重要贡献"。④ 这里要指出的是教会学校培养对象大多是具有民族意识的中国人，其原始办学动机是培养能传播福音，使中国社会基督教化的人才，但其结果教会学校毕业生

---

① 汪向荣：《日本教习》，生活·读书·新知三联书店1988年版，第165页。
② 高时良：《中国近代教育史资料汇编·洋务运动时期教育》，上海教育出版社1992年版，第558页。
③ 史静寰：《教会学校与近代中国的师资培养》，《高等师范教育研究》1995年第1期。
④ 高时良：《中国教会学校史》，湖南教育出版社1994年版，第76页。

从事传教的人占极少比例，而多数人担任新式学堂的教师和从事其他新职业，成为民族独立和学术独立的促进力量。这种动机与结果的背离现象，为教会学校的存在提供了合理性。在官办学堂和教会学堂的共同努力下，到19世纪末20世纪初，大学师资严重短缺的问题有所缓解。无疑，首功应归于本土新式学堂自我培训师资机制的建立。

近代大学教师另一个重要来源和培养途径是选派学生和学官出国留学游学。上章已对此问题有过探讨。甲午之后，在"以强敌为师"，"留学西洋不如东洋"的思想指导下，很快形成了留学日本的高潮，前后持续十余年，为大学师资的培养与补充作出了杰出贡献。与此同时，留学欧美的人也逐渐增多。1899年8月，总理各国事务衙门提交《出洋学生肄业实学章程六条》明确规定将留学作为教习的主要办法，"一俟业成之艺生回华，即行辞退西教习，悉令此项艺生充当，庶风气广开，可收实效。"[①]《山东试办大学堂暂行章程》（1901）第一章第19节规定："至入专斋毕业者，仍由总办、总教习考验，择优发给专门凭照，或准令出洋留学，或分派练习实事，备将来教习差遣之用。"[②] 在清末，新式学堂与大学堂的举办中，许多问题都争论不休，但对教习之培养却是意见相当一致。这背后有一个共同的思想基础——学术民族主义支撑着。这一点尤应特别注意。事实也证明，留学回国毕业生不但担起大学教育发展的历史重任，而且强烈显示他们为民族学术独立出力的理想与意志。

作为我国近代大学制度演进的第二个时期（1895—1902），即萌芽或雏形期，大学教师的来源与洋务新教育时期没有什么大的变化，基本途径相似，只是侧重点有所变化。这说明戊戌时期的大学教师制度与洋务新教育有着密切的承继关系和嬗递轨迹。

在第二时期中，大学教师制度的雏形已显。其标志是《京师大学堂章程》这部近代大学的宪章，以专章和其他四章若干节的地位规定了教师身份和教师聘用、奖励、薪俸等制度，会同其他大学堂、新式学堂和书院、教会大学等办学思想与实践经验，共同丰富了大学教师制度的框架与内涵。尤其值得注意的是随着近代知识分子群体的形成，"民权平等"说

[①] 陈学恂：《中国近代教育史教学参考资料》（上册），人民教育出版社1986年版，第689页。

[②] 《山东大学百年史》，山东大学出版社2000年版，第64页。

与"自由"之思想开始在知识界和社会上流播，这为大学教师制度演进弥漫新的思想氛围。更应肯定的是大学教师制度从萌芽到雏形，有一个灵魂始终相生，那就是民族学术独立之精神。当然，此时还没有"学术独立"这一近代单一概念，但从"中体西用"中就能寻找到其思想源头。可以说，此时的"学术独立"思想是有隐蔽性和狭隘性的。它主要体现在教育的社会作用和组建本土化教师队伍上，并依附于"民族独立"观念体内。

近代大学诞生在这个时期，但刚诞生的新生儿便遭厄运。戊戌变法的失败，大学堂虽侥幸保留，但不久又受庚申之变，一度停办。不过，大学堂得以保留的原因，据当时《国闻报》称"盖因外洋各教习均已延订，势难中止，不能不勉强敷衍，以塞其中"。这虽说是一家之言，但从中折射出教师在大学兴废上的不可忽视的作用。到1902年复校后，光阴流逝数年，近代大学依然幼稚弱小。近代大学制度毕竟是大学堂上长出的幼树，与母体一样虽枝叶繁多，但终归没有长大。不过，有了前两个时期的孕育、出生，那么下一步渐渐生长，也许是可以期待的。

第 四 章
近代高等教育制度的确立与大学教师制度的形成

"庚子失败的激刺,更觉得兴学为救国要图,不容稍缓"。[①] 从洋务、戊戌至庚子,清朝政府始终在外侮的重度逼迫下才一步步地迈开"自我改良"的蹒跚之步。庚子后的"新政"是这一改良的潮头,而兴学是"新政"中最壮阔的波浪。这样,实际上为新教育制度在全国学制建立过程中脱去戊戌变法时期的幼稚和粗略,以单行章程和专章相结合的法制形式宣告其基本形成带来了推力。"壬寅癸卯学制"的颁布,一方面促使全国学校教育系统的迅速建立,另一方面又促成了第一次兴办高等教育热潮的掀起,为近代高等教育制度和大学教师制度从制度创建走向制度实践提供了法律基础和动力之源。教育"新政"的废科举、建学部和兴学堂"三重奏"及"预备立宪"运动,更为高等教育制度的确立和大学教师制度的形成注入了前所未有的活力和憧憬。辛亥革命的成功,清朝最终覆亡,但其教育"新政"的制度性成果大多为民国教育所承继和扬弃,同时"学术独立"渐成大学教师制度的指导思想。

第一节 "壬寅癸卯学制"与近代大学教师制度的初立

所谓学制,就是学校系统的简称。我国近代教育史上首部学制即"壬寅癸卯学制",是清政府"新政"的产物。它们的诞生,标志着我国近代新式学校教育制度及高等教育制度的确立和封建教育制度的终结。《钦定学堂章程》是管学大臣张百熙拟定的,颁布于1902年8月15日,

---

[①] 陶行知:《中国建设新学制的历史》,《新教育》第4卷第2期。

即旧历壬寅年，故称"壬寅学制"。"壬寅学制"因有诸多革新思想和张百熙在重建京师大学堂的大胆创新遭人攻击，迫使张氏奏请加派张之洞、荣庆一同重订，这样第一部学制没有实施便被搁置。1904年1月13日（光绪二十九年十一月二十六日）《奏定学堂章程》正式颁布并实施，它实际上成为我国近代首部实施的学制。因是年旧历为癸卯年，故称为"癸卯学制"。"癸卯学制"即《奏定学堂章程》，除《奏定学务纲要》外，共含具体章程通则18件，其中11件共同构建了我国近代高等教育制度或广义的大学制度，它们是《大学堂章程》（附《通儒院章程》）、《高等学堂章程》、《优级师范学堂章程》、《高等农、工、商实业学堂章程》、《译学馆章程》、《进士馆章程》、《实业教员养成所章程》及《各学堂管理通则》、《实业学堂通则》、《任用教员章程》和《各学堂奖励章程》。无疑，"癸卯学制"所规定的大学制度比"壬寅学制"要系统、完备些，尤其是《奏定任用教员章程》以单行法律确立了大学教师制度的重要地位，同时也标志着近代大学教师制度的初步形成。

《奏定学堂章程》所设计的近代大学制度有着鲜明的时代特征，相当部分内容既是对自洋务自强运动以来新教育创建与发展的经验总结和提升，又是对外国主要是日本大学制度的移植和若干层面的本土化变通性探索。在当时的制度环境中是有一定的创新性的。"朝廷立法，不厌其详"，但立学宗旨或大学制度之精神"以忠孝为本，以中国经史之学为基"，"以西学瀹其智识，练其智能"，是"中学为体，西学为用"的具体化。《奏定大学堂章程》规定大学堂"以谨遵谕旨，端正趋向，造就通才为宗旨"。《学务纲要》则提出"外国学堂，于智育体育外，尤重德育，中外固无二理"。[①] 关于"通才"和"德智体"的宗旨规定，这是"壬寅癸卯学制"首次提出的，在我国近代教育发展史上具有崭新的意义。"通才"思想和对德育、智育、体育重视，显然是"节取欧美日本诸邦之成法"的，同时也是王国维等对"三育并举"思想的介绍与倡议以及教会大学培养全面发展的人的教育实践影响在法理上的体现。当然，这种新思想的引入，只是"以真能复学校之旧为第一要图"。新旧杂糅、体用分离，可谓是外来文化与本土文化融合中的阶段性特征。这种新旧相杂的办学宗

---

① 璩鑫圭、唐良炎：《中国近代教育史资料汇编·学制演变》，上海教育出版社1991年版，第339、489页。

旨，一定程度上决定我国近代首部实施的学制既有开创性又有过渡性。"癸卯学制"最大的贡献是第一次以法律形式构建了从蒙学至小学至中学乃至大学的完整的学校教育体系，"以归画一"，并与国际教育潮流相一致。同时，它创造了一种崭新的高等教育结构：纵的分三级。以分科大学为中心，下设预科，上置研究机构；高等学堂3年为大学预科，大学堂分科3至4年，通儒院研究5年。横的设八科，即经学科、政法科、文学科、医学科、格致科、农科、工科、商科，另辅设实业、师范学堂及译学馆、进士馆，"旨在全面培养新式的文理医工农商各类人才"，与以求仕为目的科举开始分道而行。正如有的学者所指出的"它不再停留在对封建大学制度某些环节、某些方面的修补上，给了人们一种彻底的告别旧制度、跨越过去的力量"。①"癸卯学制"对大学制度中的核心部分——各科各类高等教育的教学课目作了统一的规定。这是新教育实践路向的一种凸显。从京师同文馆到京师大学堂创办、重建的四十年间，大学制度的建设一直是以课程内容变革作为起点的，暂时绕开了体制这一难题。这样，首先使"西艺"、"西政"和"西学"得以在新教育中传播、生根，最终达成由教学内容变革而至教育体制生变的必然结果，如科举制被废止，大学行政逐步独立等。"癸卯学制"构建的近代大学制度所体现的价值取向可谓是半新半旧的，是"中体西用"文化模式下的观念体。首先是它强调大学的国家使命，即致国家于"富强"，即"高等学堂、大学堂，意在讲求国政民事，各种专门之学，为国家储养任用之人才"。特别是强调实业学堂的建立，"意在使全国人民具有多种谋生之才智技艺，以为富民国之才"。其二是研究进入大学体制。设通儒院即后来的研究院，"意在研究专门精深之义蕴，俾能自悟新理，自创新法，为全国学业力求进步之方，并设立中国旧学专门，为保存古学古书之地"。②研究机构之设置，意味着"学术独立"思想已经安在大学体制之中，意义深远。其三是"以归画一"成了大学制度建立的基本原则，为以后建立全国性的学术标准、高等教育质量标准和教师资格标准奠定了法理基础。同时，不可否认的是该学制所体现价值思想保守性一面。《学务纲要》在"参考西国政治法律

---

① 霍益萍：《近代中国的高等教育》，华东师范大学出版社1999年版，第72页。
② 陈学恂：《中国近代教育史教学参考资料》（上册），人民教育出版社1986年版，第532页。

宜看全文"一节中，将法律与自由之间的关系作了中国传统式的注解，即强调"权利必本于义务，能尽应尽之义务，即能享应得之权利。自由必本乎法律，能守分内之法律，即受分内之自由"。但殊不知，法律不赋予人民之权利之自由，那么权利与自由是虚幌的。戊戌变法时期康有为、梁启超、严复等维新派或改良派对"自由"、"平等"和"民权"的译介与传播，在这里被视为"剽窃西学者，聊以民权自由等字实之，变本加厉，流连忘返"。[①] 无疑，它没有安置近代大学制度之新灵魂，但毕竟承认"自由"、"权利"、"民权"之存在。从这一点讲仍有进步意义。因此，"癸卯学制"形式上的创新颇多，而精神上的进步稍缓。这种形式与精神的错位和分离正是"体用之说"所致，也说明其移植日本学制较多，"终少独立精神"，[②] 为后来的大学制度和大学教师制度发展埋下了顽石。

《奏定任用教员章程》是我国近代第一部关于教师任用的单行章程。以单本部门法形式规定教员任用之条件，本身说明教师制度的重要地位。《奏定学堂章程》是一个教育法律体系，其中涉及大学教师制度内容，除《任用教员章程》外，主要在《学务纲要》、《大学堂章程》、《高等学堂章程》和《各学堂管理通则》、《实业学堂通则》等文本章节中。大学教师制度是在学制所设计的大学制度框架下拓展其内涵的，主要包括大学教师的法律地位、资格制度、聘期制度及关于教师职守等规定。它比《奏拟京师大学堂章程》（1898）第五章"聘用教习例"要更加贴近制度本义和要素构成，同时以"教员"取代"教习"，更富有近代意蕴。

一　明确大学教员的法律地位

随着洋务自强、戊戌维新以至清末"新政"的接力式运动，民族工商业得以较快发展，以致对人才需求提出新的多样化和量的要求，近代大学随之诞生，并进入了第一个兴办大学高潮期，导致教师尤其是大学教师成为职业分类体系中一种，这就决定"教师的社会地位的确认则需要法律，即法律以权利和义务的对等性和现代法律的平等性和公正性来保证教

[①] 陈学恂：《中国近代教育史教学参考资料》（上册），人民教育出版社1986年版，第539页。

[②] 陶行知：《中国建设新学制的历史》，《新教育》第4卷第2期。

师的社会地位"。① 这种由法律规定的教师社会地位称之为法律地位。《学务纲要》用专节规定"学堂教员宜列作职官,以便节制,并定年限"。《辞海》释义"职官"为"旧时文武官员的通称"。"癸卯学制"规定教员"列作职官",意味着教员的官员身份,但又不等于"官师合一"的简单承袭。因为此时大学堂教员以专任为主,是官又不似官,只是一种身份之法律确定。《学务纲要》对此作了说明:"外国学堂教习,皆是职官。日本即称为教授、训导,亦称教官。此后京外各学堂教习,均应列作职官,名为教员,受本学堂监督、堂长统辖节制,以时考核其功过而进退之"。② 1905年10月,政务处在奏请特设学部折中再次对"学堂教员宜列作职官"论说:"外国教员,皆系职官,且有任事期限,所以责成专而收效速。今各省学堂所聘之教习,稍有龃龉,便尔思去,功课中辍,窒碍实多,亟宜中明定章,作为官职",并提出"凡高等学堂以上之教员,亟应由督抚奏补","咨明学部立案,列入官籍之中",如此,会使教员"既觉荣宠有加,可免来去自如"。③ 由此可见,对教员的职业性官员法律地位确定的目的有二,一是让教员感到职业之荣宠,二是保障教师职业的稳定性。

二 设置大学教员之资格

"癸卯学制"对大学教师制度最大的贡献是以单行法律规定高等学堂、大学堂、优级师范学堂、高等实业学堂的正教员、副教员的任用资格,在我国第一次形成了大学教师资格制度。资格即标准,有了教师资格,就意味着大学教师有了一个全国统一的标准,其背后则是近代学术标准的产生。它不仅为教师聘用提供"衡具",而且为社会对教师的评判设置基准,也为教师专业化或职业的独立性预留极大的空间。《奏定任用教员章程》将大学教师的任职资格及选聘对象与方法作了如下规定:④

---

① 劳凯声等:《规矩方圆——教育管理与法律》,中国铁道出版社1999年版,第248页。
② 陈学恂:《中国近代教育史教学参考资料》(上册),人民教育出版社1986年版,第541页。
③ 陈学恂:《中国近代教育史教学参考资料》(上册),人民教育出版社1986年版,第582页。
④ 《大清教育新法令》(第八册第十编),《北京大学史料》(第一卷),北京大学出版社1993年版,第316—317页。

表3　　　　　　　　　　　大学教员任用资格

学堂类别	职务	资格条件	选聘对象与办法
大学堂（分科）	正教员	以将来通儒院研究毕业，及游学外洋大学院毕业得有毕业文凭者充选。	暂时除延访有各科学程度相当之华员充选外，余均择聘外国教师充选。
	副教员	以将来大学堂分科毕业考列优等，及游学外洋得有大学堂毕业优等中等文凭者充选。	暂时除延访有各科学程度相当之华员充选外，余均择聘外国教师充选。
高等学堂	正教员	以将来大学堂分科毕业，考列优等及中等，及游学外洋得有大学堂毕业文凭，暨大学堂选科毕业考列优等者充选。	暂时除延访有各科学程度相当之华员充选外，余均择聘外国教师充选。
	副教员	以将来大学堂选科毕业考列优等及中等，及游学外洋得有大学选科毕业文凭者充选。	暂时延访有各科学程度相当之华员充选。
优级师范学堂	正教员	以将来大学堂分科毕业考列优等及中等，及游学外洋高等师范考列优等、中等，及得有大学堂毕业文凭，暨大学堂选科毕业考列优等者充选。	暂时除延访有各科学程度相当之华员充选外，余均择聘外国教师充选。
	副教员	以将来大学选科毕业考列中等，及游学外洋得有大学选科毕业文凭者充选。	暂时延访有各科学程度相当之华员充选。
高等实业学堂	正教员	以将来大学分科毕业，考列优等及中等，及游学外洋得有大学堂毕业文凭，暨大学堂选科毕业考列优等者充选。	暂时除延访有各科学程度相当之华员充选，余均择聘外国教师充选。
	副教员	以将来大学选科毕业，考列优等及中等，及游学外洋得有人学选科毕业文凭者充选。	暂时延访有各科学程度相当之华员充选。

资料来源：本表根据《奏定任用教员章程》（光绪二十九年十一月二十六日）整理而成。

从上表而知，戊戌变法时期从西方引入中国学界的"文凭"概念，在这里则成了教师资格条件的标志物。无论是高等学堂、大学堂还是优级师范、高等实业学堂，教员的资格基线是拥有大学文凭。尤为注意的是基于我国大学举办不久之现实用"将来"一词预设了未来的前景，又撇清了与科举官阶的关系。正因为"将来"之义，大学教师的任用资格均以游学外洋而得大学院和大学文凭为实，体现出强烈的"西方标准"之倾向，也从一个侧面反映"西学"（即新学）已进入大学制度的主体领域，预示中国"西化"之趋势会加剧。当然，以"暂时"择聘外国教师，尽力"延访有各科学程度之相当之华员"充选，隐显着"学术独立"的久远之策。据《京师大学堂教习、执事名录》（1903—1906）记载，京师大学堂在此时期共聘用教习56人，其中外国教习19人，有博士1人，其余大多有大学文凭，而中国教习37人中回国留学毕业生10人（最高学历为本科），其中大多数为进士、举人之类的士人。① 由此可见，当时京师大学堂教习的学历资格大多未达到《奏定任用教员章程》所规定的标准，但外国教师比中国教师学历要高，中国教师人数则占多数。这说明法定的大学教师资格只是目标性的，过渡性措施是必需的。

三 规定各类教员的职守

职守即职分，与"职责"这一现代词意同。规定大学各类教员的职守，实际上是具体以法律形式界定其应履行的工作职责，属于义务范畴，它是"权利"产生的前提与基础。从历史上看，先有职责即义务之确立，而后才有"权利"之产生。当然，在专制政体下职守之规定自然会偏严，而"权利"之产生没有生长的土壤。从京师同文馆创办到京师大学堂诞生之间有许多章程奏准，其内容几乎很少涉及教员的权利部分内容，只有《奏拟京师大学堂章程》（1898）有总教习、分教习续拟课程教学方面规章之权利。《奏定学堂章程》（1904）中有《各学堂管理通则》、《大学堂章程》、《高等学堂章程》等均对教员之职守作了或多或少的规范。首先，将教员职务分为主职、副职。主职分为正教员、副教员二级，另加教务行政兼负的"总教习"。副职（或兼职）则为分科大学监督、教务提调、庶务提调、斋务提调、监学官、卫生官、天文台经理官、植物园经理官、动物园经理官、演习林经理官、医院经理官、图书馆经理官等。其中优级师范、高等学堂设有"三长"，即教务长、庶务长、斋务长。其二，按照职务分等确定其相应职守。《奏定各学堂管理通则》第一章则为"学堂各员职分"开篇曰："凡管理学堂人员及教习人员，均各有一定职守"，随后规定教员当"按照各学堂科目程度，切实循序教授"，"按照所定日时，上课讲授"，"有不遵照定章，实力任学者，应由本省学务处查明，教员

---

① 《北京大学史料》（第一卷），北京大学出版社1993年版，第329—330页。

辞退管理员撤差",还规定外国教员"有不遵约规,废懈生事者,本省学务外,或学务大臣,得即行辞退"。本章第五节则首次规定"学堂与宗教本不相容,西教习不得在学堂传习教规"。① 自洋务以来官办学堂一直秉持这一"禁忌",但《奏拟京师大学堂章程》并未载入条文,本《通则》应为首次将校内禁教写入法律条文。《奏定大学堂章程》第五章"教员管理员"中具体规定了正教员、副教员的不同职守:"正教员分主各分科大学所设之专门讲席,教授学艺,指导研究,听分科监督及教务提调考察"(第五节),"副教员助正教员教授学生,并指导实验,听本科监督及教务提调考察"(第六节);此外还规定正教员有兼任相关管理事务之义务。《奏定高等学堂章程》第五章则明定"各员门类职守,须照此分任,则条理分明,不相淆紊,方于教授、管理有益,尤以专任学堂事不兼外差为要"。② 《奏定实业学堂通则》还规定"以毕业生助教",以弥补高等实业学堂教员之短缺。当然,上述教员职守之规定只是大体框定其范围,比较粗略,这是制度形成期中的自然现象。

四 提出大学教员的定员标准问题

定员标准接近于现代词中的"编制"概念,是教师聘任制产生的相关条件。新式学堂举办时均有章程,而其关于教习或教员章节大多是西教习、中教习几人之类内容,但以什么标准来计算教习数量几乎缺略,这说明对人员多少尚未建立近代标准。姚锡光赴日考察后介绍日本学校制度时说道:"日本凡官类之学校,其教习之数甚多,以多寡牵算,约在学生十名以内而有教习一员。"③ 这可能是我国近代关于教员编制的最初介绍和引进。《奏定高等农工商实业学堂章程》第十章规定:"高等各实业学堂,当按各学科目及授业时刻若干,学生级数若干,设置相应之教员,使分司教授"。这里只提出了计算定员应考虑的因素,但还没有明确具体标准。不过,《钦定京师大学堂章程》(1902)第二章节十五、十六节曾规定过

---

① 璩鑫圭、唐良炎:《中国近代教育史资料汇编·学制演变》,上海教育出版社1991年版,第476—477页。

② 璩鑫圭、唐良炎:《中国近代教育史资料汇编·学制演变》,上海教育出版社1991年版,第387、338页。

③ 璩鑫圭、唐良炎:《中国近代教育史资料汇编·学制演变》,上海教育出版社1991年版,第114页。

大学堂外国教习上堂教授时刻至少不得少于每日 4 小时，中国教习则不得少于每日 5 小时。《奏定各学堂管理通则》则规定"讲堂每日功课至多者，不得过六点钟以外。"① 现在看来，其授课任务相当重。

五 建立教员会议制度

清末教员会议是民国大学教授会的滥觞，这就显示它不一般的意义。教会学校及教会大学较早就建立了教员会议制度，教员有参与校政主要是教务方面的决策之权，但中国教员一般排斥在外。我国官办新式学校或大学是在因袭书院旧制基础上发展起来的，官学色彩很浓，衙门做派明显，因而教员大多较少参与校政，除非是担任了学校提调、分科监督、经理官之类行政职务。"癸卯学制"的一个显著进步是建立大学堂教员会议制度。《奏定京师大学堂章程》第五章第 21、22、23 节具体规范了教员会议所"公同核议"之议题范围及主持人确定等，其议程大多为学科之增减、更改教员次序及增减、通儒院毕业奖励等，还特别设计了直诉的通道，即凡涉高等教育之事，与议各员意见"如有与总监督不同者，可抒其所见，径达于学务大臣"。②

"癸卯学制"所设计的大学制度和大学教师制度明显具有初立性质。其条文的杂芜，内容的粗略是主要问题。作为首部颁布并实施的学制之意义在于首创，而非完整，这也是符合常规的。因而，学部设立后，"于各项学堂章程多所更正"。但是，"奏定学堂章程"中所提出的教员法律地位、教员任用资格及教员会议制，实乃昭示教员"权利"思想已渐入大学教师制度框架之中，也为其制度之生命增添了新的血液。

第二节 "大学之竞争"与近代大学
教师制度的实施及充盈

"癸卯学制"颁布实施之后，我国近代大学进入了第一个快速发展

---

① 璩鑫圭、唐良炎：《中国近代教育史资料汇编·学制演变》，上海教育出版社 1991 年版，第 467 页。

② 璩鑫圭、唐良炎：《中国近代教育史资料汇编·学制演变》，上海教育出版社 1991 年版，第 389 页。

时期。尤其是由于其他三个重要教育政策即1901年下诏，1902年开始实施的"改书院兴学谕"、1905年的"废科举兴学校谕"的颁布和1906年学部关于外人在华设学"无庸立条"咨文下达，各省高等学堂在中央政府的行政命令下，迅速在书院改建基础上建立起来，私立大学也开始零星出现，教会大学则采取合并、联合、迁建等办法迅速扩大数量和提升质量，从而形成了近代我国大学的竞争格局。有外国学者指出："在当时的社会转折时期，效仿西方建立新大学的决定是关系到民族和国家的生存"。[1] 洋务、戊戌时期，教会学校和教会大学发展处于领先地位，许多教会学校的创始人或领导人纷纷担任新的官办大学或高等学堂的总教习、监院等重要校政职务，实际起草和规划官办大学的发展计划，如天津西学堂总教习丁家立，南洋公学监院福开森、山东大学堂总教习赫士、山西大学堂西学专斋总理李提摩太等。到1903年以后，中国官办大学日益增多与快速发展，刺激了教会学校，教会和传教士开始"担心政府在教育方面的'竞争'"他们意识到"除非差会集中力量，否则官办学校就会超过他们。教会学校如果再不增加完备的实验室和图书馆，不聘请更多更好的教师的话，那么优秀学生将被政府学校吸引去"。[2] 于是，许多教会学校联合成为大学，并竭力提升教师队伍的质量，以期继续保持官立大学学习榜样之地位。1902年，中华教育会第四届三年会议通过《请求外国差会派遣训练有素的教育家来华工作的呼吁书》。《呼吁书》写道：长期以来国外差会的政策一直是只选派有牧师职的传教士来华从事福音布道工作，但目前中国形势已发生了巨大变化，"随着教育越来越受到重视，随着对中国青年人思想进行训练和控制的机会越来越多，越来越需要教育专家来掌握教育工作，并以最有效的方式发展教育"。而"通过完善和巩固教育工作我们增加了通过高级示范作用来影响和规范未来中国公立教育的可能性"，"因此，我们中华教育会最恳切地呼吁欧美各差会董事部能够改变过去的政策……优先考虑训练有素的专家，即平信徒来华开展教育工作，

---

[1] ［加］许美德、潘乃容：《东西方文化交流与高等教育》，南京师大出版社2003年版，第396页。

[2] ［美］杰西·格·卢茨：《中国教会大学史》，曾钜生译，浙江教育出版社1987年版，第95—96页。

以教育家的身份占据和承担我们正当的地位,并指导这个大国青年的思想"。① 这一呼吁得到了相关差会的积极响应。此后,大批平信徒或志愿者来华从事教育工作,使教会大学的师资力量迅速增强。官办大学堂则以"救亡图存"为己任,加快发展,迎头赶上。这样,官办大学与教会大学构成了我国近代大学的竞争格局,也为大学制度和大学教师制度的实施与充盈创造了有利的环境与条件。

中央政府颁布的学堂章程真正得以实施且见著成效,则有赖于各学堂通过内部制定的规章制度加以贯彻实施,而这一过程并非是法律文本的简单照办,而是结合各学堂的实际和办学旨义进行制度的"重构"和"再创造"。这一环节在制度演进中作用很大。只要"重构"是在不损害法律所定的基本原则与规范的前提下进行的,那么它将有助于制度的进一步充盈与发展。清末学堂内部规章主要有章程和规条或条规两种。直隶总督袁世凯（1859—1916）对此作过定义:"其关乎学堂全体大纲不容轻易删除者谓之学堂章程,其堂中管理条项临时可以酌量增减者谓之管理条规。章程以垂久远,条规得由管理员随时损益,此其大略也"。② 可以说,"章程"是新式学堂的"基本法",它集中地体现各学堂对朝廷颁布的"奏定学堂章程"的执行细则和变通之处。"规条"则是对实施章程的相关具体事项作出详尽的具体的规定。章程与规条构成了新式学堂的内部规章体系,实质是国家制度的具体化和实施细则。这里,首先要探讨的问题是谁是章程与规条制定者。"癸卯学制"有一个新的突破是政府教育行政与学校管理分开设置,自此新式学堂有了真正意义上的相对独立办学权和管理权。《奏定学务纲要》首次规定"京师专设总理学务大臣,统辖全国学务","其大学堂,应请另派专员管理"。《学务纲要》是"奏定学堂章程"之母法。在教育行政与学校管理分设的基本原则下,《奏定大学堂章程》就提出大学堂应设总监督（即校长）、分科大学监督、教务提调、教员、副教员、庶务提调、斋务提调等职位,并规定"大学总监督受总理学务大臣之节制,总管全堂各分科大学学务,统率全学人员"。《奏定高等学堂章程》、《奏定优级师范学堂章程》同样规定"监督统辖各员,主

---

① 转引自王立新《美国传教士与晚清中国现代化》,天津人民出版社2008年版,第139—140页。

② 袁世凯:《奏拟定法政学堂章程规则折（1906.7.11）》,《东方杂志》1906年第9期。

持全学教育事务"。《奏定高等农工商实业学堂章程》、《奏定译学馆章程》、《奏定进士馆章程》均规定监督及管理各员"均酌照现定之高等学堂章程办理"。[①] 这无疑是我国近代新教育开办以来第一次建立了监督负责制这一大学领导体制,是校长负责制的发端。我国近代首部全国大学"宪章"——《总理衙门奏拟京师大学堂章程》（1898）第六章"设官例"中设管学大臣,作为大学堂和全国学务之统领,大学堂则设总办、总教习、提调等官职,均由管学大臣保荐请旨擢用。由此可见,戊戌维新时期京师大学堂尚未拥有独立的大学行政,一切大权均归管学大臣,而该大臣却是兼职性质的。《奏定大学堂章程》所设计的监督（校长）负责制,为各学堂"重构"内部管理制度（包括教师制度）提供了法理基础和伸展的余地。自此,各学堂制定的章程与规条渐有个性和创意,同时也表明政府法规开始付诸实施。

"癸卯学制"颁布前后,教会大学在合并、联合中纷纷重修或另行制定学校章程。1904年重修的《圣约翰书院章程》是较为典型的章程文本。圣约翰书院由美国新教圣公会于1879年在合并培雅、度恩两学堂基础上成立的。设监院一职主持教务,并明确接受在美校董会和驻上海布道主教的领导。该《章程》共有34章,内容涉及组织、校历、分斋分科及学级、课程门目、文凭、学费等校务的大部分内容,但规范教员的内容极简,只有课程与教员名单,但第十五章"著作"则规定书院自出《英文丛报》,"其主笔为西学副教员及正馆生,内容志本院学务,并择录紧要时事,间列论说"。[②] 该丛报是我国近代大学中最早的一本英文刊物,其目的"为奖进学生练习英文起见",其中有教员参与和指导,因而有"论说"之内容,这可视为大学教师科学研究的起步,也是"奏定学堂章程"规定之外的制度元素。本时期,教会大学尚未纳入政府教育体系,因而其制度设计的自主性较强,体现与政府制定的章程不太相同的思路,同时也反映教会大学发展暂时领先于官办大学的现实。1906年,随着"预备立宪"运动的肇始,法政人才培养成了当务之急,《修律大臣订定法律学堂

[①] 璩鑫圭、唐良炎：《中国近代教育史资料汇编·学制演变》,上海教育出版社1991年版,第507、387、443页。

[②] 《圣约翰书院章程汇编》,朱有瓛、高时良：《中国近代学制史料》（第四辑）,华东师范大学出版社1993年版,第435—447页。

章程》随之出台。① 该章程的大部分内容可以说是"奏定学堂章程"的简化或具体化，体现了明显的实施细则的特征。它照搬"奏定学堂章程"所规定的学堂行政体制，且细化为"监督主持全学教育事务，董理学规，稽查办事人员，裁定出入经费"。因是部门办学，又规定"凡兴革改变之事，随时陈明修律大臣，核定施行"。它特别重视教师制度的具体细化，职务规条章中分列"职务总目"、"职务通则"及附"各类规条"，其他的如讲堂等规条也有涉及教员的内容，非常具体，有可操作性，主要内容又与朝廷颁布的"大学宪章"无异，但仍有一些变通和创新之处。如《教员规条》中首次提出了教员应编写"学期授业预定书"和"授业报告书"，前者"凡该学期内所授事宜，均循序记载"，后者"每学期后（至迟十日），所有该学期内已授事宜"，两者均送教务提调审定或察核。本"教员规条"中对教员请假作了明确的规定：

第十节 各教员请假、旷课，凡每日授课三时者，每学期旷课不得过三十时（每日以三时计算）；每日授课二时、一时者，每学期旷课不得过二十时（每日以二时及一时计算）。如逾此限，由监督陈明修律大臣，按照各学章办理。

第十一节 各教员如有不得已之私事，请告长假，在一星期以外者，须先一星期商知教务提调（事出仓促不在此例），应自行请人权代或由教务提调请人权代（自行请代者，仍由教务提调考察其人能否胜任再定）。

第十二节 各教员因公远行免扣薪水。其因私事请告长假自行请人权代者，薪水应归权代之人（或自与权代之人订明，薪水仍由本教员自领）。由教务提调派员权代者，本教员薪水按日扣算（代理之人即由学堂发给薪水）。

第十三节 各教员或未经告假随意旷课，或有意紊乱堂中规则者，应由监督辞退。

这是我国近代大学关于教员请假制度的最初模式，以后大体上沿袭此法。该《章程》同时还对教员的兼课问题做了补充规定。《奏定高等学堂章

---

① 商务印书馆编译所：《大清光绪新法令》（第十三），商务印书馆宣统元年（1909）印。

程》强调"尤以专任学堂事不兼外差为要",但"预备立宪"思想大大激发了法律人才的需求,而法律类教员资源短缺,已有的大多在立法部门或其他政府机构任职,这样"变通"教员兼课办法是势在必行的,故《法律学堂章程》提出教员兼职之规定"教员有兼任他处讲授者,时刻各分早晚,限定时刻,不得延误"。该章程另有一惊叹之论,即在讲堂规条中提出"讲堂以内皆为教员权限所在,学员上堂后一切须遵教员命令",还特别规定"讲堂内一切执事人员不得于授课时任意出入,有愿听讲者由监学官报明教员,其听讲之人,无论堂内堂外概免揖让迎送"。这段条文具有近代意义,是教员的教育教学主导权和课堂神圣、师道尊严的规范和肯定,尤其是讲堂内的权限归属教员之论,纠正了清末学堂学生毕业考试主考权归属政府学务官员、非属教员之弊,为教员权利意识的增强作出了相关的制度安排,也是"学术独立"思想在教员权利与课堂教学上的具体体现。

"癸卯学制"制定了大学教师资格制度,这是具有划时代意义的。戊戌及以前所列入的"文凭"这一西方概念开始嫁接到中国的大学教师制度之树,这不仅仅标示着我国第一次有了一个大学教师的"全国标准",更重要的是这一标准是与国际标准相对接的,也是中国教育学术话语与世界教育学术话语融汇的一个标志点。当大学教员资格标准确立之后,就自然要考虑教员选聘权之归属。奏定大学堂和高等学堂章程是笼而统之规定监督统辖全学的一切事务,没对教员聘用作更具体的规定。《奏定学务纲要》则将"任用教员"归属学务大臣名下,《奏定学堂管理通则》又将省办学堂"教员辞退"归属本部学务处,京师学堂归属学务大臣及总监督,外国教员辞退权按管理权限分属省级学务处或学务大臣。1908 年颁布的《满蒙文高等学堂章程》第 20 章规定本学堂设监督、教务长、庶务长、斋务长、藏语藏文教员,各种科学教员,俄文英文日文教员等教员、管理员职位,第 21 章明确"以上各员,除监督由学部奏派外,其余各员,均由监督延期委用"。同时,又在第 22 间中规定"各员聘任及施行法、管理法,均查照奏定章程及译学馆现行规则斟酌办理"。[①] 这样,遵循朝廷法令与学堂变通有机结合起来,既遵行大法,又不拘守而有所创新。1908 年 4 月奏准颁发的《贵胄法政学堂章程》第七章第 26 条规定"提调以次各员由总理分别奏咨延聘委用",这里"总理"与别的学堂监督的职守基

---

① 《大清教育新法令》(第六册第六编),商务印书馆 1909 年编印。

本相同，那说明学堂教员聘用权归属于学校最高行政者。1911年《邮传部上海高等实业学堂章程》首先确定"本学堂各项章程系遵照奏定章程及参酌本学堂现办情形报邮传部核定施行"的章程制度原则。在第三章"职务通则"中特别制定"监督规条"，具体规范监督（即校长）的职权和职守，其中甲、乙、丙三条均有一定的创制性：①

  甲：表率各员主持全学教育事务，有整饬全堂秩序之责任，宜讲明道德，本身作则，务使各学生品行端方，宗旨纯正，以端士习。
  乙：统辖教务长、庶务长、斋务长而稽核其所任职务。
  丙：考察教员、办事员之称职与否而时其进退。

  上段条文可知，教员聘用及考核均归属监督（校长）。此外，在《教员规条》中提出"各教员以热心教育为第一要义"，将教员的职业态度与职业秉性写入了规章，一定程度上充盈了大学教师制度的内涵和立法理念。1911年9月，经外务部奏准的《清华学堂章程》在教员聘用权上则有所拓展。本章程第八节第27、28条规定"教务长主任教授事宜，凡延订教员，厘定功课，考核成绩，皆商承监督办理"，"教员分别学科担任各本科教授事宜，商承教务长办理，兼有管理学生之责"。② 这样，教员聘用权由监督（校长）、教务长共担，而且由教务长提出，即具体操作，而教务长一般是由学术背景的人担任，大多为教员。这样，教员聘用就成为学校内部事务，从而增强了学术的自主性。它明显比"奏定学堂章程"所规定的教员聘用办法要进步得多，也为中国大学教师制度的转型开辟了路径。
  在明确教员聘用权归属的同时，各学堂在教师的资格条件和主要职守方面制定了实施规则。自"癸卯学制"施行尤其是学部成立以后，我国近代大学教师资格制度以"文凭"为中心而拓展具体规范。1908年12月，学部颁布了《订定各学堂修业文凭条例》，首次将学堂按其举办者类别分为官立、公立、私立三种，并明定修业文凭开页一行应填写官立或公立、私立某某学堂字样。第九条则规定"中等以上各学堂修业文凭，监督应列名签押"。文凭颁发法制化，有助于教师资格制度的真正实施。学

---

① 《交通大学校史资料选编》（第一卷），西安交通大学出版社1986年版，第212页。
② 《清华大学史料选编》（第一卷），清华大学出版社1991年版，第154页。

部早在1906年5月在制定学部官制职守时就明确学部总务司职掌全国学堂教职员管理事务，由下设的机要科"稽核京外办理学务职官功过及其任用、升黜、更调，并检定教员，掌理佣聘外国人及高等教育会议、学堂卫生等事务"。[1] 这里的"检定教员"指的就是教师的资格及相关条件之审核评定。1911年8月，学部通咨各省明令各官立、公立、私立法政学堂应延聘专门毕业人员充当教习。按清末学制，专门（或正科）肄业时间在3年以上，3年以下为速成科或别科。学部再次重申"嗣后添聘教员，无论正科、别科，均应照章延聘专门毕业人员，以符奏章"。[2] 说明学部对大学教员资格应符合奏章的态度始终是明确而又坚决的。当时，完全做到虽较为困难，但毕竟引导各学堂朝着正确的方向行进。1911年9月9日，学部奏准"停止各学堂实官奖励并定毕业名称"，加之随后颁布的《文官考试任用章程》，这样"文凭"就成了全社会尤其教育界用人的统一衡具，并使大学教师资格制度得以真正贯彻实施。与此同时，各学堂通过对奏定学堂章程的实施，在办学实践中进一步验证和丰富关于大学教师职守的相关规定。《民政部高等巡警学堂章程》（1910）第二章第九条具体规定总办、监督、提调和各科教习的职守，其中对教习职守规定为"各科教习主持本科教育，凡编纂课程、指授功课、考察学行、评定分数皆隶之，遇有应行改革事次，随时商承提调，并由总办酌核施行"。[3] 这一条文比奏定章程的相关内容要细化而且抓住了"本科教育"的核心环节，并字里行间透露出时代的新气息，即教员是教育改革的主体之一，这在专制政体下是鲜有的，也从一个侧面反映出《钦定宪法大纲》（1908年8月27日颁发）对文化教育的影响。

学部自1906年12月成立之后，对奏定章程的修改和新相关法规的制定是不遗余力的，尤其是对新式学堂教师队伍建设想方设法作制度上的支持。1907年5月7日，学部奏准官费游学生毕业归国后，"皆令充当专门教员五年，以尽义务，其义务期限未满之前，不得调用派充他项差使"。[4]

---

[1] 陈学恂：《中国近代教育史教学参考资料》（上册），人民教育出版社1986年版，第586页。
[2] 《内阁官报》，宣统三年七月二十日第二十号，法令。
[3] 《政治官报》，宣统二年十一月二十六—二十九日第一千一百三十八号——千一百四十一号，章程类。
[4] 学部总务司：《学部奏咨辑要》（卷三），台北文海出版有限公司1986年版。

1908年8月，学部根据各省聘用中学堂以上学堂外国教员合同"宽严不同，未能一律"之现状，酌定并下发"聘用外国教员合同"十九条。从新教育开办以来，无论是洋务时期还是戊戌时期，聘用外国教员均采用合同制这一契约管理办法，但合同由各学堂主管官员拟定，内容不一，易出纷争，而且所订条款集中于聘期、薪水及相关待遇以及禁止传教等内容，而对教员职守的主要领域即教育教学环节则付之阙如。学部颁发的《聘用外国教员合同式样》，则比较全面地规范了外国正教员、副教员的基本教育教学职责和与聘用相关的内容条文：①

> 第一条　该教员应受监督节制，凡关涉授课事宜，随时与教务（提调长）妥商办理。如别有条议，应由教务（提调长）转达，经监督采择施行。
>
> 第二条　该教员所任功课应如何分期分类教授，务按本堂所定学期详分子目。每学期预编授课表，先与教务（提调长）商订妥善后，再呈监督核准，按表遵办。至每学期毕，照所授功课子目编报告书，亦交教务（提调长）转呈备核。
>
> 第三条　教授学生须尽心指授，不厌烦琐。务期学者明白晓畅而后止，如讲堂授课毕学生尚有未尽明晓之处，得赴教员室质问，以求详尽。
>
> 第四条　凡学部颁行学堂章程及本学堂现行续订各项章程，该教员到堂后，应一律遵守，不得歧异。
>
> 第五条　该教员专任教授课程，凡学堂内外一切他事不得干预。
>
> 第六条　该教员到堂后，以［＿＿＿］年为限。限满之时，如彼此愿留，再行续订。
>
> 第七条　该教员每星期授课时刻以点钟为度，每日出堂、入堂悉依本学堂钟点，不得短少时刻。
>
> 第八条　该教员薪水，自到堂之第二日起，按照中国月份每月支给中国银［＿＿＿］两。所有住屋、伙食、佣工、养马及其他费用一切在内。
>
> 第九条　该教员由本国来华（至抵学堂所在地）应支川资中国银币［＿＿＿］元。限满回国时亦如之。如续订合同，则回国川资应

---

① 《政治官报》，光绪三十四年七月初五日第二百七十四号。条约合同类，第15—16页。

俟续订期满再行支给。

第十条 该教员如由学堂派往他处考察各项事宜，所需旅费由本学堂酌照适中数目随时支给。

第十一条 该教员除因患病告退外，如系因事告退，必须于三个月前通知，以便另延他人接替。

第十二条 该教员如有不遵合同暨违背章程条规等事，或才力不及、行检不饬，监督得即行辞退。

第十三条 该教员如因疾病不能教课尽合同内所载之职务过十五日以上者，须自请人代理。其代理之人是否胜任，由本堂监督及教务（提调长）考查允准。其代理人之薪水，由该教员自与订给。如该教员不能自请代理，则从第十六日起，扣除薪水二分之一以为本学堂代延聘之费。若过三个月该教员仍不能教课，即将此合同作废。

第十四条 该教员如无过失，若于合同限内或将该教员辞退，则除应支回国川资外，另给三个月薪水。

第十五条 该教员如实系患病自请告退，经监督允准，照第九条支给川资。其因别项事故告退或因不遵守合同暨违背章程条规辞退者，则不支川资。

第十六条 该教员如有因公受伤致成残废或病故等事，可酌看情形加给二个月以上、四个月以下薪水，以示体恤。

第十七条 该教员在合同限内，不经本堂监督允许，不得营利别图他业，并不得私自授课他处学生，致荒本学堂正课。

第十八条 该教员无论是否教士出身，凡在学堂教授功课，不得藉词宣讲涉及宗教之语。

第十九条 此次所订合同，缮汉文、×文两份，各执一份。如有疑义，应以汉文为准。

学部的"聘用合同"与福建船政学堂聘请管轮学堂英国教习师丢瓦"合约"（1883年9月29日）[①]相比，前者关于外国教员的教育教学的职守既丰富又具体，而且关注关键环节。后者除了聘期定三年外，只规定

[①] 高时良：《中国近代教育史资料汇编·洋务运动时期教育》，上海教育出版社1992年版，第321—322页。

"限内应尽心竭力，认真教导各生徒"等简略片言，以致师丢瓦来华后不愿接受"合同"条款未定的"一班一师制"而辞职提前回国。学部的这一合同文本作为"国家合同"样式，其全面性、系统性是不言而喻的，而且还体现鲜明的国家主权和学术独立之精神，一切以我为主体，赋予监督（校长）辞退外国教员之权，最后一条特别写明"如有疑义，应以汉文为准"，这与两次鸦片战争后所订的一系列不平等条约中规定以英文或其他外文为标准相联系，显示其巨大的进步和强烈的民族主义色彩。1903年2月，江宁（即南京）设立三江师范学院"聘请日本教习章程"也只有第八款对日本教习辞退的规定中涉及教务事宜。① 1908年9月，学部"合同"样式颁布不久，商部上海高等实业学堂（前身为上海广方言馆）"聘订洋教员合同"条文，② 填空式地增加期限定为一年，每星期授课时刻以25点钟为度等个别内容。可见，这种合同规范作用是明显有效的。从福建船政学堂、三江师范学堂外籍教员"聘用合同"到学部统一的"合同样式"，是一个比一个详尽和全面，这从一个侧面折射出大学教师聘用制度的演进轨迹，即从粗略到精要；从一般聘用要素的规定到条文内容的系统化，突出教育教学环节；从形式备要到精神贯注。

1902—1911年，我国近代大学走过了第一个办学高潮期，大学教师制度在制度构建与实施两方面都有着不同程度的发展，从而塑就了近代大学教师制度形成的标志物即《奏定任用教员章程》等一组法规的颁布。同时，还有若干方面的方向性努力与突破。

第三节 "聘期制"与大学教师的流动机制

《奏定学务纲要》（1904）规定："学堂教习即列为职官，当有任期，或三年一任，或二年一任，或视该学堂毕业之期为一任。除不得力者随时辞退，优者任满再留，中平者如期更换，未满时不得自行告退，另就别差。学堂办事人员亦同（有事故者不在此例）。"③ 这是国家第一次以法律

---

① 邓实：《政艺丛书·皇朝外交正史三》（癸卯，1904），台北文海出版社1976年版，第16—17页。
② 《交通大学校史资料选编》（第一卷），西安交通大学出版社1986年版，第176—177页。
③ 璩鑫圭、唐良炎：《中国近代教育史资料汇编·学制演变》，上海教育出版社1991年版，第498页。

形式确定我国大学教师实行聘期制。聘期制是以固定期限为主要特征，区别于无固定期限或长期聘任的终身教职制。这里的年限设定和"随时辞退"不得力者之规定是固定期限聘用的标志性要素。这里有了疑问，既然教师是"职官"，那么为何不像日本及欧美大学那样实行教师终身职制呢？其原因主要在哪里呢？这要以清朝官制的特点、经济发展的状况和新教育制度实施及演进路径三方面来分析。

一 清朝官制及任期制

清朝官制承袭明代旧制，"王公贝勒之下的文武百官俱按正、从九品定级，其中正一品为最高级，其文职职官为殿阁大学士，武职职官为领侍卫内大臣、掌銮仪卫事大臣"。[①] 清朝的文官体系是随着清朝从中央国家机关到地方行政机构的陆续建立，而逐渐趋于完善的。文官大多出身于科举。清朝中期以后，受社会环境和时事世俗的影响，"重文抑武"成为社会的主流思潮，这样文官的地位更为突出，遂成为帝国官制的核心，成为整个国家和朝廷职官的绝大部分。清朝官制规定"全国的官僚大约只有约两万名文官和七千名武官"[②]，并建立了严格的文官考核制度和以考核为基础的任期制。朝廷对所有官员每三年进行一次考核，分其优劣、判其好坏、作出评论和档册，最终按考核结果予以黜陟。清代职官考核分为"京察"（考察在京官员）和"大计"（考察地方官员），两者合称为满朝。京察和大计考核均分为四个等级，第一等为称职，第二等为勤职，第三等为供职。以上三等均为合格，其中第一等者可升一级，或得到保荐；第二等者记录一次，为以后升职铺阶；第三等者仍回原职任官。其余年老，有疾及其他考核不合格者，均为第四等。京察期间，各官的升转调回均自动停止，以候考核结果。凡考核不合格的京官，外官就要被降级或罢免。这样形成以考核为基础的任期制，即三年为一任期，考核"称职"或"卓异"者升，考核合格者留任或平调，不合格者降级或免职，严重者为革职和交部治罪。凡不合格者大多失去官职，重回平民，当然也就没有退休之类的待遇。清代中国社会分层的总体模式好像是相当稳固的。同

[①] 李理：《清代官制与服饰》，辽宁民族出版社2009年版，第49页。
[②] 龙泽江：《讨论清末文官制度的现代化改革》，《西北民族大学学报》（哲学社会科学版）2008年第8期。

时，它给社会流动设置的法律障碍极少，政府的干预也几乎不存在。由此可见，从朝廷到社会都倾向于支持人员流动，另一个因素是到清代，专门化的学问是儒学经典学习与研究，"儒家经典以外其他的学问就成了专门的自由职业者"，① 因而长期聘用没有生长的现实基础。

《奏拟京师大学堂章程》首次明确教习按官例使用。《奏定学堂章程》进一步明确规定学堂教员"列作职官"，并"以定年限"。1905年10月，山西学政宝熙就教员职官身份的具体操作上折提出"作为官职，别以品秩，判以正副，重以礼貌，优以俸薪"。② 学堂教员既然是"职官"，那么按照文官制度实行教员任期制势成必然。然而，教员以从事教学为业，毕竟不同于一般的文职官员，因而任职年限上作了必要的变通。当清末学部认识到"学堂职务与官署不同"③ 时，意味着这一任期制度会发生变革。

二　晚清的财政危机

教员的任期制或终身职之选择，除官制外，与清朝的经济发展状况是紧密相关的，其核心是财政状况。自洋务运动以来，清末的经济结构发生了显著的变化，虽然仍以农业经济为主，但近代工商业已得到较快的发展，国力有所增强，人口增长较快，到1902年前后全国人口已达4.39亿。同时，近代城市增多。④ 这为新式教育的发展，提供了极为有利的人才多元化需求和制度创建环境，但经甲午一役，至20世纪初又遭八国联军强占，清政府陷入了摇摇欲坠的境地，其表现之一是严重的财政危机，已入不敷出。"更令清政府财政雪上加霜的是随后1901年9月清政府与西方11国签订的丧权辱国的《辛丑条约》。规定清政府向各国赔款4.5亿两，分39年还清，加上年息4厘，本息共计9.82亿两。各省地方赔数还有2000多两。这是鸦片战争以来最大的一些赔偿，其总数超过了1840年鸦片战争以来中国对外赔款的总和"。⑤ 加之，清政府实施"新政"，包括

---

① ［美］吉尔伯特·罗兹曼：《中国的现代化》，江苏人民出版社1998年版，第190、245页。
② 《光绪政要》，卷三十一。
③ 《学部官报》，第一百十八期（宣统二年三月二十日）。
④ 古楳：《现代中国及其教育》，中华书局1993年版，第54页。
⑤ 胡志国：《清末新政的困难——以财政危机为中心》，《井冈山学院学报》（哲学社会科学版）2007年第9期。

大练新军、训练巡警、创立司法、开办学堂、地方自治等，成了清末的主要财政支出，量大面广，非朝廷财政所能承受，清政府除增加赋税外，便向外国借债，在这种财政危机下，任何官吏种类均不可能采用终身职制度。

三 新教育制度的实践

自京师同文馆创办之后，新式学堂教习聘用均采用中西"双轨制"，即对西教习采用西方的合同契约制度，对中教习则依据官制，以调遣委任为主。前者有聘期，年限长短由合同双方商议而定，而所聘的对象主要是在华传教士或通过外国领使馆推荐的外国工程技术人员或在华海关外员、外交人员等，这样聘期大多为短期。尤其是传教士来华的主要任务是传道，担任教职也是出于更好地服务于将来的传教事业，加之官办学堂将传教列为"禁忌"，传教士教习一旦有回归传教之机会就马上辞职而去。因而，毕乃德指出："京师同文馆最初的几年只培养出少数称职的翻译官，这可能是因为教员时常调换和大多数学生素质低下的缘故"。① 此后，上海和广州同文馆、福建船政学堂直至湖北自强学堂均以短期聘用外国教习来解决西文、西艺的课程教学。"通常这样的教员是短期的，有时是兼职的。即使是有固定教员的学校，有时也要聘请临时教员，因为有时正式教员辞职或者意外死亡，或是休假"。② 因而，洋务学堂就渐渐形成了一种教员流动的状态。

教会学校的教员聘用也同样有聘期。教会学校教员一般由举办学校的外国差会设立一个董事会或托事部③，以一定的标准派遣传教士来华担任教职，事先签订期限及教学上的大体任务，并以合同形式加以确认。若需聘用华员，则也签订短期合同。传教士担任教职具有双重角色，就像教会学校有着传教与育人双重目的一样。"由于教会大学的双重目的，因此难以聘请到既有学问又有献身精神的教师，这个老问题有其特殊性。学术与宗教之间的矛盾，在选择大学教师方面表现最为明显。实际上十九世纪在中国的教会大学任教的外国人没有一个是选择大学教师为职业的"，"早期的传教士教育工作者还有他们的不利条件。许多人是临时性或兼任的，

---

① ［美］毕乃德：《洋务学堂》，曾钜生译，杭州大学出版社1993年版，第25页。
② ［美］毕乃德：《洋务学堂》，曾钜生译，杭州大学出版社1993年版，第63页。
③ 托事部，是指西方国家基督教负责管理国外教会学校的专门机构。

只有少数是持有高等教育文凭;而且大部分传教士缺乏教学经验,许多人自己都没有学过教授的课程"。①

新教育制度孕育时期的中外教习以短期聘用为主,这就意味着我国近代大学从一萌芽就种下了非终身的相对流动的制度种子。到戊戌时期,第一批近代大学不约而同地采用了"教习聘用制"。《天津西学学堂头等学堂章程》规定"总分教习,均订四年合同,任满去留,再行酌定"。② 南洋公学规定了三年期满"择教诲有方,造就最广者,分别褒奖"之制度。③《奏拟京师大学堂章程》中并无聘期的内容,但从《教员名单》(部分)中可发现京师大学堂早期教习的任期大多是短期的或定期的:

表 4　　　　　1902 年底以前聘任的京师大学堂教习表

职务	姓名	就职年月	离职年月	任教年限（大约）
中总教习	刘可毅	光绪二十四年（1898）	光绪二十六年（1900）	2 年
西总教习	丁韪良	光绪二十四年（1898）	光绪二十六年（1900）	2 年
总教习	吴汝纶	光绪二十四年（1898）		
副总教习	张鹤龄	光绪二十八年（1902）		
速成科正教习	严谷孙藏	光绪二十八年（1902）	光绪三十二年（1906）	4 年
速成科正教习	服部宇之吉	光绪二十八年（1902）	光绪三十二年（1906）	4 年
速成科副教习	杉荣三郎	光绪二十八年（1902）	光绪三十年三月（1904）	2 年
速成科副教习	太田达人	光绪二十八年（1902）	光绪三十二年（1906）	4 年
汉文教习	杨道霖	光绪二十八年（1902）		
汉文教习	王舟瑶	光绪二十八年（1902）		
汉文教习	屠寄	光绪二十八年（1902）		
英文教员	文廉	光绪二十八年（1902）		

---

① [美] 杰西·格·卢茨:《中国教会大学史》,曾钜生译,浙江教育出版社 1987 年版,第 52、55 页。
② 《北洋大学——天津大学校史资料选编（一）》,天津大学出版社 1991 年版,第 7 页。
③ 盛宣怀:《筹集商捐开办南洋公学折（1898）》,《交通大学校史资料选编》（第一卷）,西安交通大学出版社 1986 年版,第 35 页。

续表

职务	姓名	就职年月	离职年月	任教年限（大约）
东文兼植物矿物农学教员	胡宗瀛	光绪二十八年（1902）	光绪三十二年（1906）	4年
东文教员	陆宗舆	光绪二十八年（1902）	光绪三十年三月（1904）	2年
东文兼伦理心理教员	吕烈辉	光绪二十八年（1902）	光绪三十三年（1907）	5年
俄文教员	周宝臣	光绪二十八年（1902）	光绪三十二年（1906）	4年
算学教习	胡玉麟	光绪二十八年（1902）	光绪三十年三月（1904）	2年
算学教习	席淦	光绪二十八年（1902）		
体操教员	刘光谦	光绪二十八年（1902）		

资料来源：本表根据《国立北京大学廿周年纪念册》中所列《前任职员录（乙类，教员）》整理而成。

上表可知，京师大学堂早期教习（或教员）除未注明"离职年限"之外，其余各科教习任期以2年为多，最长5年。这种短期的自由性的聘用实践，使得教习的聘用工作成为大学的一种主要行政，久而久之，成为一种惯例或通则，从而形成一种制度演进的路径，即趋向于定期聘用，任满去留自便。这里不可忽视的因素是"聘期制"所具有的自由竞争性。我国近代大学是在抵抗列强侵略，维护中华民族独立的背景上创办的，因而举办者、办学者和教员都有一种焦灼心态，希望在较短时期内获得学术独立，从而确立民族独立的基石，这样在大学教师制度上选择竞争性流动机制具有某种必然性。换言之，"聘任制"基本上是依据"学术独立"的要求而设计的制度之一，当然也不应排除制度演进中的路径依赖。

由于清朝官制和财政状况的制约以及新教育制度的最初实践，采用大学教师聘期制已成定论。1904年1月，"奏定学堂章程"将新教育和大学教师制度的早期实践经验提升为法律规范，在近代第一次正式建立大学教师聘期制度，规定了大学教员任期，"或三年一任，或二年一任，或视该学堂毕业之期为一任"。[①] 按此推算，大学教员任期在2—4年之间。在任

---

① 璩鑫圭、唐良炎：《中国近代教育史资料汇编·学制演变》，上海教育出版社1991年版，第498页。

期制的前提下，大学教员队伍呈不断流动的状态，渐成一种机制。西籍教员除聘期满后回国以外，大多教员时而任教、时而传教，在专职传教与专业教习之间迁移。中国教员的流动途径，除调任行政官员外，有绅士身份者投身于军队及翻译、出版、新闻等文化事业；留学毕业回国者则有相当部分选择工商业，为民族资本主义发展担责。这是流动机制的初期呈现，虽然并不规则，有时也会给新教育发展带来消极的影响，但它是历史和环境双重作用下形成的，具有某种正当性和合法性。可以说，"聘期制"是中国官制在高等教育中自然延伸和继承，是中国本土的制度形式。大学教员聘期制的建立，渐渐也影响到教师制度的其他构成。1911年，邮传部上海高等实业学堂（前身为南洋公学）采用"计时薪水（工资）制"。该学堂章程规定"嗣后各教员薪水教普通科者，每钟点自一元至二元为率，专科各项工程师每钟点自三元至四元为率，洋教员薪水亦照比例"。[①]这一"计时薪水制"无疑是聘期制影响下的产物，以效率为中心，但不利于教师队伍的稳定性。

第四节　"分科治学"与中外教师的薪俸差别

在我国近代大学发展史上，有一个特别值得重视的现象：学科之分与教师的薪俸标准有相关性。换言之，中外教师的薪俸及待遇长期存在着较大差距，即西籍教习薪俸及待遇最高，其次是执教西学课程的中国教师，再次是教西文西语的中国教师，最低的是中文教师（均为中国人）。《奏拟京师大学堂章程》（1898）第七章提出："中国官制向患禄薄。今既使之实事求是，必厚其薪俸，使有以自养，然后可责以实心任事。除管学大臣不别领俸外，其各教习及办事人应领薪俸。"其教员薪俸标准：

表5　　　　　　　　京师大学堂教习薪俸标准一览表

职务	人数	每人每月薪水银	每年合计银
总教习	1	300两	3600两
专门学分教习（西人）	10	300两	36000两

---

① 《交通大学校史资料选编》（第一卷），西安交通大学出版社1986年版，第215页。

续表

职务	人数	每人每月薪水银	每年合计银
溥通学分教习头班	6	50 两	3600 两
溥通学分教习二班	8	30 两	2880 两
西人分教习头班（西人）	8	200 两	19200 两
西文分教习二班	8	50 两	4800 两
总办	1	100 两	1200 两
提调	8	50 两	4800 两
藏书楼提调	1	50 两	600 两
仪器院提调	1	50 两	600 两
供事	30	4 两	1440 两
誊录	8	4 两	384 两

资料来源：《北京大学史料》（第一卷），北京大学出版社 1993 年版，第 85 页。

上述而知，西人担任专门学、头班、二班分教习分别每月 300 两、200 两、50 两，而中国教员担任头班、二班分教习则为 50 两、30 两，总办也只有 100 两，两者薪俸相差悬殊。"奏定学堂章程"并未规定中外教员的薪俸标准，但实际操作与 1898 年 "奏拟章程" 所规定的原则没有大的变化，但为何西人教习薪俸比中国教习要高得多呢？京师同文馆开办初期，英文课程由传教士包尔腾担任，儒学经典课程由徐澍琳担任，前者第二年薪水为库平银 1000 两，而后者则每月 8 两，中外教习薪俸之差可达 10 倍之多。此后，新式学堂甚至教会学校均实行中外教员不同薪俸标准。中国教员除薪俸以外，则辅之以奖励官阶。这种中外教员薪俸"厚薄悬殊"，不仅仅是国别的问题，更重要的是学科之间的差别，体现出一种对于学问的价值取向。西人教习薪俸之高，有一个最有力的理由是他们能担任西文、西艺、西学或近代自然科学课程的讲授。这是中国知识分子暂时没有掌握或不太擅长的学科领域，即"西学上属门外汉"。中国人自己不能担任西学课程，那就"不得不"暂时聘请外人，既然别无选择，那就"不得不厚其薪水"，在国际人力市场上构筑中国竞争力。这种以学科为区别的薪俸标准，着实与近代大学"分科治学"思想及实践相伴相随。

"分科治学"是西方大学的传统。我国古代以经、史、学、集为"四部之学"，偏于传统典籍。鸦片战争之后，"西学东渐"潮涌而来，近代学术分科的思想通过西学翻译和教会学校，而逐渐传入中国并成为新式学堂设置课程的原则与标准。正如有的学者所指出的"伴随着维新运动的兴起和教育改革所推动的创设近代大学的时代潮流，近代大学学科分科体系在制度上逐步确立"①，从而有力地促进中国学术从传统向近代的转型。1902年，清政府颁布由张百熙拟定的《钦定学堂章程》第二章第二节"大学分科门目表"仿日本的学科制度设立"七科三十五目"。其"七科"为政治、文学、格致、农业、工艺、商务及医术。《奏定大学堂章程》增添"经学"一科，即"八科分学"。这样，"壬寅癸卯学制"初步奠定了我国近代大学学科分科体系的基础。"分科治学"既然来自于日本，而日本实借鉴了德法等国大学，那么中国大学要举办分科大学，就必然面临着师资缺乏的问题，唯一的办法是选聘外国教师充任，并以高薪加以吸引。1902—1911年之间，中国大学外籍教师中日本人占多数就是这一逻辑的必然。外籍教师担任新式大学堂或其他高等教育机构的西学课程的主讲，而西学课程又是这些大学的主干科目，这样自然形成外籍教师在西学学科上的垄断地位，增升其价值基础。清政府兴办新教育和近代大学，其目的是"救亡自强"，这样同时引出了一个话题："聘请各科专门教习，总以中国为最宜"。② 那何时用中国人代替外人主讲西学课程呢？除本校毕业生留校任教和派学生出国游学作后备外，在教师薪俸上实行同学科中外教师薪俸标准逐渐拉平的制度性措施，但做到"同课同薪"至少要经历了三四十年的漫长旅程。

　　近代大学教师薪俸制度所蕴含的"西学"价值高于"中学"的观念，却反而在以民族主义为主要特征的"中体西用"思想框架下存在着。这种矛盾性，从一个侧面折射出"中学"越来越退居幕后，固守其精神家园，而前台是西学学科的碧云蓝天；另一方面也激发中国大学的举办者、办学者的民族主义情感和理想，加快培养和建设中国自己的独立的教师队伍，抢占学科价值的制高点，不做西方学术的附庸，以实现大学教师专业化和民族的学术独立自主。最早考虑西语华人职位的是上海同文馆（后改广方言馆），于1863年设"通夷语懂事"一职，每人年薪240两，比

---

① 纪宝成：《中国大学学科专业设置研究》，中国人民大学出版社2006年版，第4页。
② 《北京大学史料》（第一卷），北京大学出版社1993年版，第309页。

京师同文馆高得多。① 1866年，闽浙总督左宗棠（1812—1885）创设福建船政学堂（求是堂艺局），其拟定的《艺局章程八条》中规定"各子弟之学成监造者，学成船工者，即会作监工、作船主，每月薪水照外国监工、船主薪工银数发给"。② 1883年，福建船政学堂游学毕业回国的4名学生月薪，内有1名为86.4两，3名各为72两；前学堂帮教2人，月薪分别为22两、17两；后学堂帮教5人，月薪分别为36、18、17、16两（2人），③受过新式教育和掌握西学西艺的学生身价明显提涨。甲午之后，近代大学诞生，担任西学的中国人也渐多，中外教习薪俸差距缩小，如天津西学堂头等学堂华总办月薪200两，洋总教习月薪200两，格致学化学洋教习200两，华人洋文教习月薪100两，汉文教习月薪40两。④ 1902年"新政"之后，近代大学教师制度以《奏定任用教员章程》为标志而形成，但尚未建立全国统一的教员薪俸制度。各学堂根据学科分任情况而酌定标准，仍属于"一校一议"之阶段，但中外教习薪俸差距继续有所缩小。1906年6月，张元济代外务部拟办储才馆事宜奏折中提出聘员薪俸确定之原则："新调人员到署，均拟优给薪水，分别等第，一以造诣之深浅，资格之先后为衡。"⑤ 这是"年资加业绩"工资制度思想之先声，体现了重学术造诣的倾向。那时，学术造诣主要体现在所从事的学科专业类别上，还没有将学术水平作为主要衡量。京师大学堂的中外教习薪俸变化，可反映学科的行情跌涨。1905年大学堂中国教习已增至24人，外语学科教习薪俸居首。华人教习薪俸分两类：一是国文、经学、舆地、俄文教习的月薪为74两，史学教习兼差编书处月薪为100两；二是兵学、东文、英文、俄文、德文、法文教习均100两。外国教习12人薪俸"一人一议"，最高为日本正教习服部宇之吉月薪水银444两，外国教习月薪计均257两。中外教习最高与最低薪酬差十倍多，平均差约2.5倍。到1908年8月，京师大学堂译学馆华人教习薪俸分化加剧。最高的仍是外语学科

---

① 朱有瓛：《中国近代学制史料》（第一辑·上册），华东师范大学出版社1983年版，第53页。

② 《左文襄公全集》奏称卷二十。

③ 《督办船政何如璋折（1883.1）》，《中国近代学制史料》（第一辑·上册），华东师范大学出版社1983年版，第381—382页。

④ 《北洋大学——天津大学校史资料选编》（一），天津大学出版社1991年版，第9页。

⑤ 《张元济诗檄文》，商务印书馆1986年版，第86页。

的中国教习，月薪最高165两，一般为100两。一批掌握新学课程的华人教习身价开始与华人外语教习不分伯仲。舆地、算学、理化、交涉、理财、博物等中国教习月薪已达100两。外国教习薪俸和房租合计最高为470两库足银，最低292两，平均为369两。译学馆中国教习平均月薪85两多，中外教习最高薪俸相差3倍，平均薪俸则差4倍。① 1910年2月，"京师大学堂员生弁夫等薪饷草册"中显示德文、英文、法文、日文的中国教习月薪仍为100两，第二位是历史地理，国文修身（兼课长）为90两，第三位是算学、格致为70两，最低的是体操等月薪9两。② 中国教习内部的薪俸高低与学科的西学性质攸关。如山西大学堂1906年中国教员月薪除体操教员12两外，其余均在40—100两之间，4名英国和瑞典教员讲授法律、化学等西学课程者则在290—310两之间。山东省城高等学堂1907年中国教员月薪：音乐、体操教习为20两，伦理、经学、史学、兵学、算学等教习为48两，英文、化学等教习为82—98两。值得注意的是担任英文、化学学科的中国教习分别毕业于登州文会馆、天津水师学堂、威海水师学堂及瑞士巴色大学等新式学堂，无一有科名者拿高薪的。该学堂最高薪俸为外国教习，月薪200—280两。③ 正如商丽浩所指出的"晚清中国借才异域，必须学习西方语言和西方科学知识，必须从国际人力市场寻找适合的教习，因而外籍教习的薪酬必须在国际市场中具有竞争力。外国教习的高薪刺激中国新式高等教育机构中具有外语知识的中国教习薪酬上升，继之，具备新式学科知识的中国教习薪酬亦上扬，中外教习最高薪酬差距缩小"。④ 1902—1911年间，中国教习薪俸标准的变化轨迹，正好说明我国近代大学成长过程中较早地注意到教员的聘用一方面要考虑与国际接轨的问题，高薪聘用外籍教员；另一方面又要重视中国教师队伍的自我培养与壮大，逐渐掌握教育主导权，以实现我国大学教师的本土化和民族的学术独立。

---

① 田正平、商丽浩：《中国高等教育百年史论》，人民教育出版社2006年版，第239页。
② 《宣统二年正月大学堂员生弁夫等薪饷册》，北京大学出版社1993年版，第319—320页。
③ 《光绪三十三年山东省城高等学堂教员调查表》，《中国近代学制史料》（第二辑·上册），华东师范大学出版社1989年版，第623—624页。
④ 田正平、商丽浩：《中国高等教育百年史论》，人民教育出版社2006年版，第241页。

第五节 "学问之自由独立"与大学教师制度思想的新变化

1902—1911年,我国近代大学的发展是以人才培养为中心的,办学宗旨基于政治论,即大学为"救亡自强"而生而长,大学本身则是清末"新政"的重点内容之一。始于1905年的"预备立宪"运动,是清末政治改革的最有光亮的部分,同时也为近代大学制度的成长和发展营造了一个新的相对宽松的环境,使大学制度和大学教师制度点燃起新的思想和精神之光。

"自由"、"民主"之西方话语,体现了西方社会的主流价值思想。最早在中国介绍"民主"、"自由"之概念的是西方传教士。1864年出版的丁韪良的译著《万国公法》已出现"民主"、"权利"、"自主"等重要概念,[1] 属于"援西入中"的一部分。此后,林则徐、魏源等"开眼看世界"的中国士大夫,将"议会"、"民主"、"自由"等重要思想在中国的传播再往前推一步。那个时候"正是不少西方国家开始探讨和实行立宪政治的时期,因而中国知识界首先发现和了解了西方的议会政治。这也表明,西方自由主义思想传入中国是从政治制度层面进入的,主要反映的是'体制概念',而不是其'思想性'"。[2] 然而,真正将"自由"、"民主"等思想传播于中国思想界和社会主流领域当推维新知识分子代表人物梁启超、严复等,可随着戊戌变法的失败,一时涌动的自由主义思潮便跌入波底。1905年前后,清政府在内外多重压力之下,被迫启动"预备立宪"进程。这样,"自由"、"民主"等思想再次汹涌澎湃,激荡神州大地,同时"研究自由"、"自由研究"、"学问之自由独立"等复合概念开始流传,并且开始将这些观念引入具体的实践领域,为近代大学的职能演进注入新的动力源。同时,另一个不可忽视的因素是孙中山(1866—1925)的革命党人对以"自由、民主、平等"为口号的共和政体的传播与追求,从而形成了我国近代思想上改良派与革命派的激烈的思想之争。"革命与改良两派都取法于西方,向西方学习。作为革新中国打破旧学的思想武

---

[1] 章清:《胡适派学人群与现代中国自由主义》,上海古籍出版社2004年版,第3、17页。
[2] 章清:《胡适派学人群与现代中国自由主义》,上海古籍出版社2004年版,第3、17页。

器，最初取自西方的社会契约论、三权分立说、进化论和以实验科学为基础的归纳方法等，是由改良派与革命派相互译介的。对这些学说的理解和运用，一方得之为渐进量变，为君主立宪；一方得之为跃进演变，为民主共和。"① 持改良倾向的王国维（1877—1927）自1903年起先后在南通师范学堂、苏州师范学堂、上海全圣明智大学、北大国学门和清华学校国学研究院等新式学堂任教或担任导师。期间，他发表了相当数量的关于教育的论述，其最有时代意义的是提出"学问之自由独立"的思想，构成了"预备立宪"运动的"自由"、"民主"思潮的另一个分支。1905年，王国维在《论近年之学术界》中从"视学术为目的"切入，提出"学术之发达，存于其独立而已"的观点。这是近代较早论及"学术独立"之论，并拓展了洋务运动以来"学术独立"概念的内涵，即学术超然于政治和政府。1906年，他又提出"学问之自由独立"之说，首次将学问的"自由"与"独立"置于一个话语之中。② 虽然王氏的本义主要是谈论相对于"物质的应用的科学"的哲学学科发展问题，但引入这一"新言语"，其本身的现实意义和理论价值均不可低估。正如他本人所论的"言语者，思想之代表也，故新思想之输入，即新言语输入之意味也"。③ 自洋务运动以来，指导和推进新教育发展的始终是"救亡图存"、"变法自强"及由其生发的"学术独立"之思想。王国维在这里，既将晚清的学术主流思想作了概括，而且颇有深意地提出"学问之自由独立"之语。学问"自由"思想源头固然移植于西方，而学问独立思想则是本土的，但将"自由"与"独立"的有机结合，极大地加速新话语内涵的本土化转换，即学术独立依附于民族独立，学术自由从属于国家富强，这实际上也为后来的"学术自由"思想作了理论上的铺垫。此前，有作者在《游学译编》第9期发表的《教育泛论》一文也从"养成国民独立之精神"出发，进而指出"欲达此目的，首在破除教师专制之积弊，而明示以自由研究之必要"④。这实际上反映当时的学界已意识到"自由研究"对新教育和近代大学的促进作用。"自由研究"与"学问之自由独立"思想是一脉相承

---

① 陈旭麓：《近代中国社会的新陈代谢》，天津人民出版社1992年版，第292页。
② 夏晓虹：《王国维学术文化随笔》，中国青年出版社1996年版，第11、24页。
③ 夏晓虹：《王国维学术文化随笔》，中国青年出版社1996年版，第25页。
④ 陈学恂：《中国近代教育史教学参考资料》（上册），人民教育出版社1986年版，第145页。

的，实乃奔腾江河中的一浪又一浪。学术界的思想鼓吹，也在一定程度上影响学部的教育行政观。1909年4月18日，学部奏折中提出"普通教育"与"专门教育"，"皆为国家根本之计，宪政切要之图"。"立宪之效，必以富强为归；富强之政，断非人才不举。中国大利未兴，百端待理，患在专门之学未精，专门人才太少。若不研究高等之学术，即不能得应用之人才，而富强之图，终鲜实济。此专门教育所以亟宜筹备也"。[1]其笔锋一转，将宪政与举办大学对接起来，并赋予大学或专门教育"研究高等之学术"之职能。

"预备立宪"运动的直接产物是1908年8月27日清政府颁布的《钦定宪法大纲》。这是我国历史上第一个宪法性文件，无论它"多少欠缺近代宪法应有的内容和特征"，但毕竟将"自由"、"权利"等近代词带入了"宪法"文件之中。《钦定宪法大纲》附录"臣民权利义务"第二条规定"臣民于法律范围内，所有言论、著作、出版及集会、结社等事，均准其自由"。[2] 这种"自由"之权利的提出，"实有时势迫之，而亦竞争以生此智慧者也"。它主要是赋权于以大学教师为代表的知识分子群体的，因为著作、出版等自由是其主要的学术活动方式。虽然只是形式上的自由，但毕竟有了法律上的保障。从另一角度说，它又是近代自由主义思潮迫使清政府承认人民的自由权利的印证，虽然只是体现在文字上，但毕竟是在宪法之法律文件之内。

其实，"自由"、"民主"、"权利"等概念一引进中国，就发生了某种变异，尤其是一旦渗透到制度这一层面时，便被中国传统文化精神浸润，而渐渐染上浓重的中国本土色彩。严复的"身贵自由，国贵自主"便是明证。换言之，中国式的自由主义是国家责任与个人权利的有机结合，个人权利只能在国家责任指导下行使。因此，王国维提出"学问之自由独立"之说时，不忘"国家振兴之意"，并将"大学"定义"国家最高之专门学校"，"为国家名誉最高、学问最深"之机关。正是在这种中国式的"学术独立"与"学术自由"思想倡议下，近代大学教师制度

---

[1] 陈学恂：《中国近代教育史教学参考资料》（上册），人民教育出版社1986年版，第742页。

[2] 夏新华等：《近代中国宪政历程·史料荟萃》，中国政法大学出版社2004年版，第128页。

的近代精神开始嬗变，朝着现代化方向转型，即转向"学问之自由独立"之结合形态。首先是继续因循学术独立之方向，强调近代大学教师队伍的本土化和"研究高等之学术"。《奏定学务纲要》规定译学馆办学目的之一是"以备各学校教习各国语文之选，免致永远仰给外国教师"。1907年，杨枢提出的《日本游学计划书》同样指出"振兴教育，为吾国当今亟务。各种高等专门学堂，现虽未备，他日必次第建设，需用教习既无永久之聘请外人之理，而接踵而起之无数学生亦断无尽令游学外国之理。"① 王国维则更大声疾呼中国大学教师队伍建设的独立自主。1906年，他在《教育小言十二则》中提出："高等教育既兴，则外国留学可废；以后海外留学生限于分科大学卒业生中选之，以研究学术之阃奥"，"以后分科大学之教师，渐以大学卒业后之留学生及学力与之相等者代之。如此十年，则分科大学中除授外国语学外，可无以外国人而担任讲座者矣。此永久之策也"。② 上述大学师资自我独立供给思想的理路，应该说是与清政府中的学务官员们办学思想大体是一致的。这也是中国近代大学在移植西方模式中始终不失中国特性在思想与制度上的体现。

在这一时期中，大学教师制度思想演进的另一征兆是对"研究高等之学术"的大学职能观的初步认知。《奏定大学堂章程》开天辟地将"癸卯学制"的顶端设计为通儒院即研究院，为开展独立层次的研究生教育铺下了法理基础。该《章程》对其作了如下规定："通儒院以中国学术日有进步、能发明新理以著成书、能制造新器以利民用为成效"。"通儒院为研究各科学精深义蕴，以备著书、制器之所。通儒院生但在斋舍研究，随时请业请益，无讲堂功课"。③ 这表明通儒院是具有研究与培养双重职能的大学机构，其特征是研究生在导师指导下以自主研究为主。当时，我国分科大学未立，通儒院自然是一种未来事业，但其所昭示的大学理想，实乃是"学问之自由独立"之制度形态之一种。自此，大学教师的研究意识就开始萌芽滋长。京师同文馆时期的教习原始形态的科研是编译教科

---

① 陈学恂：《中国近代教育史教学参考资料》（上册），人民教育出版社1986年版，第712页。

② 王国维：《教育小言十二则》，《求善·求美·求真——王国维文选》，上海远东出版社1997年版，第137—138页。

③ 璩鑫圭、唐良炎：《中国近代教育史资料汇编·学制演变》，上海教育出版社1991年版，第339页。

书,到"癸卯学制"颁布之后,新式大学的教师"学问造诣之深浅"是以著述论之,从中体现出对学术意识的一定程度的觉醒与认同。1911年4月,学部《奏拟订存古学堂章程》第二十条规定"教员由监督延聘确有专门著述、闻望素著者充任"。[1]

"学问之自由独立"和"研究高等之学术"之思想在清末"新政"时期,大抵属于新思想的点点星火。其对近代大学制度和大学教师制度的影响也许还没完全显现,但不可否认它将为即将到来的新时代,推进大学制度和教师制度的"质变"洒下淅淅春雨。据统计,到1909年,我国已有3所国立大学,24所省立高等学堂,尤其是"将近2/3的高校师资是具备现代水准的中国人"。不可否认,清末的最后几年,高等教育师资本土化的进展是明显的,当然是在其数量并不很大的情况下达成的,这说明大学教师制度之路是应该肯定的。不过,应注意到的是事实上清末的大学(包括大学教师)政策与法令"只是表明了清政府改革高等教育的意图而已",与中国大学的实际和具体实施相距较远,这又预示今后的发展道路依然艰辛而又漫长。

---

[1] 潘懋元、刘海峰:《中国近代教育史资料汇编·高等教育》,上海教育出版社1993年版,第244页。

第 五 章
教育民主化与近代大学
教师制度的发展

辛亥革命的成功，我国政体"自专制一跃而进于共和"。"民国成立，改制共和，教育为根本之图",[①] 这是时人的共识。于是，体现共和国灵魂的民主、自由、平等的精神迅速弥漫到教育的整个肌体，使之成为"各种教育思想的普通原素"，教育民主化进程实质性地在中国大地铺展。以蔡元培（1868—1940）为代表的民初教育家，踏着"五四"新文化运动的民主与科学思潮的节拍，大胆地借鉴日本和欧美大学制度，并结合中国实际，有一定深度地创立了民国大学制度和大学教师制度的崭新样式。

由于时势迅变，北洋军阀占据了辛亥革命的果实，又几经易主，混战不断，国家分裂，以致教育领域出现了非民主化倾向，与民主化思潮相伴相冲，从而构成了民初十五年大学教育发展的起伏不平和复杂多变，但教育民主化总体上处于主流地位，大学制度和大学教师制度也呈现强烈的民主主义色彩和"学术独立"之新内涵，并标志着其开始乃至完成了从半封建半殖民地性质到民主共和性质的历史性的制度转型。无疑，1912—1927年这一时期是我国近代大学和大学教师制度的一个重要的发展时期。

第一节 民国大学制度的创立与
大学教师制度之进退

民国大学制度的创立，首先是建立在对清末大学制度改造基础之上的。陶行知说："我们当改造一种制度时，常受一种或数种原理信念的支

---

① 朱有瓛、高时良：《中国近代学制史料》（第三辑·上册），华东师范大学出版社1989年版，第69、71页。

第五章　教育民主化与近代大学教师制度的发展

配指导"。① 中华民国首任教育总长蔡元培作为同盟会的元老、留德学者和晚清进士，自然具有对中西教育尤其是大学制度的超乎寻常的洞察和把握能力，以致在构建民国初期的新型大学制度中较好地体现共和教育的新原理和新信念。1912 年 2 月 11 日，他在《对于新教育的意见》中较为全面地阐述了其教育主张和对民国新教育方针的主体构思，从中体现明显的"体制"创新意识。该文一开头便说"近日在教育部与诸同人新草学校法令，以为征集高等教育会议之预备"。正是这种创建民国新教育制度之急需，蔡元培敏锐地提出"教育有二大别：曰隶属于政治者，曰超轶乎政治者。专制时代（兼立宪而含专制性质者言之），教育家循政府之方针以标准教育，常为纯粹之隶属政治者。共和时代，教育家得立于人民之地位以定标准，乃得有超轶政治之教育。"这种确立以"人民之地位"为标准的民国新民族教育，其方针必然彻底摒弃"钦定教育宗旨"中的"忠君"、"尊孔"，因为"忠君与共和政体不合，尊孔与信教自由相违"。进而，蔡氏提出体育、智育、德育、世界观教育和美育"五育并举"的教育方针，② 将教育的政治性与超轶政治的独立性有机地结合，并突出自由、平等、亲爱（博爱）为价值导向的"公民道德"的重要地位，这实际上是为民国新教育制度创立定了方针和基调。同年 4 月，蔡元培在组建教育部时说"现在是国家教育创制的开始，要撇开个人的偏见，党派的立场，给教育立一个统一的智慧的百年大计"，而在大学教育则以"养成学问神圣之风习"为逻辑起点。③ 同年 7 月 10 日，他在全国临时教育会议开幕词中更为明确地提出民国教育与君主时代教育的根本区别，即教育是否"从受教育者本体上着想"，君主时代教育不尊重人的主体性，而民国教育"从受教育者本体着想，有如何能力，方能尽如何责任；受如何教育，始能具如何能力"，④ 实际上提倡的是以尊重个性主义为基础的新式民主教育制度。在这次会议上，民国第一批教育法令和规程得以审议并通过，其中包括学校系统、各学校令及规程、教育行政之关系、学校详细规则等，为"壬子癸丑学制"的主体内容。"壬子癸丑学制"颁于

---

① 陶行知：《评学制草案标准》，《新教育》第 4 卷第 2 期。
② 高平叔：《蔡元培教育论著选》，人民教育出版社 1991 年版，第 3、5、7 页。
③ 高平叔：《蔡元培教育论著选》，人民教育出版社 1991 年版，第 8、11 页。
④ 高平叔：《蔡元培教育论著选》，人民教育出版社 1991 年版，第 15 页。

1912—1913年间，它由《学校系统令》和各类各级学校相关法令和规程所构成。它与清末的"壬寅癸卯学制"相比，最鲜明的不同是"壬子癸丑学制"整体性地洋溢着民主共和精神，即民主主义成了中华民国初年教育政策和制度的基点。涉及大学制度和大学教师制度，由《大学令》、《大学规程》和《私立大学规程》、《高等师范学校规程》等架构而成。"壬子癸丑学制"与清末"壬寅癸卯学制"相比，其变化主要在三点上："彻底否定尊孔读经，取消大学经学科；大学设评议会和教授会，让教授参与学校管理，体现了资产阶级的有限民主；规定大学以文理科为主，初次触及到大学的科系设置问题"。①

民国初年的大学制度显然具有初创性和过渡性。直接参与"壬子癸丑学制"起草的蒋维乔回忆说：民国成立后数月中，教育部同仁"先行草拟民国学制，一面颁发通令，于旧制之抵触国体者去之，不抵触者仍之，以维持现状"。在草拟学制中，"初时志愿甚弘，拟遍采欧美各国之长，衡以本国情形，成一最完全之学制。然当时由欧美回国之人，专习教育者绝少，不能窥见欧美立法精神，译出文件，大半不适用。且欧美制终不适于国情，结果仍是采用日本制，而就本国实际经验，参酌定之"。②民国第一部学制仍延续清末的做法，借鉴日本教育制度样式，一方面是由当时各种因素构成的时代性所使，另一方面也是教育制度的历史惯性和路径依赖所致，客观上也有助于保证教育发展的连续性和制度资源有效继承与利用。1912年10月24日由教育部公布的《大学令》③是民国初期大学制度的"母体"，也是大学教师制度的纲要性法令。《大学令》开篇陈义大学宗旨是："教授高深学术、养成硕学闳材、应国家需要"，与清末《奏定大学堂章程》规定的"以谨遵谕旨，端正趋向，造就通才为宗旨"相对照，分明具有共和时代的崭新定义，即"高深学术"之大学性质、"硕学闳材"之培养目标和大学教育之国家本位。对大学性质的新阐述首次出现于大学法令中，说明民国初年大学制度建设与政体变更一样出现了现代性转换，教授和研究高深学术以适应人才培养和国家建设之需要构成了大学制度的设计逻辑。这实际上是1912年7月召开的全国临时教育会

---

① 霍益萍：《近代中国的高等教育》，华东师范大学出版社1999年版，第102页。
② 蒋维乔：《民元以来学制之改革》，《光华半月刊》1936年第1期。
③ 宋恩荣、章咸：《中华民国教育法规选编》，江苏教育出版社1990年版，第402页。

议所通过的"以国家为中心,而不背世界进化之原则,并不妨个性之发展"的教育宗旨在法律上的体现。当然,"养成硕学闳材"与清末教育宗旨中的"造就通才"有意义上的某些相通性,体现其一定的继承性。《大学令》第三条明确规定大学设置标准:"大学以文理二科为主;须合于下列各款之一,方得名为大学:一、文理二科并设者;二、文科兼法商工科者;三、理科兼医农工三科或二科一科者"。这条是蔡元培亲自起草的。[①]他的以文理科为中心的大学思想源自于留学德国所受的大学理念影响。他认为:"分文、理二科,这正合各西洋大学以文理为学校基本学科的本旨"。[②] 其实,"文理中心论"是以德国为代表的大学教育思想,与中国传统教育是相冲突的。这一方面证明它的创新意义,另一方面也为以后的变化埋下了伏笔。《大学令》又规定大学在设置预科、本科基础上须设置大学院,为"研究学术之蕴奥"和开展研究生教育提供体制上的平台,从清末"通儒院"衍变而来,其重要意义是对大学研究职能的再次认定,其背后暗隐着为"学术独立"筑建体制框架的思想。大学宗旨、大学设置标准及研究院设立所具有的民主共和精神和内含的"学术独立"之理念,为该法令构建大学教师制度提供了理论基础和制度思想。《大学令》第十二至十九条创造性设计了民国初年大学制度尤其是大学教师制度的主体框架。它主要包括两大部分,一是大学教师职务分等。即"设教授、助教授"(第十三条),"遇必要时得延聘讲师"(第十四条),另"各科设讲座,由教授担任之"(第十五条)。晚清戊戌之前,大学教师职务一般分为总教习、分教习或教习、副教习,到20世纪初改为正教员、副教员。民国初年改分为教授,助教授及讲师(兼职)三级,无疑更具有近代性和国际性。德国大学教师之种类,大致可分为教授、讲师两种。此外,医科大学设有教授、助教授及讲师。而日本大学则仿德国大学之方式,大学教师分为教授、助教授与讲师三种。这种关于教师职务分等制度的模仿,证明民国大学开始自觉地"与国际接轨",并将大学教师职务与基础教育层次学校教师职务相脱离而独立,其内隐着对大学教师的专业化的期待。二是学校内部管理体制。《大学令》规定大学校长"总辖大学全部事务",各科学长"主持一科事务",明确了校长负责制的领导体制,

---

① 高平叔:《蔡元培教育论著选》,人民教育出版社1991年版,第136页。
② 高平叔:《蔡元培教育论著选》,人民教育出版社1991年版,第512页。

这与清末学堂监督负责制相承接。接着，它将清末对评议会和教员会的介绍，转化为大学法令的主体条文，即大学设立评议会和各科教授会，让大学教授成为办学决策的主体力量，从而形成了民国大学"教授治校"的校内民主管理体制的起始设计。

《大学令》第十六条规定"大学设评议会，以各科学长及各科教授互选若干人为会员，大学校长可随时齐集评议会，自为议长"；第十七条则规定评议会审议事项五条：①各学科之设置及废止；②讲座之种类；③大学内部规则；④审查大学院生成绩或请授学位者之合格与否；⑤教育总长及大学校长咨询事件。从上述职权规定可知，评议会是主掌大学学术事务的立法与决策机构，而评议会组成均为大学教授，因为民国大学校长和学长的基本条件是教授。这是首任教育总长蔡元培和民国政府教育部倡议的"教育超轶政治"、"学问神圣"与民主主义、自由主义教育思想在学校管理体制中的集中体现。第十八、十九条具体规定了各科教授会的组织原则及审议事项。大学各科教授会以教授为会员，由各科学长任议长并召集会议。教授会审议学科课程、学生试验，审查大学院生成绩和提出论文请授学位者合格与否；还应接受教育总长和校长的咨询任务。教授会的职权大多属于教学教务工作的范畴，与校评议会的职权相比有着基础性和具体性的特点。这样，校长、校评议会与各科教授会共同构成了民国大学内部管理体制的基本构架，其明显地体现教授的办学主体地位和作用，这在清末专制体制下是无法想象的。"教授治校"形式上是体制问题，涉及教师的责任和义务，实质上是关乎教师的权利。蔡元培认为："盖人类上有究竟之义务，所以克尽义务者，是谓权利；或受外界之阻力，而使不克尽其义务，是谓权利之丧失。是权利由义务而生，并非对等关系。"① 蔡元培所亲自设计的大学"教授治校"体制为教授设定大学管理的义务和权利，其开创意义是毋庸置疑的。但民国初年对大学教师制度中的"教授治校"体制构建更多地体现在理念和价值取向上，而真正付诸实施需要经历一个"深刻的社会和心理变革"②。

此后，教育部又先后颁布了3部规程，进一步将《大学令》的立法

---

① 高平叔：《蔡元培教育论著选》，人民教育出版社1991年版，第16页。
② 张雁：《西方大学理念在近代中国的传入与影响》，浙江大学出版社2009年版，第76页。

精神和内容具体化和操作化。《大学规程》、《私立大学规程》及《高等师范学校规程》等有教师制度的相关条文，与《大学令》共同筑建民国初年的大学教师制度的整体和全貌。其主要内容有：

一 关于大学教师之资格

《大学令》规定了大学教员职务三级分等制，但并未对三级职务的相关资格作进一步规定。1913年1月教育部公布的《私立大学规程》则对大学教员资格只作了笼统的选择性规定，即具有下列各款资格之一者可任私立大学教员："（一）在外国大学毕业者；（二）在国立大学或经教育部认可之私立大学毕业，并积有研究者；（三）有精深之著作、经中央学会评定者"。[①] 本"规程"对教师资格的学历条件规定明显低于1904年的"奏定学堂章程"，这说明民国初年以蔡元培为代表的新教育设计者所秉持的是现实主义路线。不过，对大学教员资格条件增加有关研究的内容，这明显体现出立法者对大学教师职业性质认识的提高。从一定意义上讲，它为"学术独立"在教师制度上设计了支撑点。当时，人们认识到中国独立自主发展要靠科学技术和人才，而大学教师是承担培养高层次人才和从事科学研究的主体力量。这样，在大学教师资格上增加研究成果的要求，会从根本上调动大学教师的科研动力，从而促进我国的"学术独立"事业。

二 关于大学的科系设置

科系的设置是学术的学科性在大学制度中的体现。它虽然不是大学教师制度的直接构成，但是极为相关的制度因素，很大程度上决定教师的编制和结构，还与教师待遇有关。《大学令》（1913）规定大学分设文科、理科、法科、商科、医科、农科和工科等"七科"，并以文理科为基本学科，标志着大学学科体系开始扬弃传统经学科的核心地位，朝着近代学科体系和知识系统方向迈进。《大学规程》进一步则规定"大学之文科分为哲学、文学、历史学、地理学四门，理科分为数学、星学、理论物理学、实验物理学、化学、动物学、植物学、地质学、矿物学九门，法科分为法

---

① 潘懋元、刘海峰：《中国近代教育史资料汇编·高等教育》，上海教育出版社1993年版，第370页。

律学、政治学、经济学三门,商科分为银行学、保险学、外国贸易学、领事学、税关仓库学、交通学六门,医科分为医学、药学二门,农科分为农学、农艺化学、林学、兽医学四门,工科分为土木工学、机械工学、船用机关学、造船学、造兵学、电气工学、建筑学、应用化学、火药学、采矿学、冶金学十一门"。① 该规程第二章"学科及科目"几乎占据全本规程的80%的篇幅,其科目之细之新是前所未有的。从学科及其科目中可知近代科学已在民国大学教育内容体系中占据主导地位,加之大学院为"大学教授与学生极深研究之所"之界定,不难发现民国大学教师的主体构成应是能承担近代科学教学和研究的"绩学之士"或学者。这就意味着学术或学问的深浅高低是聘为教授、助教授和讲师的基础条件。

《大学令》(1913)等法令和规程所设计的大学教师制度,随着袁世凯执政后非民主化倾向的加剧及蔡元培任教育总长几个月后辞职等因素影响,实施情况不尽人意,有的学者甚至认为"虽经公布,而后来之办理专门及大学者,并未依照实行"。② 客观地说,民国初年的大学制度和大学教师制度的首创意义和先进性是有充分的史实依据的,但作为共和政体诞生不久产生的大学法规,无疑有着仓促和粗略的特点。同时,一个重要的因素是政体的更替,并不意味着社会和民众的思想和行为会立即蜕去专制时代的"官毒",还亟须一个思想嬗变和激荡的过程。这个任务是由新文化运动和五四运动所担负的。美国学者指出"袁的教育政策从整体上说是复杂的、多方面的。……总的说来,他的政府对教育的态度是保守主义的,但也是改良主义的,同1912年、1913年自由主义的民国时期相比,不那么能满足士绅阶层的愿望"。③ 袁世凯在1914—1915年间,先后发表了《祭孔告令》、《特定教育纲要》、《颁定教育要旨》等重要教育文献,集中反映了他既尊孔复古又倡导"个性陶冶"的复杂多面的教育思想,但在教育政策和制度上强调"统一"与"集中"则是一以贯之的,显然带有某种非民主化或集权专制的倾向。在袁世凯的复古主义导引下,《大学令》等所设计的民主主义的大学教师制度诚然没有实施的空间,但

---

① 璩鑫圭、唐良炎:《中国近代教育史资料汇编·学制演变》,上海教育出版社1991年版,第697—698页。
② 蒋维乔:《民元以来学制之改革》,《光华半月刊》1936年第1期。
③ [美]费正清、费维恺:《剑桥中华民国史》(上册),中国社会科学出版社1993年版,第273页。

袁氏政府也并没有把大学完全管死。无疑，北京大学是一个大学教师制度实施样本。1914年9月，北京大学胡仁源校长拟订了整顿大学计划书，"其主要改革事项有二：一是延聘一批著名的学问大家，使北大学风从崇尚宋儒空谈理性转为注重考据训诂；二是成立首届评议会（可惜未能持续）。"[1] 1915年11月，北京大学根据《大学令》设立首届"决议校政最高机关"评议会，由每科选出评议员2人组成。当选首届评议员的文科为陈黻宸、辜汤生，理科为冯祖荀、俞同奎，法科为张耀曾、陶履恭，工科为温宗禹、孙瑞林，预科为朱锡龄、张大椿，均为知名教授，具有广泛的代表性和较强的权威性。值得提及的是评议会成员是由教师公选出来的。这种"选举制"不但体现民主精神，而且能有效防止教师相关群体的利益偏向。从北大个案中可知，"教授治校"制度思想和体制形式仍有传播与实施的某种余地，当然还没有形成全国性的制度生长的土壤。

1914年7月6日，教育部同时发布了三件关于直辖专门以上学校职员任务、薪俸和任用"暂行规程"，[2] 反映了中央政府对大学教师制度建设的法制创设与修正。这里"职员"包括教师与职员。"职员任务暂行规程"中规定直辖专门以上学校职员种类设校长、学长、教务主任、教员、学监主任、庶务主任、事务员，并明确"校长承教育总长之命，掌理校务、统率所属职员"，"教员承校长之命，襄同学长或教务主任掌理学生之教育"，还有教员预编的"教授程序表"（即课程讲授计划）经该校校长报送教育部备查等条文。这样，校长听从于教育总长，教员成校长之下属，使大学成为附属于政府之机构，大学没有独立性，大学教师更无治校之权。这与《大学令》的民主精神是相悖的。"职员任用暂行规程"也同样体现袁氏政府的"集权"倾向。它规定大学校长由大总统任命之，高师及专门学校校长由教育总长任用之，并呈报大总统。同时规定直辖专门以上学校之专任教员、兼任教员"均由校长延聘相当之人充之，但须开具详细履行、详经教育部长认可"，这就意味大

---

[1] 张雁：《西方大学理念在近代中国的传入与影响》，浙江大学出版社2009年版，第118页。

[2] 潘懋元、刘海峰：《中国近代教育史资料汇编·高等教育》，上海教育出版社1993年版，第779—784页。

学教师聘用权最终归属教育总长而非校长,而《大学令》则将教师聘用权归于校长,两者差距如此之大,而时间仅仅过了不到二年,这说明大学教师制度思想随时势而发生剧变。"职员任用暂行规程"仍重申大学教师资格标准"非专门以上学校毕业不得充任"则值得肯定。这三部规程中最有价值的是"职员薪俸暂行规程"。它至少在以下几方面有突破性的进展:一是建立了全国统一的大学、高等师范及专门学校校长、学长、主任及学监与事务员的薪俸等级标准,并比清末提高了标准。二是规定专任与兼任教员的不同薪俸数目。如大学专任教员月支180元至280元;大学预科专任教员月支140元至240元;高等师范专任教员月支160元至250元。兼任教员按小时计薪,大学兼任教员每小时酌支3—5元。三是设立教员年功津贴制。其规定大学、高师校长、学长"服务五年以上、确有成绩者"分别得给全年津贴600元、400元,而专任教员"服务至五年以上并支最高级之薪俸、确有成绩者"则分别也给全年津贴600元(大学)、400元(高师及大学预科)。这一"薪俸"规程的进步意义在于将大学教师薪俸制度从政府官员薪俸体系中分离而独立出来,初步形成了大学教师薪俸的全国标准,尤其年功津贴制包含着较大的激励性,是对大学教师职业特殊性的认同,但遗憾的是它们将《大学令》所设职务等级——教授、助教授和讲师一股脑儿地归并为"教员",这是教师职务制度上的一个倒退。

其实,在大学教师制度建设上的某些方面"历史倒退"并没有止步,更确切地说是某些方面倒退与某些方面进步"相辅相成",其中最主要的影响因素无疑是政局之变和领导人的政治态度和教育观念。1917年5月3日,教育部公布《国立大学职员任用及薪俸规程》。[①] 它是上节论及的1914年7月发布的三件关于直辖专门以上学校职员任务、薪俸和任用暂行规程的替代文件,而且有若干进步之处,进一步丰盈了近代大学教师制度的内涵,也反映了后袁世凯时代的政府教育政策的细微变化。首先,它将教师职务分为正教授、教授(本科、预科)、助教、讲师四等,纠正了1914年"暂行规程"中只设教员一级的粗略规定。其二,教师聘用权基本归属校长。1914年"暂行规程"规定专任教员任用由校长报教育总长

---

① 潘懋元、刘海峰:《中国近代教育史资料汇编·高等教育》,上海教育出版社1993年版,第784—786页。

第五章　教育民主化与近代大学教师制度的发展

认可，而本"规程"改为"呈报教育总长"，其实际操作为备案。同时规定正教授、助教延聘应有一年试教制。其三，建立了大学教师以任职年限为主，辅之以业绩考核的"年功进级"工资制度。正教授、教授、助教均各分6级，连续任职一年、经校长考查合格者可进一级；校长与学长则需连续二年方可进级。正教授最高薪即第一级每月400元，校长最高薪则每月600元（只分三级）。第十二条还具体规定由校长考查职员办事成绩及勤惰以决定其"进级与否"的具体内容："（甲）教授成绩，（乙）每年实授课时间之多寡，（丙）所担任学科之性质，（丁）著述及发明，（戊）在社会之声望"。可以说，对教师的评价内容已相当全面系统，它已包括教学质量、教学工作量、课程程度、科研成果及社会影响度等6大方面。这在近代大学教师制度演进中还是第一次提出了这样完整而又合理的教师评价制度，尤其是将教学质量和科研成果列入考核指标，其潜在的意义是政府开始关注高等教育质量和对教师提高教育质量之激励，实乃是民族学术独立应有的制度之义。此外，它还涉及学术假与终身恤金等重要内容，后面再作专题论述。本《规程》作为单行法规，其本身也说明大学教师制度在大学制度体系中的突出地位。可以说，它是近代大学教师制度演进中的一个重要的"标志性事件"。此后仅4个月，教育部又颁布了《修正大学令》[①]，该法令对1912年《大学令》主要修正处：一是放宽了大学设置标准，即"设二科以上者得称为大学。其但设一科者称为某科大学"。这是教育部1914年12月公布的"整理教育方案草案"中提出"大学校单科制与综合制并行"的思路的具体落实。二是保留评议会，取消"教授会"，将教授会主要职权归入评议会。这样大学基层民主基础得以削弱，无疑是大学教师制度建设中的一个"倒退"，这种取消"教授会"制度改变究竟出于何因，从现有文献资料难以作出清晰的解释，但说明大学教师制度演进中始终存在着政府与大学、民主与非民主之间的张力，同时也不可忽视制度决策过程中领导者的个人因素，它构成制度变迁的偶然性的一面。

[①] 潘懋元、刘海峰：《中国近代教育史资料汇编·高等教育》，上海教育出版社1993年版，第372—374页。

第二节 "学术自由"与大学教师制度灵魂之塑

　　1917年，在中国大学发展史上注定是一个不凡之年。新文化运动风势正猛，民主与科学的启蒙思想浸润国人之心。重新唤醒中华民族自信的第一次世界大战已进入尾声，和平与民主、自由成为国际社会的主流思潮。这样，塑造和激发新的民族精神——民主和科学成了这一时期"学术独立"思想的新内涵。与此同时，中华民国进入了"北洋军阀政府"时期。"自相矛盾的是，他们（指军阀）所促成的不统一和混乱却为思想的多样化和对传统观念的攻击提供了大量机会，使之盛极一时。中央政府和各省的军阀都不能有效地控制大学、期刊、出版业和中国智力生活方面的其他机构"。[①] 这只是制度环境因素，更重要的是中国大学又唤回了一位伟人——蔡元培。1916年底，蔡元培应召从法国回国出任北京大学校长。由于他的回国，使1912年《大学令》所设计的大学民主管理制度又一次悄然地与现时对接，"学术自由"这一西方大学的核心理念和制度思想终于有了领袖式人物的振臂高呼和坚定实施，从而使近代大学教师制度孕育着新的精神或灵魂。虽然其塑造之路并不平坦，但毕竟有了实质性的行动。

　　1917年1月9日，蔡元培发表北大就职演说，提纲挈领地阐述了他的办学主张。首先，他界定"大学之性质"，即"大学者，研究高深学问者也"，否定了我国科举余毒读书为"做官发财"，倡导"为求学而来"，反映了他在大学教育上崇尚学术的认识论思想。同月，他在致吴敬恒信中特别强调要把北大改造成"纯粹研究学问之机关"，于是，蔡元培不遗余力地改革北大内部管理体制，创设研究所，拆除文理之界，引进新派教师，倡导教师"养成学问家之人格"，营造一种以基础研究和基础理论教学为主的自由主义的学术和制度环境，但其终极目标是试图重建中国的新学术，以与西方学术和大学相颉颃。蔡元培校长首先改选校评议会，恢复正常活动，铺开校内民主管理体制的框架。1917年12月8日，蔡元培主

[①] [美] 费正清、费维恺：《剑桥中华民国史》（上册），中国社会科学出版社1993年版，第356页。

持的评议会在《修正大学令》取消"教授会"的情况下，秉持学术独立、学术自由的理念，运用"学院逻辑"（与"政府逻辑"相对应）①，通过了《北京大学学科教授会组织法》。该组织法共九条，具体规定教授会设置以"部"为单位，如国文部、英文部、哲学部、史学部、数学部、物理学部、化学部等；教授、讲师和外国教员皆可入会；教授会主席由部主任担任；议决事项均为教学教务范围等。②蔡元培在北大建立的以评议会和教授会为组织构架的民主管理体制，实乃中国近代大学"学术自由"在组织体制上的贯彻落实，其内在地体现大学努力承担发展学术，促进民族学术独立的潜在理想。蔡元培早在1912年1月阐述民国新教育方针时就提出要"循思想自由言论自由之公例。"③1917年5月在南开学校演说时提出"自由者何？即思想是也"。④1918年11月，他在《北京大学月刊》发刊词中提出"大学者，'囊括大典，网罗众家'之学府也"之语，进而提出"思想自由之原则"、"兼容并收之主义"，⑤首次将西方的"学术自由"转换成中国话语。1919年3月，他在给林琴南的公开信中坦承自己的大学两种主张：

（一）对于学说，仿世界各大学通例，循'思想自由'原则，取兼容并包主义……无论为何种学派，苟其言之成理，持之有故，尚不达自然淘汰之运命者，虽彼此相反，而悉听其自由发展。

（二）对于教员，以学诣为主。在校讲授，以无背于第一种之主张为界限。其在校外之言动，悉听自由，本校从不过问，亦不能代负责任。……夫人才至为难得，若求全责备，则学校殆难成立。⑥

---

① "学院逻辑"是与"政府逻辑"相对应的概念，指的是大学校长和教授群体从大学自身发展和教师利益维护所需出发，处理大学相关学术事务的思维模式和内部制度特征，其核心立场是学术自由独立和"教授治校"，属于大学的认识论。"政府逻辑"指的是政府从政治立场出发，对大学作出体现政府意图的价值判断和制度思考，其实质是对大学实行有效的控制，属于大学的政治论。它常与"学院逻辑"发生一定程度的冲突和不一致。
② 《北京大学史料》（第二卷·中册），北京大学出版社2000年版，第1833页。
③ 高平叔：《蔡元培教育论著选》，人民教育出版社1991年版，第5页。
④ 高平叔：《蔡元培教育论著选》，人民教育出版社1991年版，第101页。
⑤ 高平叔：《蔡元培教育论著选》，人民教育出版社1991年版，第173—172页。
⑥ 高平叔：《蔡元培教育论著选》，人民教育出版社1991年版，第190页。

到这里，蔡元培"以学诣为主"的大学教师观中已植入"思想自由"、"兼容并包"这一中国式的"学术自由"思想。这里值得注意的是以蔡氏为代表的自由主义者"虽然捍卫民族主权和国家独立，但却不主张'排外'，他们认为民族自强的关键在于'自我挽救'"。① 1917 年 8 月 15 日，蔡元培在"致在法国人函"中写道："旧制，大学各科学，可用西文教授，如理科用德文，法科用法文之类，此甚不妥，鄙拟全用华语教授，但亦不能不借助于西人。拟于各门研究所 Institute，以一本国学者为主任，而聘一欧洲学者共同研究；讲授则本国学者任之。此本国学者，以大学毕业后，再在英、法、德等国研究数年者为合格。其所聘欧洲学者，即由此本国学者于研究期，细心访问，择其果有学问、而又能实心指导外国人者，与之联络，备他日延聘，庶能裨益此事"。② 这段话非常明确地体现蔡元培的本国教师为中国学术主体的思想和教师聘任上"以我为主"的潜藏策略，同时也反映了其对欧洲学术与中国学术关系的正确判断，承认中国现代学术当不能在此阶段完全独立，因而主张中国学者与欧洲学者共同研究，借助他人之力，发展本国学术。无疑，蔡元培"以学诣为主"与"以我为主"是大学教师聘任思想不可分割的两个方面，体现其"学术自由"与"学术独立"思想的高度融合。

由于蔡元培的非凡人格与巨大威望，加之"五四"新文化运动民主与科学思想的强劲传播，"科学"成了知识分子的新信仰，"思想自由"、"兼容并包"得到了我国大学众多校长、教授们的认同，进而深度地影响和指导着大学教师制度的成长与发展。蒋梦麟（1886—1964）也认为："'大学学问自由'之主张，已成欧美之先进国学问之宪章"。牛津、剑桥、巴黎、哈佛、耶鲁诸大学"莫不以保全学问自由，为神圣不可侵犯之事。吾国高等教育，近方萌芽，欲求将来学问之发达，亦非保其学问自由不可"。同时他特别赞同《时事新报》上所写的"凡任大学教员者，宜有思想自由学说自由之权利"。③ 到 1923 年，蒋梦麟更直接评论"教授治校"体制时说："同人等主张以学校行政兴学术之权，畀诸全校教授。校

---

① 郑大华、邹小站：《中国近代史上的民族主义》，社会科学文献出版社 2007 年版，第 275 页。
② 高平叔：《蔡元培年谱长编》（中册），人民教育出版社 1996 年版，第 54 页。
③ 曲士培：《蒋梦麟教育论著选》，人民教育出版社 1995 年版，第 102—103 页。

长由教授互选,所以选教授治校之目的也。设讲座制,所以厚待遇而崇学术也。畀以学术自由之权,所以求思想与学术自由之发展,不受外力之阻挠也。本大学既以发展学术之全权付诸全校教授,则教授之责任重矣"。①从蔡、蒋的论述中不难得出,作为学术独立于政治的"学术自由"理念在中国近代大学教师制度中的主要体现:组织上是"教授治校",学术上是"思想自由"、"兼容并包",聘用上是"以学诣为主"和"以我为主",不"求全责备"。到这里,可以说"学术自由"作为大学教师的权利,已经渐渐在大学教师制度肌体内发育而成为其新的灵魂。

随着五四运动的民主与科学思想的浸染,国家教育行政机关也逐渐跟着蔡元培为代表的自由主义者节拍而动,默认并支持先起于广东的关于学制改革的讨论,同时拉开了新一轮大学制度(包括教师制度)改革的序幕。我国近代大学发展到此阶段,已从单一的人才培养转向学术研究与人才培养的双重职能,学术或科学渐成大学的主流价值和大学知识分子新信仰,"学术独立"与"学术自由"思想的会通、融于一体有了"天赐良机"。1918年3月,教育部公布《学术审定会条例令》。这一法令的重要意义在于给大学和大学教师的学术评价设置基准和相应机制,为大学教师资格制度、聘用制度和考核制度建立设置相关程序。1912年《私立大学规程》规定的教师资格条件三条中有两条涉及研究成果的内容,其中第三条明确规定"有精深之著述、经中央学会评定者"作为教师聘用资格之一。"中央学会"指的就是教育部"学术审定会"。当然,本"条例令"并非专门针对大学与大学教师的,但当时从事"学术上著述及发明"的机构与人员除大学和大学教师外,所剩无几,因而理解为主要为大学和大学教师设置的是符合原意的。《学术审定会条例令》② 第四条界定学术审定之范围为"经学及文学上之著述"、"科学上之著述及发明"和"艺术上之著述及发明";第六、七条则采用"排除法"将不属于学术上之著述及发明事项明列出来,从而规范学术上之著述及发明的严格界限和标准。第六条规定译著、编著、由三人以上纂辑成书者、抄袭他人之著作者、教科书(含讲义、参考书)、通俗读物与讲演集及纪录表册及报告说

---

① 曲士培:《蒋梦麟教育论著选》,人民教育出版社1995年版,第234页。
② 中国第二历史档案馆:《中华民国史档案资料汇编》(第三辑·教育),江苏古籍出版社1991年版,第730—731页。

明书类等七种情况"不得认为学术上之著述"。第七条规定属于下列各项之一者，不得认为学术上之发明事项：

——无正确之学术的根据及说明者。
——在学术之原理或应用上无独特之价值者。
——发明之程序不明或发明事项未彻底完成者。
——偶然发见之事项。
——为他人所已经发明者。

《学术审定会条例》"对学术上之著作及发明"所建立的标准是相当科学而又严格的，是建立在严格的科学分析基础上的。它对"学术"审定范围的界定，更新了清末将"学术"等同于"教育"的观念，遂使科学研究成为"学术"的核心要素，这实际为"独立与自由"思想进入"学术"的核心——科学研究提供了法理支持。因为科学研究本身所必须具有的探究性、自主性、自由性，证明了"学术自由"的合法性根柢，同时也使"学术独立"思想有了质的提升。尤其值得注意的是条文中没有涉及政治因素的考量，这从一个侧面说明当时教育政策和制度制定的主导思想是"学术超轶政治"，可视为"学术独立"内涵的拓展和"学术自由"思想的生根。

学术评价制度是大学教师制度中的关乎价值的核心内容。教育部建立的"学术审定会"是采用合议制，符合学术活动和学术评价的本质特性。它与"五四"前后以北大为代表的大学系统普遍采用"教授治校"体制相一致。可以说，民主化的"合议制"成为1917年以后我国大学行政的主体制度，是共和政体下民主教育制度的显著特点和根本性进步。1919年3月，教育部提出了《全国教育计划书》，[①] 其中关于专门教育的内容有10项。它再次明确提出设立中央评定学术与授予学位之机关、奖励学术上确有价值之著作及发明、补助各种学术会等意见。

"学术自由"源于德国大学的经典理念和原则。中国大学制度和大学教师制度借鉴、移植德国大学模式（日本大学制度亦移植于德国）是显

---

① 中国第二历史档案馆：《中华民国史档案资料汇编》（第三辑·教育），江苏古籍出版社1991年版，第55页。

而易见的。但随着五四运动的民主、科学和民族独立复兴思想的深入人心，我国大学教育界和大学教育政策发生了历史性的转向，开始有意识地借鉴和移植美国现代大学理念和制度。这种转向自然有时代性的因素，如由"庚款"资助的留美学生的大量回国并逐渐主导中国大学行政和大学教育，美国教育家杜威、孟禄相继来华讲学和考察以及欧战后美国成为世界头号经济强国等，但更重要的甚至是决定性的因素是文化因素。正如有学者所提出的"中国传统的实用主义文化及工具理性主义认识论与美国现代大学理念中的实用主义内容有所契合。因此，国人较为容易接受美国大学理念，学习美国成为20世纪20年代后中国大学教育界的主旋律"。[①]1922年颁布《学校系统令》（即壬戌学制）标志着这种转向已经基本完成，也是作为新文化运动组成部分的"新教育革新运动"（以修改学制为主体内容）的总结性成果。"壬戌学制"采用了美国基础教育的"六三三"制，在高等教育中则规定大学学制为4—6年，并大胆地引进了美国大学的"选科制"，为"自由教育"和民国成立以来所倡导的以个性主义为本质的民主主义教育奠定了制度框架和实践基础。

在这种新学制的指导下，大学教师制度也随之发生变化，即"民主原则之回归"和对行政效率的关注。1924年2月23日，教育部公布了《国立大学校条例》，同时废止了《大学令》（包括《修正大学令》）、《大学规程》，并明确私立大学"参照办理"。这就意味着《国立大学校条例》是今后关乎大学制度的权威性法规。本《条例》规定各科下设"学系"，恢复了《修正大学令》所取消的"教授会"，增设了校董事会和教务会议。还将《大学令》、《修正大学令》所规定的教师职务等级改为正教授、教授和讲师三级，取消了"助教授"一级。这样，大学最基层的组织单元是"学系"，从而形成"校——科（或大学院）——学系"三级组织体系，这样为学校行政上"科层制"的建立打下了基础。与之相匹配的董事会和教务会议的职能得以强化，评议会的职权则界定为"评议学校内部组织及各项章程暨其他重要事项"，大学最高权力机构由董事会替代，评议会和各科、学系、大学院教授会则成为议事机构，其决策权限大为降低。这意味着"教授治校"从"政府逻辑"上已趋向定位于"治

[①] 张雁：《西方大学理念在近代中国的传入与影响》，浙江大学出版社2009年版，第168页。

学"为主，学校管理则转为校长负责制。这一变化表明此时大学教师制度深受美国的影响，教授的权力与以校长为代表的行政权力开始作区分，前者权力范围为学术事务为主，后者权力范围为行政事务为主，并突出行政上的效能追求。

《国立大学校条例》颁布后，其中"董事会"之设立遭到了以北大为代表的众多大学教授和相关组织的反对，这可以理解为德国、美国两种大学制度思想的冲突，也不可否认是政府与大学之间的利益博弈。同年3月，北大60位教授联名上书校长，评议会上书教育部公开反对国立大学设董事会，言语十分激烈。[①] 他们认为国外私立大学设董事会，国立大学并无董事会之机关，"其校内一切事宜，由校内教授所选举之机关处理"；教育部定国立大学设立董事会"谬于模仿"，有违于教育独立之原则，易使大学"转入于政治之漩涡"。他们强调"教授自治，实本于世界现代之潮流，而合于中国目前之需要，大部对此源潮流及需要，正宜维护之培植之，以期其发挥而光大，今乃竟设董事会以钳制之，使大学内部各种机关，莫不蜷伏于其下，而自治之制度，盖难趋于发达，是不惟无补中国目前之实际，且有违世界现代之潮流矣"。1925年3月，北大评议会再次函请教育部取消"董事会"，并提出教育部两次条例"皆为摧残大学教授制之萌芽，而以校外之官僚财阀组织董事会或理事会，以处理学校之大政。夫大学为研究学术之机关，教授为研究学术之专门人材，今必以研究学术者，听命于非研究学术者，而受其盲目的支配，于理为不可通，于情为不堪受"。北大教授和评议会的"上书"，其历史意义是不可忽视的。它是我国近代大学中教授群体第一次发出的认同和维持"学术自由"权利的"群声"，以及对"学术自由"的制度体现——"教授治校"体制的竭力维护。从本《条例》规定与北大教授的反应看，在大学教师制度的精神与形式上，政府与学校或教授（教师）存在着并不一致的现象，这就证明制度演进中存在着两种逻辑，即"政府逻辑"与"学院逻辑"，这两种逻辑有时一致，有时不一致甚至产生冲突。"政府逻辑"自近代大学诞生即产生，而"学院逻辑"则产生于五四运动之后，即大学教师知识分子作为一个独立的群体崛起。北大教授和评议会对《条例》所规定的董事会设立的反对，表明"学术自由"思想已成为大学教师制度的"学院逻

---

① 《北京大学史料》（第二卷·上册），北京大学出版社2000年版，第104—106页。

辑"的主线,与"政府逻辑"相成相对。事实上,这种以"学术自由"为导向的"学院逻辑",有时也影响教育行政。1925年代理教育部务的次长马叙伦就下令取消东南大学董事会,这与北大教授反对董事会的态度也许不无关系。

第三节 "学术共同体"与"学术独立"的自由主义使命

1912—1927年,近代大学教师制度进入了发展时期。"五四"前后,民主和科学的时代精神与救亡爱国的民族使命又一次交汇在一起,从而促使大学教师制度开始与"高深学术"联姻,并成为其制度演进的动力和自觉追求。换言之,大学教师制度成为承载民族学术独立发展的"列车",反之学术成为大学教师制度的核心元素。

西方近代大学具有某种行会特征,即大学是学者的栖息地。这样,"学术共同体"概念随之产生。在中国,新文化运动、五四运动时期及以后,"学术共同体"成了大学研究组织的代名词。大学的研究职能的滋生与确立,有力地推进了我国近代大学学术研究机构和新学科组织的诞生与发展,并衍生为近代大学教师制度的"新质",即教师资格、聘用、考核乃至薪俸制度中对科学研究因素的充分重视与考量。1904年的《奏定大学堂章程》首次设计"通儒院"这一兼具教师科学研究与研究生培养的高层机构,1912年《大学令》承继这一制度,只是改名为"大学院"和功能有所扩充,但由于我国大学尚处于幼稚时期,因而"大学院"停留在制度构想上,还没有很好地付诸实施。此外,大学教师的科学研究还没有提到职务之职责的范畴,开展的只是教材编写活动和零星的著述。

在近代中国,新型科研组织和机构早期出现是在民国时期。"首开风气的是创立于民国之初的中国科学社"。[①] 1914年6月,在美国康奈尔大学学习的中国留学生任鸿隽、胡明复、秉志、赵元任、杨铨、胡适、周仁、章元善、金邦正、过探先等人"有感于中国在国际上缺乏成就,开始相信科学是解决这一问题的关键",立志于"学术独立"和"科学救国",筹备成立一个独立的科学组织。他们首先集资编印了《科学》月

---

① 黄兴涛:《中国文化通史》(民国卷),中共中央党校出版社2000年版,第537页。

刊，先是在国外发行，次年1月又迁回国内举办。1915年10月25日，以《科学》杂志为基础的中国科学社正式成立，任鸿隽等5人当选为董事会董事，并由任鸿隽（1886—1961）兼任社长，设址于南京高等师范学校。中国科学社是我国最早的具有现代意义的独立自然科学研究组织，它以"联系同志、研究学术，以共图中国科学之发达"为宗旨。学社内部按学科分类管理，"到1919年，已有农林、生物、化学、物理、数学、土木、经济、机械、矿冶、医药等专业学科，研究队伍也不断壮大"。①"五四"后，中国科学社由以留学生为主体发展为留学回国的大学教师群体为主体，这个知识群体是最具民族精神的，"他们的国外经验坚定了他们对中华民族的忠诚"，②同时，又有"用科学再造中国"的强烈愿望，因而他们必然成为"学术独立"的生力军，从而有力地带动和推动了我国近代自然科学学科的诞生和大学科学研究事业的开展。

在这大学科学机构的创制上引领潮流的是北大和南高师（后改为"东南大学"）。1917年11月，北大根据《大学令》所提出的"大学院"构想，率先在全国大学中制定了《研究所通则》、《研究所办法草案》两部校内规章，随后文、理、法三科各学门先后分别成立了研究所。研究所设主任一人，由校长于各所教员中推定。次年7月，经各研究所主任会议决的《研究所总章》颁布并实施。③《研究所总章》共7节31条，其中第一节"组织"第二条规定"研究所以各门'各种'教员组织之，遇有特别需要得加聘专门学者为研究所教员"，第七条规定"本国及外国学者志愿共同研究而不能到所者，得为研究所通信员"，第八、九条还规定各研究所主任"因谋各门学科之联络，办法之划一，及书报交通之利便"，应组织"研究所联合会"。这种专任教员、通信员和"联合会"所形成的研究所组织体系，无疑是一种"学术共同体"的实体形态。第二节"办法"将研究所办法分为研究科、特别研究及教员共同研究三项，并突出教员研究的主体性和"自由选择"，以及研究成果呈现方式主要为会议报告、论文著作。不过，研究所"因建设费无从筹出，不能成立"。1920年7月，

---

① 黄兴涛：《中国文化通史》（民国卷），中共中央党校出版社2000年版，第538页。
② ［美］费正清、费维恺：《剑桥中华民国史》（下卷），中国社会科学出版社1993年版，第413页。
③ 《北京大学史料》（第二卷·中册），北京大学出版社2000年版，第1333—1335页。

北大校长蔡元培亲自所定的《北大研究所简章》第一条明示北大"研究所仿德、美两国大学之 Seminar 办法，为专攻一种专门知识之所"。① 总之，在蔡氏眼中有无研究所是大学是否完善和成为一国或一地"文化中心"之标志物。1921年12月，蔡元培决定改组北大研究所。经学校评议会第3次会议讨论，通过了《国立北京大学研究所组织大纲》。按该大纲规定，研究所分设自然科学、社会科学、国学和外国文学四门（实际上到1922年只开一个国学门）；所长由校长兼任，各门设主任一人，由校长于本校教授中指任之，任期一年。各门研究的问题与方法，由相关各系的教授共同商定。这样，研究所内部构建了以教授为主体的自由研究、民主管理的制度基础。

与北大"南北呼应"的东南大学（前身为"南高师"）进行着与北大目标相同、方法有异的研究机构的创建与制度培育。1926年8月，《修正国立东南大学组织大纲》规定"本大学为研究高深学术起见，得增设研究院"。其论证曰："大学教育之目的，不仅为注入式之输灌学术于学生，要在指导作育学生，使能独立研求宇宙间真理，以增进人类之知识，与求其实际上之应用"，并以欧美各国大学设立研究院，授予高等学位为例，证明"欧美各国学术进步，一日千里，不致故步自封者，其得力要在大学研究院"。② 根据上述思想而制定的《东南大学研究院组织》规定研究院设"高等学位委员会"，由教授会公推七名教授组成，"每科至少须有一人，至多不得超过两人，七人中互选一人为主席"。该高等学位委员会拥有"总持研究院行政事务，每年汇报各学系研究生之应得学位者于校长，以便授予学位"及"审定研究生入学及毕业之资格"等职权。这一方案在同年11月18日教授会修正通过的《研究院简章》中得以确认。由此可见，研究院实行的是"教授自治"制度。北大、东南大学在大学高层组织单元设计中突出学术为本、教授自治的主导思想，确实为"学术独立"与"学术自由"理念在大学组织制度和大学教师制度中渗入与生长提供了示范，使我国大学中"学术共同体"得以壮大且奏响着自由独立之音符。正如陈平原所认为的"研究所的创设，使得时贤协调东

---

① 高平叔：《蔡元培教育论著选》，人民教育出版社1991年版，第267页。
② 《南大百年实录》（上卷），南京大学出版社2002年版，第164、208页。

西教育方针的思路,有可能得到落实"。①

"学术独立"、"学术自由"作为大学教师制度的灵魂或精神体,典型的案例无疑是清华大学。可以说,清华大学从留美预备学校发展为一所著名的国立大学,其样本意义超过其他大学。从前面几章中可知,我国近代大学教师制度以民族独立之要素的"学术独立"为价值引领。到了五四运动前后,随着民主和科学的思想启蒙及"学术自由"大学理念的引入与传播,从而使"学术独立"赋予自由主义使命,即以自由教育和"思想自由","兼容并包"的办学自由主义原则来推动和发展我国大学教育与科学研究的"独立创造",以期于中国大学能与世界各国大学"相颉颃",中国学术能列入世界学术之林。正如有学者所说的"要从事创造,其基本前提是自由独立"。② 清华大学前身先后为清华学堂(1911)、清华学校(1912),由美国庚款退还部分所创办,起初只是"中国教育体系之外的一所新制留美预备学校"。1925年开办大学部和国学研究院。1929年正式改名为"国立清华大学",从而成为一所独立的国立大学,到抗战之前,清华已与北京大学齐名。自民国成立以后,清华学校开始确立了新的发展目标即将"清华由留美预备性质转变成为一种学术独立的大学",而担负重任第一人是校长周诒春(1883—1958)。周诒春主张"学术独立"的办学理念和理想,在教师制度上则主张中外、新老教员一律平等。1916年11月,他说:"过去我们必须依赖西人所提供的学术刺激,而现在是我们准备学术独立的时候了。"接着,他又提出要学术独立,必先具备下列四个条件:(一)清华应保持一定的政策和人事上的连续性。(二)对中外、新旧教员应一视同仁,均应同样之待遇,享受同等权利。学校应供给教员在职进修的机会,以充实新知。(三)学生要加强纪律性。(四)应以国语为教学媒介。唯有如此,才能促进学术独立。③ 周诒春的办学思想昭示清华发展和教师制度的内在逻辑是"学术独立"。1922年4月曹云祥(1881—1937)以外交部参事名义兼代清华学校校长,同年10月为署理校长,1924年5月正式任命为校长。曹云祥是清华"改大"的当事校

---

① 陈平原:《老北大的故事》,江苏文艺出版社1998年版,第90页。
② 胡伟希、高瑞泉、张利民:《十字街头与塔——中国近代自由主义思潮研究》,上海人民出版社1991年版,第249页。
③ 转引自苏云峰《从清华学堂到清华大学1911—1929:近代中国高等教育研究》,生活·读书·新知三联书店2001年版,第63页。

长，有其历史地位。据苏云峰研究发现："曹对清华的贡献颇多，重要者有五：一为推动校内波澜壮阔的改革。二为清华改制为大学。三为实施教授治校制度。四为提升了清华教师素质，大量聘用清华留学生，使彼等逐渐取代美国教师地位，成为清华之中坚。五为改善教职员待遇与居住条件，平衡中美教员差别待遇，安定华员之工作情绪"。① 曹云祥五大重要贡献有三项，是在教师队伍和教师制度建设上的贡献。可以说，"曹云祥时代"的清华是我国近代大学坚守"学术独立"之自由主义使命的典范，也是大学教师制度中融包"学术之自由独立"之灵魂的样本之一。曹云祥执掌清华之后，比较重视教职员会议（1920年开始设立）之作用，《清华大学总纲》、《大学部组织及课程》等重要规章均经过教职员会议或本会常务会讨论通过。1926年4月公布的《清华学校组织大纲》第三、四章详尽规定评议会、教授会的产生、职权、任期等。1912年的《大学令》和1924年的《国立大学校条例》对评议会或教授会的职权规定均未涉及学校人事和预决算两大核心权力，"距教授治校理想还有一段距离"，② 而《清华学校组织大纲》则明确评议会有"审定预算、决算"和"议决教授、讲师和行政部各主任之任免"等权限，这比部令更强化了评议会的权力，同时还规定评议会9项权限中有4项评议会议决前"应先征求教授会意见"，其中有预决算一项。这既很好地解决了评议会与教授会的关系和工作衔接，又夯实评议会的民主合议的基础。此外，曹云祥还加强大学部的行政效率，设立校务会议、教务会议、事务会议"三会制"，采用"合议制"方式处理学校日常行政事务。其实，曹云祥对"教授治校"体制推进是建立在个人办学理念和广泛的民意相结合基础之上的。曹云祥实施"改大"计划，是基于"巩固新大学之根本"理念的。他认为新大学之根本是"有自动的能力"，而"欲谋自动，必须本中国文化精神，悉心研究。所以本校同时组织研究院，研究中国高深之经史哲学。其研究之法，可以利用科学方法，并参加中国考据之法。希望研究院中寻出中国之魂，犹如日本武士道之魂，新意大利之魂，及各国之国魂"。③ 无疑，曹

---

① 转引自苏云峰《从清华学堂到清华大学1911—1929：近代中国高等教育研究》，生活·读书·新知三联书店2001年版，第67—68页。

② 苏云峰：《从清华学堂到清华大学1911—1929：近代中国高等教育研究》，生活·读书·新知三联书店2001年版，第76页。

③ 《清华大学史料选编》（第一卷），清华大学出版社1991年版，第263页。

氏眼中的"自动"是中国文化和学术的独立自主,也是"中国之魂"的构成,但达成之方法应中西兼采并重,即立足国情,自主自足与世界视野相结合。

梁启超1923年3月1日接受《清华周刊》记者采访时指出:"大学的组织应当以'教授团'为主体。""教授团"应是教授中组织,类似于"教授会","这教授团在学校中是最主要的团体,校中一切事务都由他们规定;由他们执行。"① 1925年9月梁启超在《清华周刊》第350期上发表了《学问独立与清华第二期事业》一文,提出"一国之学问独立,例须经过若干时期始能完成。始专广为裨贩,储得丰富之常识,因彼常识,而就自己环境所必需与其所能致,施以不断的实际研究,于是独立之基础乃建","凡一独立国家,其学问皆有独立之可能与必要"。接着,他认为清华第一期事业"于模仿裨贩上实已有相当之成绩",因而应进行"第二期事业"即学问"独立时期",并希望"清华最少以下三种学问之独立自任:一、自然科学——尤注重者生物学与矿物学。二、工学。三、史学与考古学"。② 曹云祥在"少壮派"教师民主治校呼声的压力之下顺应民意,在实行"教授治校"体制基础上大力推进"学术独立"清华第二期事业,与设立大学部同时创办国学研究院。研究院礼聘了王国维、梁启超、陈寅恪、赵元任"四大国学大师"担当导师,并创造了国学研究的巨大成就,铸就了我国近代大学史上的一座"永恒的丰碑"。1925年公布的清华《研究院章程》③ 规定研究院"以研究高深学术,造成专门人才为宗旨",以培养研究学者和教师为目的。第四条规定研究院教授及特别讲师的聘任条件,教授为专任职,须"宏博精深、学有专长之学者",特别讲师须"对于某种学科素有研究之学者",其要求不谓不高。同时,研究院内部管理以导师为中心,有高度的思想自由之风气。

北大、东大和清华的"学术独立"之实践,与此相连的自由主义使命的履行,实实在在地促进了我国民国时期大学的崛起,著名大学的概念开始在中国出现。同时,上述三校在创建"学术共同体",推进"学术独

---

① 冠:《与梁任公先生谈话记》,《清华大学史料选编》(第一卷),清华大学出版社1991年版,第396页。

② 梁启超:《学问独立与清华第二期事业》,《清华大学史料选编》(第一卷),清华大学出版社1991年版,第419—421页。

③ 《清华大学史料选编》(第一卷),清华大学出版社1991年版,第376页。

立",营造"学术自由"之风上也为其他大学所认同和学习,从而形成了全国性的大学"独立创造"与"思想自由"的时代风尚。民国初期,在国立大学、公立大学迅速发展的同时,以南开大学、复旦大学为代表的我国私立大学也得到较快发展,从而形成了近代我国高等教育又一快速发展时期。南开创办目的"既在于求中国民族之自存,故毅然以谋学术之独立为志愿",并公开宣布南开"以'土货化'为本校今后发展之根本方式"。所谓"土货化",即"以中国历史、中国社会为学术背景,以解决中国问题为教育目标",并强调"土货化必须从学术之独立入手"[1],因而在教师管理上强调民主管理,自治治人。1924年《南开大学评议会章程》规定评议会有评议学校大政方针,规划校内组织和审议预决算等权限。前一年,还成立南开大学教员会。交通大学于1926年6月成立工业研究所,1928年实现教师队伍"本土化",在国立工科大学中是走在前列的。1921年9月10日,叶恭绰(1881—1968)校长在开学典礼上致辞中提出"研求学术,当以学术本身为前提,不受外力支配,以达独立境界","学术独立,斯不难应用,学术愈精,应用愈广",因而教员应为"宏儒硕彦",切实担当"学术独立"之责任。[2] 1922年5月的《修正交通大学大纲》规定评议会及各科教授会之设立,并将订定及修改各种规章和审核财务等归为评议会之职权范围,体现"教授治校"的大学行政特征。北大、东大、清华、南开和交大等一批大学重视研究机构的创设和以"独立"行"自由"之实践,为教育部1927年颁布的《大学教员资格条例》和1934年出台的《大学研究院暂行组织规程》提供极有价值的理念和经验基础。

第四节 "终身制"之构想与大学教师制度的系统化努力

从洋务运动以来,新式学堂和清末大学一般沿袭文官制度思路来设计教师制度,其聘用、待遇、考核、升迁等环节上基本按官员的方式和标准进行,只是在教师资格上体现学术性要求。在教师聘用上最鲜明官制色彩

---

[1] 王文俊、梁吉生等:《南开大学校史资料选》(1919—1949),南开大学出版社1989年版,第10、38—39页。

[2] 《交通大学校史资料选编》(第一卷),西安交大出版社1986年版,第366—367页。

是实行"聘期制",这与欧美及日本大学教师制度大不相同。民国成立以来,国立、公立、私立大学基本上沿袭清末旧制,采用"聘期制"。但"终身制"毕竟是西方大学教师制度的重要部分,是"学术自由"相应的制度安排和保障。那么,近代中国尤其是民国时期"学术自由"思想已深入人心,成为大学教师和学者"普遍信奉的原则与追求的理想",[①] 为何没有移植西方大学的教师"终身制"呢?第四章已对此作了一定的论述。本节只是从这个疑问出发,从散落的文献中寻找以蔡元培、蒋梦麟为代表的教育家对"终身制"的认识与尝试,从另一方面反映出近代中国借鉴西方大学教师制度的另一路径。

民国元年,教育部创制,蔡元培等部员们对大学教师的职业特性有相当清晰的认知。同年9月2日,教育部训令中则指示学校管理员、教员"教育为神圣之事业,乃国家生命之所存。凡为学校管理员与教员者,于其职务,宜竭诚将事,以尽先知先觉之责","诸君在校内,既为学生所矜式,在校外即树社会之楷模,果具高尚贞固之精神,以终身尽职为乐,则我中华民国学术之发达,风俗之转移,与世界列强同臻进化之盛轨,盖非远莫能致者矣"。[②] 这种教员"终身尽职"和"与世界列强同臻进化"的思想,虽然还只是停留在对教师的要求上,但为制度设计播下了种子。1914年12月,《教育部整理教育方案草案》中再次提出各学校校长教员"务期久任"以完成训育之作用,并认为"若朝退一人,暮进一人,则精神教育必难征诸实现",要求"由部另订教员任用法以图救济"。[③]《大学令》及《大学规程》、《私立大学规程》等民初最早一批大学法规均只对大学教师职务分等作出规定,而对大学教师的身份地位未作界定。实际上,随着清朝的覆亡,清末的教师"职官"法律地位自然不复存在,这样短时间就不可能在条文中出现涉及"终身制"这样攸关大局的内容,因此民国初期大学教师聘用均以任期制为常轨,呈现自由流动的趋向。1917年5月3日,教育部公布了《国立大学职员任用及薪俸规程》,这是民国成立以来最重要的一部关于大学教师制度的单行法规。本《规程》

---

① 黄兴涛:《中国文化通史》(民国卷),中共中央党校出版社2000年版,第50页。
② 陈学恂:《中国近代教育史教学参考资料》(中册),人民教育出版社1998年版,第177页。
③ 宋恩荣、章咸:《中华民国教育法规选编》,江苏教育出版社1990年版,第10页。

第四条规定大学设正教授、教授、讲师、助教等职务,"由校长聘任之,并呈报教育总长",并明确规定"正教授、助教延聘,以一年为试教时期,期满若双方同意,得订立长期契约"。第十四条又规定"职员在本校前后任职满若干年,若因病废或年满六十岁自请退职者,给予终身恤金",还具体规定"终身恤金"按服务年限长短分等确定比例,"其支给自退职之翌月起,至死之月止"。这种"终身恤金"就是后来的"退休金"。本《规程》所规定的"长期契约"及与之相配套的"终身恤金"无疑是"终身制"的原始形态,这是自近代大学诞生以来第一次出现在政府的法规之中,表明民国北洋政府在大学教师"终身"聘任制度建设上的努力和全面学习借鉴西方大学教师制度的意愿与计划。遗憾的是北洋政府是个军阀政府,内乱不断,经济停滞,教育经费短缺甚至停拨,以致教师"索薪运动"此起彼伏。在这种时局之下,大学教师"终身制"实施因缺乏经济基础而停留在法规条文上。当然经济原因仅仅是一个方面,这在下一章会作讨论。不过,也有大学对"终身教职制"做了有益的实践。

北大蔡元培校长主张施行"终身教职制"。1918年由他主持制定的《国立北京大学规程》第四条规定"正教授教授延聘以一年为试教时期,期满若双方同意得订立长期契约"。这里将"终身教职制"的施行对象从《国立大学职员任用及薪俸规程》规定的"正教授、助教"(即全体教员)提升为只面向教授。这样,"学术自由"所需要的职业稳定与自由竞争都能得到制度上的保障,不难发现北大"长期聘任"制深受美国大学教授终身制的影响。同年4月20日,由蔡元培主持的评议会又通过了《北大教员延聘施行细则》,[①] 对教授"初聘书"和"续聘书"发送作了具体规定,"初聘书"中教授期限为3个学期,讲师(兼职)则不预定期限。关于"续聘书"有三条规定:①每年6月1日至6月15日,为更换"初聘书"之期。②持"初聘书"的教授若至6月16日尚未接到"续聘书",即作为解约。③"续聘书"只送一次,不定期限。这里"不定期限"含有"终身聘用"之义,但并未明确作出不得随意解聘持有"续聘书"教授教职的承诺。该《细则》只是规定"辞退有续聘书教授时,应自行辞退之下月一日始加送薪俸"的优惠政策,其标准在校满3年者加

---

① 《北京大学史料》(第二卷·上册),北京大学出版社2000年版,第414—415页。

送薪俸2个月，在校满5年或5年以上者加送3个月。从上述分析，北大所施行的续聘书持有教授的"不定期限"，可以说是试行"终身教职"的初步，还没有达到严格意义上的"终身制"要求。可喜的是北大探索并未停步。1918年1月蔡元培在《北大进德会旨趣书》中提出"教育者，专门之业；学问者，终身之事"。① 1920年9月16日，蔡氏在北大第23年开学日上强调说："现在，专门的学者渐渐多了，我们此后聘任教员，总要请专门的，并要请愿意委身教育，不肯兼营他事的"。② 1922年2月11日，蔡元培亲自向北大评议会提议《教员保障案》，其动因是当时北大尚不能使教授"专心致意于功课之讲授及学术之研究"，主要原因是"所任功课之常有变更"，"地位之时有摇动"，因而他提出三条意见，其中直接关于教师制度的有一条：

> （一）凡已得续聘书之各系教授之辞退，应由该系教授会开会讨论，经该系教授会五分之四之可决，并得校长之认可，方能办理。如该系教授不及五人，应经全体教授可决。但开会时，本人不能列席。
>
> 理由：聘请教授时，既须经聘任委员会之通过，主任之赞成，校长之函聘，复有试教一年之规定手续，可谓郑重矣。试教期满，复经续聘，是校中认其能胜任矣。故辞退，特亦应经郑重之手续，不应凭学生之意见，或主任、或教务长一人之意见，将其贸然辞退。③

北大评议会通过了蔡元培的提案，决议"教授之聘任与辞退，均须经评议会之议决"。评议会不但赞同蔡元培的意见，而且更加强调辞退程序的规范、严格，以体现程序正义，其目的显然是维护大学教授"长期聘任"制度，为"学术自由"设置严密而又权威性的制度保障线。同年同月，北大评议会又通过了《教授制大纲（草案）》，提出设置"讲座教授"，之下仍设"教授"（位置略同于美国之助教授），并规定"讲座教授与教授，皆用聘约，第一次，定一年，续聘的，二年一换"。这就意味着北大停止了在"终身制"上的制度努力。这里有一个重要的背景，五

---

① 高平叔：《蔡元培教育论著选》，人民教育出版社1991年版，第121页。
② 高平叔：《蔡元培教育论著选》，人民教育出版社1991年版，第272页。
③ 高平叔：《蔡元培教育论著选》，人民教育出版社1991年版，第366页。

四运动期间蔡元培辞职南下，后因师生竭力劝说与要求，同年7月他承诺回任北大校长职，但并未马上返京回校，而是委托蒋梦麟代行校务。蒋氏虽然极为崇敬自己的老师蔡元培且服膺其"思想自由"、"兼容并包"之理念，但由于受教育背景和人生经历不同，对大学管理的看法和思路上是有所不同的，蒋梦麟更加追求管理的效率和效能。1919年12月，由蒋梦麟草拟，经评议会通过的《国立北京大学内部组织试行章程》已初显行政事务与学术事务相对分开管理的趋向，正如《申报》报道所提出的"行政会议操全校行政之权"。在这里，我们可作这样的理解，蔡、蒋均信奉"学术自由"之大学经典理念，但贯彻的途径和方法却各有侧重。

诚然，在当时，教育界有识之士对大学教师制度现状提出过批评意见。1920年，陈宝泉（1874—1937）上书教育总长范源濂，指出我国"就教育之待遇论，有检定之法而无优待之方。各国对待学校职教员，有定为职官者，有以文官待遇者，我国则聘任也，凡此种种，举不胜举。"因此，他认为教育部"宜速订优待教员之法"，建议"定教员为职官"，采用类似于德国、日本公立或国立大学的教师公务员身份，并设计相应的养老金及遗族扶助金制度。[①] 与此同时，教育界仍在孜孜以求构建"终身制"。1923年3月，蔡元培、陈大齐、蒋梦麟等联名为筹办杭州大学提出建议，并指定蒋氏起草《杭州大学章程》。该《章程》第12章第52条规定"正教授任期无限"；第53条规定："教授初任三年，续任无限期"；第54条规定："辅教授初任一年，续任三年，再续无限期"。[②] 这样，除讲师、助教之外，正教授、教授、辅教授均可在符合一定前置条件下"终身"聘任，明显有着借鉴美国大学教师"终身教职"制的印痕。不过，杭大因各种原因未创办，"终身制"也只能停留在构想上。1921年3月，由陈嘉庚（1873—1961）创办的私立厦门大学制定的《厦门大学大纲》则规定"校长为终身职，但有违法行为时不在此限"。[③] 1926年，厦门大学还制定《优待教职员规则》和《养老年金规则》，鼓励教师长期在

---

① 陈宝泉：《上范教育总长条陈》，《中国近代教育史资料汇编·教育思想》，上海教育出版社1997年版，第739、742页。
② 曲士培：《蒋梦麟教育论著选》，人民教育出版社1995年版，第242页。
③ 潘懋元、刘海峰：《中国近代教育史资料汇编·高等教育》，上海教育出版社1993年版，第447页。

厦大任教。① 1924年,由孙中山提议创办的国立广东大学是试行教授终身制的又一个案。《国立广东大学规程》用专章规定"教职员之任用及待遇":教授由校长提出,经聘任委员会审查合格后聘任。教授除有特殊情形及特定者外,第一次聘任以一年为期,续聘至四年者任期无限。讲师、助教聘任则以一年为限。这种教授终身聘任制以及自由研究的空气有效地吸引了一流学者加盟。单是1926年,创造社的创始人、组织者郭沫若、郁达夫、成仿吾、王独清等被聘为教授,"给国立广东大学带来了一股生气"。② 此后,对大学教师"终身制"的探索基本上滞步了,因而"终身制"在近代大学教师制度演进中仅仅是"昙花一现",实属构想之性质。当然,作为一种自觉的借鉴欧美大学教师制度的尝试,自有其意义,特别是将教授终身聘任与讲师、助教短期聘用相结合,很好地协调竞争性与稳定性之间的关系,使大学教师聘任制度有活力和动力源,从根本上确保"学术自由"。

1912—1927年作为近代大学教师制度的发展期,我国教育行政机关和大学都有意识推进大学教师制度的系统化,以体现民国共和民主精神和独立主权国的新面貌。这一时期,大学教师制度除"终身制"的尝试外,在资格、聘任、考核、培养、薪酬和退休等制度上都有不同程度的进步,有的如退休制度等尚属首次。本章前二节已对资格、聘任、考核、薪酬制度作了论述。在这里,对新的制度构成作点梳理,对其他制度再作些补充。

一 大学教师专任制

我国近代大学自创办以来,起初教师作为"职官",常常官师不分,短期任教现象较为普遍。民国以后,国立、公立、私立大学和教会大学都出现了较快发展和互相竞争的局面,这样对师资的需求量大增,师资短缺和现有师资合格率偏低等问题成为大学发展中亟待解决的重大问题。1915年之后,随着留学生毕业回国的人数不断增多,大学教师队伍的本土化和学术水平都呈现上升的趋势。为此,民国教育部适时地向大总统提出"关于官吏不得兼充学校校长及限制兼任教员办法"一案。1915年12月,

---

① 《厦大校史资料》(第一辑),内部印行1987年,第81页。
② 黄义祥:《中山大学史稿:1924—1944》,中山大学出版社1999年版,第46、62页。

大总统袁世凯批准办理。教育部呈文提出"一校之中,兼任多于专任,实非良法",因此校长、教员多应以专任为导向为原则,这样除"为教学相长之事"外,亦有时间"殚精研究或出其著述"。① 这一"专任制"的提出,其目的是为了稳定大学教师队伍,以适应大学发展的需要。本时期,在"专任制"上作了不少推进,但并没有改变大学兼职教师过多的问题。在后面两个时期中教育部采取不少措施,使"专任制"落到实处。

二 "学术假"与教员出国留学

从京师同文馆创办至民国时期,我国政府和大学始终把教师培养进修制度作为大学教师制度的核心要素来加以重视和推进。可以说,培养是近代大学教师制度的起始逻辑和"学术独立"思想的最重要的制度体现。有的学者提出,"(20世纪)廿年代留学的责任依然是救国"。留学生回国大多任教于各大学,其目的"主要是接替外籍教师"。② 1917年5月公布的《国立大学职员任用及薪俸规程》第10条规定:"凡校长、学长、教授每连续任职五年以上,得赴外国考察一次,以一年为限,除仍支原薪外,并酌支往返川资"。这是"学术假"的发端。这个制度一开始就得到教师的拥护,并得到很好的实施,如蔡元培、张伯苓等均受其制度的恩泽。1916年10月,教育部公布的《选派留学外国学生规程》第一条就明确"曾任本国大学教授或助教授继续至二年以上者"和"曾任本国专门学校、高等师范学校教授继续至二年以上者"列入选派留学外国学生之范围,并明确大学教师出国留学可免考或免考部分科目。③ 次年,北大为此制定了《选派教员留学外国暂行规程》,在遵循教部规程的基础上,提出"留学时期不得过二年",归国后"应服务于北京大学至少三年"等补充条文。④

---

① 《大总统关于官吏不得兼充学校校长限制兼任教员办法批令》,《中华民国史档案资料汇编》(第三辑·教育),江苏古籍出版社1991年版,第73—74页。
② 汪一驹:《中国知识分子与西方:留学生与近代中国(1872—1949)》,枫城出版社1978年版,第153、258页。
③ 《中华民国史档案资料汇编》(第三辑·教育),江苏古籍出版社1991年版,第599页。
④ 《北京大学史料》(第二卷·下册),北京大学出版社2000年版,第229页。

三　退休金制度

《国立大学职员任用及薪俸规程》（1917）第一次提出实行大学教师"终身恤金"制度，实乃是我国近代大学教师退休制度的发端。它详尽地规定"终身恤金"的具体标准：

"满十年者，支百分之十分。
满十五年者，支百分之二十分。
满二十年者，支百分之三十分。
满二十五年者，支百分之四十分。
满三十年或三十年以上者，支百分之五十分。"①

大学教师享有退休金，这是其履行教学科研职责，终身从事学术事业的重要制度保障，是教师待遇制度的构成要素，是大学教师专任制或终身制的经济基石，也是一种"国际惯例"。1920年3月，北大公布《国立北京大学职员待遇规则草案》完全照抄教部规程关于"终身恤金"的条文，只是将名称改为"年老退职恤金"。1926年8月1日，私立厦大还专门制定《教职员养老金规则》，明确规定"享受养老金之权利"的教职员为年满65岁以上，但其养老比例比部定标准低5%左右。

四　教师聘任组织与程序之规范

1912—1927年，国立、公立和私立大学大多实行教师聘任（或聘用）制，而且教师聘任之权多数时间内也由校长与教授共同担当。这样，就促使各大学设立教师聘任工作的相关机构和程序。由于本时期大学管理民主化占主流，因而众多大学在评议会或教授会下设立聘任委员会等机构。在这一方面，引领风气的依然是北大。1919年12月，《国立北京大学内部组织试行章程》提出设立聘任委员会，规定其职责是"协助校长聘任教职员，会员以教授为限"。同年12月9日，北大第一届聘任委员会成立，由俞同奎（委员长）、马寅初、胡适、宋春舫、蒋梦麟、马叙伦、黄振声、陶履恭、顾兆熊等9人组成，均由选举产生。从《北大史料》中可

---

① 《中华民国史档案资料汇编》（第三辑·教育），江苏古籍出版社1991年版，第167页。

查到聘任委员会名单有 1919、1920、1924—1925、1926、1929、1930 等年份，这说明这是个常设性聘任机构。1931 年之后，由于北大推行"校长治校"，聘任委员会便随之基本不见踪影。《交通大学大纲》（1921）规定设立"任用委员会"。《北京高等师范学校内部改组计划草案》（1921）提出设立"聘任委员会"，"协助校长审查将行聘任职员之资格学行"。《国立广东大学规程》（1926）规定教授由校长提出，经聘任委员会审查合格后聘任。《修正国立东南大学组织大纲》（1926）第 39 条规定设聘任委员会，"审查教职员资格及规定聘任条件"，第 40 条则规定聘任委员会组成原则。此外，特别强调要另行制定"聘任委员会细则"。上述而知，我国近代大学教师聘任组织一般为由教授代表组成的聘任委员会，而教师聘任的基本程序一般由系科或大学院主任和教授会提出人选，提交校聘任委员会审议，最后由校长签署聘任决定。

第五节 教会大学尝试建立独立的中国化大学教师制度

教会大学在我国近代新教育和近代大学发展中起到了示范的作用，但其在相当长的时期内没有建立独立的大学教师制度。教师一般由举办大学的外国差会（或托事部）按照大学校长提出的师资数量与学科需求进行选派，而聘任权掌握在校董会手上。由多个差会合办的教会大学，按协议所定的分担经费比例确定教师名额及工资待遇，并分别选派聘任。可以说，作为办学者的校长没有教师聘任权，只有建议权和聘任中国籍教师的权限，而且校内中外教员待遇与地位上存在着很大的不平等现象。民国以后，中国国立、公立、私立大学都有了较大的发展，相比教会大学发展则显得相对迟缓，而关键的问题是教师制度问题。这种现状所引发的危机感，自"癸卯学制"颁发后即在华传教组织和教会大学中滋生开来，到民国成立及以后更酿成一股清流，加之中国民族主义意识的不断增强，使各教会和教会大学开始努力尝试建立独立的中国化大学教师制度和本土化的教师队伍。

早期教会和教会学校或大学主张以个人主义为价值基础，崇尚竞争、自由和慈爱。"这些价值观念与儒家强调稳定、家族主义和等级社会是完全对立的",① 因而由此成为引起中西文化矛盾、冲突的一个重要方面。到 20 世纪初的清末,基督教尤其是教会学校(包括大学)在强势的西方文化传播中显示出巨大的作用,因而也渐被国人(特别是沿海城市居民)所包容和接纳。民国以后,随着与共和政体相一致的民主教育制度建立,教会大学所拥有的较为自由的学术氛围也与国立、公立和私立大学所追求的"思想自由"、"兼容并包"的中国式"学术自由"理念与原则有了某种契合,为中西大学文化的融合创设天然良机。同时,民国初期"新政府在最初时期,对于基督教完全采取宽容的态度"。② 在这种情境下,教会大学开始更多地思考和解决自身发展中的问题,规模小和师资专业化水平低等是难点。在教师制度上,要解决的突出课题:一是校长如何从外国差会中争取教师聘任权,以有利于根据学校学科发展的需要而有计划及时地聘任合格的教师。二是切实解决中西籍教师地位和待遇悬殊问题,最终实现中西教师"同工同酬"和教师队伍的本土化。三是突破教师资格上的信教限制,以学术标准为先,教徒与非教徒均可聘用。可以说,到"五四"之后,教会大学在教师制度建设上已显落后之迹象。"同公立学校的竞争是改变人们态度的一个重要因素","传教士们再次担心国立学校的竞争,他们坚决主张教会大学必须提高教师的质量和改善教学设备,否则将在竞争中失败"。③ 1919 年,在华基督教高等院校协会宣告成立,它的任务是"帮助协调大学的工作及统一向西方要求经费",参加的计有燕京、齐鲁、圣约翰、东吴、福建协和、华西协和、岭南、金陵、沪江、文华、金陵女子、之江、雅礼大学以及武昌博文书院等 14 校。随后,该协会开展一系列有价值的大学调查工作,收集了诸如师生比例、教师工作量、教师学历、年度预算、学校设备、教徒学生的比例等资料,为各教会大学制定发展计划提供了第一手资料。1924 年起,该协会规定大学质量最低标准,并对教会大学进行分级。1925 年,《中华基督教教育会宣言》根据中国政府关于教会学校立案注册之规定和 1922 年基督教视察团所撰

---

① [美]杰西·格·卢茨:《中国教会大学史 1850—1950》,曾钜生译,浙江教育出版社 1988 年版,第 20 页。

② 平冢益德:《辛亥革命至壬戌学制期间的第三国在华教育活动》,《中国近代学制史料》(第四辑),华东师范大学出版社 1993 年版,第 179 页。

③ [美]杰西·格·卢茨:《中国教会大学史 1850—1950》,曾钜生译,浙江教育出版社 1988 年版,第 167、103 页。

的报告《中国基督教教育事业》中所提出教会教育要"更有效率、更中国化、更基督化"的要求而表示"基督教教育应为本土的,它在精神上、内容上、维持上、管理上均应为中国的"。① 本年初,基督教大学中国行政人员会议上,对高等学校过去不重视国文教学和中西教员待遇不平等现象提出改进方法,如"在薪俸、住宅、子女教养补助金、保障、旅费、医药等问题上都应有公平的制度,此项制度以资格为准则,绝不应有国际的区别",② 为此,各教会组织和大学采取合并、联合等方式发展壮大自身,并通过政府立案注册而取得私立大学之"国民地位",继后尝试建立与中国国立大学相近似的大学教师制度,以推动教会大学教育质量和学术水平的提升,进展是十分明显的。无疑,这是中国"民族独立运动在宗教内部的一个反映"。

首先,教会大学校长们有意识地争取在教师聘任上更多的自主权。1900 年尤其是民国以来,"大学领导要求获得更大的选择教师的权力"。③ 圣约翰大学早期学校行政与其所属教会系统"甚至几乎完全合一",教会对大学拥有严格的控制权。大约在 1918 年 9 月,《圣约翰大学章程》规定"大学校长规定终身任事",明确大学校长有"举荐各科教授于上海主教而行延聘之权"。④ 1918 年,圣约翰大学设立了教授会。由于卜舫济(Pott, F. L. Hawks, 1864—1947)校长的连续争取和教授会的自治意愿,1928 年成立了学校董事会,开始朝独立的人事管理方向迈进了一大步。燕京大学是本时期教会大学的"领袖"。1919 年始任校长的司徒雷登(Stuart, John Leighton, 1876—1962)有一个理想:"要将燕京办成一所逐渐由中国人自己资助和管理的中国学府"。⑤ 司徒雷登上任不久即向纽约托事部书面提出"应该将人事权下放给学校,使校长有自由聘任教师的一切权利"。他的建议却遭到了负责管理燕大的纽约托事部否决。然后,司徒雷登并不因此泄气,而是"在回到美国筹集资金的时候,自主聘请了一批有资格的教授来燕大,在燕大自筹经费中列支,为合格西籍教师进

---

① 《教育界消息》,《教育杂志》,第 17 卷第 5 号。
② 转引自高时良《中国教会学校史》,湖南教育出版社 1994 年版,第 278 页。
③ [美] 杰西·格·卢茨:《中国教会大学史 1850—1950》,曾钜生译,浙江教育出版社 1988 年版,第 177 页。
④ 《圣约翰大学章程汇录》,上海美华书店,第 1927—1920 页。
⑤ 燕大年刊,1936 年卷。

入燕大开了方便之门"。① 这种试水性的教师自主聘任,确实非常有效,大大提升了燕大的师资水平。1926年,新燕大校董会成立,取代了纽约托事部的权力。董事会成为"负有经营学校之重责"的最高权力机构,拥有校产管理、经费分配、人事任免的权力。《燕大董事会细则》规定校长、副校长为董事会主席、副主席,这样人事权实际回到了校长手中。金陵大学于民国以后逐步构建参仿当时西方的公司式管理结构,即"创建人会(或称'托管会')——董事会(或称理事会)——校长"。《金陵大学"托管会"细则》明确校长是托管会的当然理事和校董事会主席,有"向校董事会提出教员的任命和提拔的建议",并"有权暂令学校行政人员、教师和其他雇员停职"。另规定校董事会"有权批准建立新的系科;批准学校开设的课程;选举任命校长和司库;任命学校行政人员和教学人员"等。② 由此可见,金陵大学在民国以后校长人事上的权力逐渐增大。

其次,明确中西籍教师平等地位与待遇的制度发展方向。自洋务运动新教育诞生以来,我国大学发展一直为中外教师待遇悬殊所困扰。到民国建立后,这个问题有所缓和,但并没有根本解决,包括国立、公立、私立大学和教会大学均不同程度地存在着这一现象。随着教师队伍中中国籍教师数量的不断增多,解决这一问题已成为大学教师制度建设中一个带有根本性意义的课题。各地教会大学在中国民族主义高涨的外部压力和自身发展的动力推动下开始确立中西籍教师在地位和待遇上平等的制度发展方向。教会大学从一创办,与官办大学一样,聘用以传教士为主的西籍教员和有科名的中国教师,但中西教师之间待遇地位差别悬殊,包括薪酬、住房及其他福利等,甚至在学校管理上地位也不一样,"20世纪初期,中国教师通常不参加教师会议"。民国以后,"教会大学行政当局逐渐认识到如果学校想吸引并留住称职的教师的话,就必须提高中国教师的工资、地位,改善他们的工作条件"。③ 为此,若干所教会大学采取了一些措施。1912年,长沙的湘雅医学专门学校率先打破"旧律",以平等的布道会成

---

① 罗义贤:《司徒雷登与燕京大学》,贵州人民出版社2005年版,第115—116页。
② 《南大百年实录》(中卷·金陵大学史料选),南京大学出版社2002年版,第131、134页。
③ [美]杰西·格·卢茨:《中国教会大学史1850—1950》,曾钜生译,浙江教育出版社1988年版,第178、179页。

员资格和同样薪金聘用了有耶鲁大学医学博士学位的中国人颜福庆担任教职。1921年，燕京大学校长司徒雷登在尚未获托事部同意的情况下，完全按照西籍教师薪俸标准聘请留美回国学者刘延芳、洪业，1922年"又实行中西籍老师待遇一律平等，教师的聘用不以个人的种族、国籍、门派、政治观点、宗教信仰为标准，只重才学、人品，平等任用"。① 这种中西教师待遇平等的努力，使教会大学中的中国教师人数稳步增长。据1925年统计，1923—1924年，14所基督教大学的教职员中中西比例大致持平，外籍教职员406人，占49.7%，中国教职员412名，占50.3%。1925—1926年，东吴大学、齐鲁大学和圣约翰大学的中国教师已超过教师总数的一半。与此同时，教会大学大多实行严格的教师资格制度。1913年，圣约翰大学规定，只有那些具有3年以上教龄和拥有硕士学位者方能聘为教授。1925年又将教师职务分为教授、讲师、助教等6等，每个等级都有相应的资历和学历要求。燕大于1922年制定了教职员资格认定等级标准，分正教授、副教授、襄教授、讲师、助教五级，并规定"只有具备5年以上教学工作经验，在拿到最后一个学位后有专著出版的才有资格晋升为教授，其标准有全国独到之严谨"。② 对教师资格执行趋严政策，确实有利于提高中国教师在教会大学的学术地位，用"水平"来赢得与西籍教师平等的地位和待遇，确有非同一般的意义，也是实行中西教师平等待遇的根本前提和基础。不过，1912—1927年间，教会大学中西教师"不平等现象"依然存在，故只是确立了大学教师制度的基本走向。如在1925年，所有教会大学的校长都是外国人。1925—1926年期间，教会大学有教师465人，其中中国人181人，只占38.9%。③ 更为突出的是中国教师主要担任边缘性课程如汉语等，而且"同工不同酬"现象几乎普遍存在于教会大学。

再次，确认和维持教师"学术自由"的权利。教会大学与西方文化有着亲缘关系，尤其是新教是教会大学的主要举办者，而新教士大多又属于自由派，这样从大学开办起就秉持以基督教教义为核心的自由与民主的

---

① 罗义贤：《司徒雷登与燕京大学》，贵州人民出版社2005年版，第116页。
② 罗义贤：《司徒雷登与燕京大学》，贵州人民出版社2005年版，第120页。
③ ［美］杰西·格·卢茨：《中国教会大学史》，曾钜生译，浙江教育出版社1988年版，第181—182页。

价值观，尊重和维护大学教师"学术自由"的权利，努力营造较为自由的学术氛围。民国成立以后，教会大学纷纷成立教授会或评议会。《圣约翰大学章程》对教授会的组成、会议和投票权等均作了明晰的规定。"学术自由"体现在教师聘任上一个重要内容是不以信教和教派为资格条件。民国以后，岭南大学"教职员之聘任与学生之招收，不以信教为条件，并无宗教之界线。华籍教职员与学生非教徒实属多数。西籍教员亦来自英美各不相同的教派"。① 燕京大学校长司徒雷登是一位自由派传教士，"反对一切干涉学校，特别为干涉学术自由之企图"。② 由于他坚持学术自由，"他所聘任的教职员，除中美人士以外，英、法、德、丹、意、日等国籍的人才也一样的重用"，并且在学校中可以自由发表自己的学术观点。正如胡适所称道的："近年中国的教会学校中渐渐造成了一种开明的、自由的风，我们当然要归功于燕大的领袖之功。"③

教会大学随着"收回教育权运动"和自身的"本色化"、"中国化"运动开展与深入，于20年代末30年代初大多先后完成了政府注册立案，从而成为中国私立大学的一种，其教师制度也渐渐纳入国民政府制定的大学教师制度体系之中，但其不同的特色仍鲜明地保持着，成为"别样的风景"。

毫无疑义，1912—1927年是我国大学教师制度的一个重要发展期。其主要标志是构建了以"学术自由"为主导思想的大学内部管理体制，拓展"学术独立"之科学研究的内涵。这样，"大学教育，渐趋发达"，到1925年，公立大学达34所，私立大学也有13所，特别有"显著之进步"的是"学术界中，人才渐多，大学不复需多借材异邦"，"学术研究益有长足之进步"。同时，受五四运动之影响，民族主义和科学民主思想在大学盛行，"高等教育上独创自由之精神，遂盛极一时"。④ 这里，有一个重要的发展标志是产生了一批全国知名大学，如北大、清华、浙大、武大、上海交大、南开和燕京、金陵、东吴、圣约翰等大学。这些大学之所

---

① 朱有瓛、高时良：《中国近代学制史料》（第四辑），华东师范大学出版社1993年版，第537页。
② 《对学生运动观感》，《燕京新闻》，1936年4月17日。
③ 姜义华：《胡适学术文集·教育》，中华书局1998年版，第256页。
④ 教育部高等教育司：《全国高等教育概况（1912—1938）》，《革命文献》（第56辑），中央文物供应社1971年版，第38—39页。

以有名，除办学理念有个性外，其核心的因素是形成了颇有特色的大学教师制度，进而拥有一支独立的具有较高学术水平的教师队伍。据统计，1928年专科以上学校教员已从1912年的2312人增至5214人。当然，北大仍然是最有名的大学。加拿大学者许美德曾评价20世纪20年代的北大"聘用了许多具有不同学术观念的著名学者"，从而使之"在纯理论知识方面作出了很大的贡献"。[1] 美国学者也认为20年代初的北大"可以代表中国高等教育发展的大方向"，即"教师队伍具有学贯中西的背景，能超出本科课程继续进行学习和研究"。[2] 应该指出的是本时期我国近代大学教师制度虽然一定程度上改变了清末以来"一直是先有法令章则而后有事实"的演进模式，但由于内战频仍，政权动荡，以致国家教育行政首脑任免异常频繁，其中1916—1926年间共有20任教育总长，平均一年有两任。此外，在1920年代初，大学教育经费拖欠时久，教师欠薪严重，导致罢教罢学运动时而发生。这样，不难断定相关法律大多停留在条文上，各大学从本校实际出发有取舍地实施或各行其是。不过，从制度建设角度上讲，它仍然是进步颇多。

---

[1] ［加］许美德、潘乃容：《东西方文化交流与高等教育》，南京师大出版社2003年版，第398—399页。

[2] ［美］费正清、费维恺：《剑桥中华民国史》（下卷），中国社会科学出版社1993年版，第422页。

第六章
高等教育质量主题与近代大学教师制度的成熟

随着北伐的步步胜利，中国国民党于1927年4月背信弃义发动了"四一二"政变，继之在南京成立国民政府，随后又逐步实现了全国形式上的统一。南京国民政府奉行"一党执政"的政策，并在政治、经济、文化上强调"统一"和"统制"之要求，较大程度上对北洋政府的军事主义和政治、经济、文化上"放任主义"政策进行整肃和调整。不可否认的是南京国民政府以国民党党纲为指针，使之行政呈现统一集权的倾向。这种政策倾向深度影响着高等教育和大学教师制度的发展，使元以来大学所滋生的自由主义传统开始从政府的制度领域退却，转入以教授为主导的大学内部制度区域，从而成为"学院逻辑"，其中一批具有留学背景的大学校长和教授在运用"学院逻辑"改革和发展大学教育事业和大学教师制度中起了最突出的作用。当然，1927—1937年毕竟是国民党和国民政府的"新生"时期，大学发展和大学教师制度建设依然取得明显的进展，以致进入制度的成熟期。这种制度演进中的复杂性，很大程度上取决于国民政府依据国家整顿与建设之需要，在高等教育领域，突出了质量主题和"学术独立"的中心思想，加强了大学教师制度建设的力度，并侧重于大学教师的训练、进修和保障方面的完善和补缺，很快使近代大学教师制度走向系统化、定型化乃至现代化。客观地说，到1937年，我国大学教师制度已基本定型和成熟，有的方面具有鲜明的独创性和中国特色。

第一节 "严格主义"与近代大学教师制度的成熟性标志

南京国民政府成立初期，全国教育行政机关为教育行政委员会。该委员会初设于广州，后随迁南京。① 这种教育行政组织框架是基于"党治"之需要，因而教育"府治"难免不染上浓重的国民党色彩。这种色彩所反映的是教育制度建设和实施中强调政治倾向和政治判断。政府更替后的教育政策和教育制度的制定与设计，一般都有一个对前政府教育政策制度的现状作一个批判性的评价和清理的过程。民初如此，南京国民政府成立更是如此。当然，国民政府与北洋政府相比，最大的不同是国民政府主动性的特征较为明显，做到了"边清理边建设"。

在对前政府教育事业和大学制度、大学教师制度的评价中，国民党和国民政府对始于戊戌，倡于庚子，盛于"五四"，贯穿于我国近代大学发展全过程的"学术独立"思想，一如既往持肯定和承续的态度，但对20世纪初叶萌芽，"五四"新文化运动前后茁壮生长的"学术自由"思想，基本上采消极之评价和漠视之态度，名之为"放任主义"。1928年3月7日，国民党"三全大"《关于政治报告之决议案》直接对教育作出政治评价，认为"吾人推究今日教育受病之源，以为实由于最近半世纪以来中国文化旧基础即于崩溃，而新基础尚未确立所致。在此青黄不接之中，教育制度乃陷于事实上流于放任之境"。这种"放任"主要还是基于政治层面的，当然也有教育法规设之过宽的因素，因而"遂生六滥"，即学校滥、办学之人滥、师资滥、教材滥、招生滥、升学滥，进而提出要用"三民主义"来救治教育上之病理，"则必矫正从前教育上放任主义之失，而代之以国家教育之政策"，其中明示"从世界实用科学之基础上建设高等教育"。② 这里的所谓"国家教育之政策"，无疑是具有统一和统制的特点，与蒋介石所倡议的"一个国家、一个政党、一个领袖"相一致。国民政府初期的教育行政委员会至大学院至教育部均贯彻国民党所制定的所谓的"三民主义"教育及其实施方针，将"民族独立、民权普遍、民生发展"与教育制度变革企图结合，但从具体实践看"三民主义"只是一个堂而皇之的口号而已。1930年，教育部向国民党中央执行委员会呈报的《教育部成立二年来

---

① 广州国民政府教育行政委员会成立于1926年3月1日。1927年6月随国民政府迁移南京。旋于7月间，国民政府公布大学院组织法，由是成立大学院，遂将教育行政委员会裁并。1928年10月，国民政府行政院成立，改大学院为教育部。

② 荣孟源：《中国国民党历次代表大会及中央全会资料》（上），光明日报出版社1985年版，第644—645页。

的工作概况》中陈述这二年来大学教育所实施的三次重要工作：一是编定国立各大学统计，二是严令私立大学立案，三是厘定大学组织法及规程。对第三项特别说明"本部为限制滥设大学起见"而拟定，并明确立法主旨是"但求质的改良，不求量的增加"。① 时任教育部次长马叙伦（1885—1970）更为清楚地指出："从前中国的教育政策，差不多可以说是取放任主义，因为取放任主义，诚如三全大政治决议案里面说：由此放任，遂生六滥"，由此"六滥"更生"四恶"，即一是学校往往成为个人制造势利之工具；二是教员与学生虽有天才，亦遭其戕贼；三是不能养成一般青年之学问品格与技能，只反增青年放浪之精神与物质之欲望；四是为社会增加分利失业之徒，为国家断丧民族托命之根。这"四恶"即成害个人、社会和国家之"三害"。对于"六滥"至"四恶"至"三害"，构成了国民党和南京国民党政府对教育制度的结论性评价。马叙伦进而提出"以后我们鉴于过去的失败，应当极力纠正，将放任主义，一变而为严格主义，要取严格主义，教育宗旨里面所定的各项才可以做得到"。② 这种"严格主义"无疑是以矫正北洋时期"放任主义"为导向的。实际上，"放任主义"只是一种说法而已，其背后又隐匿着国民党与国民政府对大学规制设之过宽所带来的"乱象盛行"和"思想自由"、"兼容并包"之学术自由主义的不满和反动。

1927年以后，教育部所推行的大学教育政策上的"严格主义"，③ 确实反映了南京国民政府政治上的保守趋向和集权主义，开始对全国思想文化教育界实行统制政策，"使此前比较自由的学校教育置于严格统一的控制之下"。④ 但就大学教育而言，也不可否认有其一定的客观性。我国近代大学经历清末的多次劫难，到民元以后确实有了相对自由的发展空间，但由于基础薄弱，大学类型多样和大学制度（包括教师制度）宽严不一

---

① 中国第二历史档案馆：《中华民国史档案资料汇编》[第五辑第一编·教育（一）]，江苏古籍出版社1991年版，第126—127页。

② 中国第二历史档案馆：《中华民国史档案资料汇编》[第五辑第一编·教育（一）]，江苏古籍出版社1991年版，第7—8页。

③ "严格主义"是国民党政府为"矫正"北洋政府时期所形成教育领域的自由主义传统而采取的"统制"教育政策，其核心是强调政府对教育的严格控制。

④ 黄兴涛：《中国文化通史》（民国卷），中共中央党校出版社1999年版，第331页。

和多变，便产生种种弊端，其结果仍没有从根本上改变中国学术不如外国的尴尬局面。大学教育界对此也颇多议论，要求进行整顿。其实，对大学教育制度的反思，早在1922年，已在北大的教授群体中展开了。那时讨论的焦点是大学学术水平，而这正是大学制度、教师制度的核心内容和"学术独立"的根本保证。北大第二十五年校庆纪念会上，蒋梦麟、胡适、李大钊（守常）等均发表了演说，他们三人不约而同地都围绕着一个主题，即北大之反省。胡适（1891—1962）说，北大这五年有两大成绩，一是组织上的变化，"从校长学长独裁制度变为'教授治校'制"；二是注重学术思想的自由，容纳个性的发展。接着话语一转，坦言"我们今天反观北大的成绩，我们不能不感觉许多歉意。我们不能不说：学校组织上虽有进步，而学术上很少成绩；自由的风气虽有了，而自治的能力还是很薄弱的"，并强烈希望"北大早早脱离裨贩学术的时代，而早早进入创造学术的时代"。① 李大钊（1889—1927）也感言"我们自问值得作一个大学第二十五年纪念的学术上的贡献，实在太贫乏了"。他特别指出"只有学术上的发展值得作大学的纪念"。② 蒋梦麟也寄希望于大学出现"未来的一个新动机"，即"提高学术"。③ 当然，他们所感所思均基于大学本身的立场，同时也表达实现"学术独立"的坚定信念。1927年以后，对大学的批判，一方面可视之为大学自身反省的继续，即大学设置过宽而导致学术水平低下；另一方面甚至最主要的是政治上的因素，带有明显的意识形态性质，较大程度上是对自由思潮的否定。这种客观性与主观性的评价之"二律背反"，实质上也反映了政府与大学之间关系的渐变。应当指出的是知识界在整体上不完全排斥政府的教育"严格主义"，并"对高等教育一味模仿西方，表示不满，呼吁'学术独立'"，④ 但涉及制度思想及制度内容层面却有较多的分歧。1927年6月1日，清华大学国学研究院导师王国维投昆明湖自杀是一个颇具象征意义的标志性事件。王国维以死来守护"独立之精神，自由之意志"，同时也预示此后的岁月这种独立自由精神会在风雨中渐渐隐失或转向"民间"。事实上，随着国民政府地

---

① 《北京大学史料》（第二卷·下册），北京大学出版社1993年版，第3207—3208页。
② 《北京大学史料》（第二卷·下册），北京大学出版社1993年版，第3208页。
③ 曲士培：《蒋梦麟教育论著选》，人民教育出版社1995年版，第220—224页。
④ 汪一驹：《中国知识分子与西方：留学生与近代中国1872—1949》，梅寅生译，枫城出版社1978年版，第153页。

位的不断巩固,大学制度和大学教师制度不断系统化,其制度精神却发生微妙的变化。1928年10月,有着国民党员身份的"五四"学生运动领袖之一罗家伦(1898—1966)出任清华大学校长又是一个标志性事件。罗家伦在《整理校务之经过及计划》中公开声明"我去办理清华,除谋中国的学术独立外,他无目的",并重申清华大学之宗旨即"谋中华民族在学术上之独立发展,及完成建设新中国的使命"。① 1932年,时任教育部长朱家骅也指出,我国大学教育"务须能在学术文化上领导民族活动以求复兴,故其制度必须适合此种需要"。② 到这里不难发现,"学术独立"思想已成为1927年以后中国大学制度和大学教师制度的主体精神或灵魂,而"学术独立"所蕴含的自由主义使命或"学术自由"思想便从官方文件和国立大学校务规章中隐却。因此,知识界自由派代表胡适出国近一年回国后,面对一个新政府,从思想和感情上是"久已期望"的,但接触到新政府的大学政策中限制自由的倾向又顿生怀疑和反感。1928年5月19日,胡适在南京出席全国教育会议期间又直言,政府希望学者仍来做建设的事业,这个担子我们不敢放弃,但同时我们对于政府也有三个要求:"第一,给我们钱。第二,给我们和平。第三,给我们一点点自由"。③ 其实,在近代中国,两者是相结合的,"学术独立"是目的,"学术自由"是手段,两者是互相依存的观念体。由于晚清以降民族危机频发,"使国家强盛,不再为外人所欺压,成为知识分子判断一切观念制度的价值标准"。④ 在这种时代背景下,"学术独立"始终占据主导地位,而"学术自由"则成为实现以民族独立为宗旨的"学术独立"的工具性观念体。加之南京国民政府对自由思潮的天然排斥,使得"学术自由"不再成为官方法律法规的精神指引。当然,事物有着多面性。国民政府初中期的教育部大多由具有留学背景的教育家执掌,时而也有政客主政,但由于自由主义已深入大学肌体,因而那些激进的反自由主义的

---

① 《清华大学史料选编》(第二卷·上),清华大学出版社1991年版,第5、6页。
② 朱家骅:《九个月来教育部整理全国教育之说明》,《革命文献》(第53辑),中央文物供应社1971年版,第116页。
③ 转引自章清《"胡适派学人群"与现代中国自由主义》,上海古籍出版社2004年版,第151页。
④ 史静寰、王立新:《基督教教育与中国知识分子》,福建教育出版社1998年版,第226页。

第六章 高等教育质量主题与近代大学教师制度的成熟

教育政策大多遭到批评、抵制或阳奉阴违地形式性实施，从而使守护自由主义传统的"学院逻辑"得以保存和延续，在一定程度抵消了政治集权主义和教育"严格主义"的消极性。在这种"政府逻辑"与"学院逻辑"相对相成的情势下，近代大学教师制度也呈现进步、发展与停滞、退步的彼此消长，但值得欣慰的是大学教师制度终于结出成熟之果。

南京国民政府创制初期，在大学制度和教师制度建设上同样采取"边批判清理边立制"的建设策略。1927—1930年间，教育部或国民政府公布的关于学校教育的法规16种，重要的有大学组织法及规程、私立学校规程、学校职教员养老金及恤金条例及施行细则等，其中多部涉及大学教师管理，它与北洋政府出台的相关法律法规共同构成中华民国政府大学教师制度的法律体系。1928年1月，《大学院公报》第一年第一期集中刊布了《大学教员资格条例》、《学校职教员养老金及恤金条例》及《施行细则》等一组关于大学教师的法规文本。这三件法规的公布，标志着我国近代大学教师制度也完成了所有制度要件的设计与搭配，包括资格、聘任、培养和薪酬、退休等制度均已呈现基本成熟的形态。《大学教员资格条例》是在广州国民政府教育行政委员会制定的《关于大学教授资格条例之规定》（1926年5月颁布）基础上修订而成的。该《条例》颁布时间是1927年6月15日，可以说是在施行"严格主义"之前，文本所渗透的制度思想是有将"学术独立"与"学术自由"融合于一法的某种努力，但"从严治教"的倾向已显端倪。《条例》第一章将大学教员名称分为教授、副教授、讲师、助教四等，并明示"惟大学之教员得用之"。这是近代大学立法史上第一次采用大学教员职务四等法。清末大学一般行二等或三等法，民国北洋时期以三等法为主导，而且职务名称未曾出现"副教授"之称，"讲师"也仅以兼职之名出现。本条例采四等法，确实有现代意义，一方面使之与国际接轨，另一方面又为大学教师成长设置合理的职务台阶和内部升等的法理基础。第二章分别规定了助教、讲师、副教授和教授的资格条件（见下页表6）：

表6　　　　　　　　　大学教员资格规定一览表

职务	资格条件	
	一般规定	特例
助教	第三条　国内外大学毕业，得有学士学位，而有相当成绩者。	第四条　于国学上有研究者。
讲师	第五条　国内外大学毕业，得有硕士学位，而有相当成绩者。 第六条　助教完满一年以上之教务，而有特别成绩者。	第七条　于国学上有贡献者。
副教授	第八条　外国大学研究院研究若干年，得有博士学位，而有相当成绩者。 第九条　讲师满一年以上之教务，而有特别成绩者。	第十条　于国学上有特殊之贡献者。
教授	第十一条　副教授完满二年以上之教务，而有特别成绩者。	

资料来源：本表根据南京国民政府教育行政委员会公布的《大学教员资格条例》第二章整理而成。

从表6中可知，大学教员资格条件比《奏定任用教员章程》（1904）、《私立大学规程》（1913）、《国立大学职员任用及薪俸规程》（1917）要合理和科学得多，更具有现代性。更为重要的是首次设置职务升等的年限，这是关于我国近代大学教师内部晋升制度的最早法规。此前，大学已开始尝试内部晋升制，但只是作为聘任的补充，而非制度主体。本《条例》第一次以法规形式规定了大学教师职务内部晋升的具体标准，虽然年限设置过短，但毕竟是教师制度建设中的一大突破。同时，将学士、硕士、博士学位与助教、讲师、副教授、教授相对应，说明大学教师制度设计已经有国际视野，并体现"严格主义"和以教师质量为中心的制度思想。本《条例》第二章还对大学教师的业绩与职务晋升挂钩，强调有"相当成绩"和"特别成绩"才能晋升；还设置"特例"条文即在国学上有研究、有贡献和有特殊之贡献者作为聘任的破格条件，加之第四章附则第十九条规定"凡于学术有特别研究而无学位者，经大学之评议会议决，可充当大学助教或讲师"，体现了强烈的"以学诣为主"和"唯才是举"的聘任策略。这样，一方面体现对学术研究的重视，另一方面也体现教师职务聘任中的民族主义意识和"学术独立"的思想。

《大学教员资格条例》第三章则具体规定了大学教师资格审查内容、机构及相关程序等，对大学教师资格审查的内容规定基本延续《国立大学职员任用及薪俸规程》（1917）的思路，突出履历、文凭、著作品和服务证书等，与今天的大学教师职务评审申报材料基本一样，可见当时设计之科学。第三章最大的亮点是第十三条所规定的"大学之评议会为审查教员资格之机关"，只是补充规定"审查时由中央教育行政机关派代表一人列席"。第十四、十五条还规定由中央教育行政机关认可后发给证书。程序之严格，审查机关之明确，代表着近代大学教师资格制度设计达到较高水平，尤其是教员审查由大学评议会担负，体现了政府对大学行政自主权的尊重和授权，同时也暗含着政府对以评议会为中心的"教授治校"体制的并不张扬的默认。评议会、教授会是我国近代大学承载"学术自由"的组织框架即"教授治校"体制。《大学令》（1912）确认了这一体制，《修正大学令》（1917）保留"评议会"，取消"教授会"，《国立大学校条例》（1924）则由董事会取代"评议会"的职能，并将之改为议事机关，但又恢复了"教授会"。《大学教员资格条例》将教师审查权即聘任权归属校评议会，则意味着"学术自由"思想在教师职务审查这一人事核心环节中得以贯彻，大学教授真正拥有管理大学的核心权力，其意义是不可忽视的。当然，《条例》也体现着政府加强大学管制的意图，教师职务四等法的确立和相对严格的资格条件也有助于建立全国统一的大学教师资格标准，颁发全国统一的职务等级证书，客观上也与南京国民政府重视经济建设和社会建设的大政相一致。根据美国学者所认为的教育制度从前进到成熟的主要形态，是教育制度系统化和巩固化以及高等教育统一化，① 那么，《条例》的颁布无疑标志着我国近代大学教师制度的成熟，它所设计的职务等级和学位要求等有生命力且沿用至今。

　　与《大学教员资格条例》同期刊印的另一重要大学教师制度法规是《学校职教员养老金及恤金条例》及《施行细则》。② 近代大学教师制度已在资格、聘任、培养或进修、评价和奖惩、职务晋升等主要制度构件创

---

　　① ［美］力维孥：《论美以美会在华的学校教育工作》，《中国近代学制史料》（第四辑），华东师范大学出版社1993年版，第203页。
　　② 《学校职教员养老金及恤金条例》颁布时间为1926年11月2日，《施行细则》为1926年12月21日。因广州国民政府偏居南方一隅，条例并未真正施行。《大学院公报》再次刊布，说明条例继续在全国施行。因此，与《大学教员资格条例》一起考察是符合当时的实际情况的。

设上均达到了可以施行的水准，唯有退休制度尚属幼稚。从第五章论述中可知，我国近代大学曾在建立教师终身制上作过若干尝试，《国立大学职员任用及薪俸规程》首次规定了"终身恤金"的标准。有的大学如厦门大学等还制定《职教员养老金规则》（1926）等内部文件，但总体上比较简略，而且由于北洋政府时期战乱不断，经济发展迟缓，因而基本上还停留在设想上。《学校职教员养老金及恤金条例》及《施行细则》公布，表明我国近代教职员和大学教师退休制度的实际确立，为大学教师职业的稳定性和"安身立命"、"传道解惑"提供了保障性制度。《学校职教员养老金及恤金条例》共17条。它规定享受养老金的标准年限为"连续服务十五年以上"，"年满六十"，同时设置"特例"，包括退养、病退和公伤残废退养等。关于养老金的具体标准，以服务年资为标准分20年未满、20—25年及25年以上三类，由低到高递升。此外，对兼职教职员的养老金亦作了规定。至于恤金主要指职教员死亡时所发给家属（即法定继承人）的抚恤金，用于丧葬及家属困难补贴等。至此，可以说，我国近代大学教师制度设计已覆盖教师管理的基本领域和环节，其制度的系统化、规范化和现代化均已基本达成，剩下的制度建设任务是根据时代发展变化而进一步加以修订使之完善的问题。

南京国民政府对大学教师制度建设并未就此止步，而是在构建近代大学制度体系中继续探索大学教师制度的不断完善和提高现代化程度的课题，同时努力将"严格主义"教育政策转化为大学教师制度思想和制度内容。1929年7月26日，国民政府颁布《大学组织法》。同年8月14日，教育部又公布了《大学规程》。① 这两部重要法律法规，对高等学校分类设置作了相当科学的规定，一定程度上纠正了北洋时期大学设置过宽的问题。《大学组织法》共有26条。第一条规定大学办学宗旨，即大学应遵照国民政府提出的中华民国教育宗旨及其实施方针，以研究高深学术，养成专门人才。这一办学宗旨用法的形式规定下来，是对近代大学办学实践的最高肯定与理性总结，也是呼应经济社会建设对人才质量要求趋高的现实。本法按举办者（或设立者）层级将大学划分为国立大学、省立大学、市立大学和私立大学，接着规定大学实行"学院

---

① 中国第二历史档案馆：《中华民国史档案资料汇编》[第五辑第一编·教育（一）]，江苏古籍出版社1991年版，第171—178页。

制",并规定"大学分文、理、法、农、工、商、医各学院"(第四条);"凡具备三学院以上者,始得称为大学。不合上项条件者,为独立学院,得分两科";"大学各学院和独立学院各科,得分若干学系";"大学得设研究院"。从"学院制"到严定大学设置之条件,使得我国高等学校种类定型为大学、独立学院和专科学校(《专科学校组织法》,1929年7月26日国民政府公布),从而完成了我国大学设置的立法进程,体现了国民政府高等教育的"严格主义"政策导向,也表明较为自主的和多样化的高等教育体系的创立。本法重申"大学各学院教员分教授、副教授、讲师、助教四种",并明确"由院长商请校长聘任之",次之又规定"大学设校务会,以全体教授、副教授所选出之代表若干人,及校长、各学院院长、各学系主任组织之,校长为主席",但未明确规定校务会成员中教授代表的比例。在校务会之下,学院设院务会,学系设教务会议,也只有系教务会议"以系主任及本系教授、副教授、讲师组织之"。由此可知,大学实行校长负责制,教师聘任由院长与校长"分权"管理,体现教授治校精神的"评议会"和"教授会"并未进入法律条文,并由校务会及院务会取而代之。这表明国民政府强化了在大学立法中的"政府逻辑",即强调统一、统制和效率的立法主旨。自此,大学教师对"学术自由"的挚爱和追求,不再谋求法理上的支持,而是将关注点放入大学内部规章的制订与实施,包括尝试建立教职员工会,达成续延"学术自由"的生命之目的,从而逐渐形成与"政府逻辑"相对应的体现大学教师群体自由意志的"学院逻辑",如《交通大学组织大纲》(1929.7)仍坚持设"教授会"。当然,各大学由于校长治校思想的不同,有完全执行部令的,也有部分执行部令的,但知名大学大多是循着"学院逻辑"的。

《大学规程》由教育部公布于1929年8月14日,可视为《大学组织法》之实施细则。当然重点有异,《大学规程》更多的关注学系及课程、经费与设备、试验及成绩等教务方面的内容。《大学规程》第二条更为清晰体现国民政府关于大学整顿的基本思路,在坚持"具备三学院"方称为大学的原则基础上,提出"大学教育注重实用科学之原则,必须包含理学院或农、工、商、医各学院之一",这一规定强有力地影响了1930年开始的"院校整顿"运动,这在后一节中会作专门论述。其实,这种重视应用科学的原则还体现在同年公布的《改进高等教育计划》中,并对我国大学教师队伍结构产生深度的影响，同时也极为隐性地透露出国民政府对大学文科这一自由主义重镇的巧妙的规制或政策制约。

1927—1930 年，是国民政府教育法规集中制定与颁布之年份，其中关于大学教师的法律体系已基本完备。由于南京国民政府初期获得大学教师群体的一定程度的支持，因而颁布的相关法律法规开始在大学中施行，并取得明显的成效，其主要表现是大学教师队伍质量呈现上升趋势，从而促进了高等教育质量之提高。如《金陵大学教职工的职称分类及薪水等级条例》(1928.9 生效)[①]、《国立清华大学教师职务及待遇规程》(1930.6前通过，1934.6 重印)[②] 等较好地体现政府的法律意图和规范，同时又能结合本校实际有所修正，即"大处执行小处灵活"。金陵大学作为一所已获政府立案的教会大学所颁布的《教职工的职称分类和薪水等级条例》开章就明示"条例是根据国民政府教育部颁布的关于高校教师条例，并考虑到本校的经济条件和传统而制定的"。[③] 第二条规定金大的教师实行政府规定的四等法，明确提出教师的晋职"视他们的勤务和成绩而定"，并规定助教晋升讲师须"充任助教三年以上"，讲师晋升副教授须"充任讲师五年以上"，副教授晋升教授须"充任副教授五年以上"。这比《大学教员资格条例》所规定的晋升讲师年限多增 2 年，副教授再增 4 年，教授再增 3 年，应该说是比较科学的，与国际普通做法相近，而且与现在我国大学教师各级职务的任职年限相当，可见其条文的成熟性。此外，第三条还规定"在新教职员聘任以前，他们的资格由校长指派的聘任委员进行审查"，体现与部令的细微差别。《国立清华大学教师职务及待遇规程》第一章总则规定教师"分教授、合聘教授、讲师、专任讲师、教员及助教"，合聘教授、讲师为非专任教师，专任教师虽也分教授、讲师、教员及助教四等，但明显与部令不同，这与清华大学原属外交部管辖有关。同时，晋升高一级职务的年限也与部令不同，教授 2 年，专任讲师 2 年，教员 2 年。这里只是说明当时大学在教师制度建设上仍拥有一定的自主权，当然也反映各大学对本校历史传统和校情的充分尊重和尽力承继。有一点值得注意，那就是教师资格条件中对学

[①] 《南大百年实录》（中卷），南京大学出版社 2002 年版，第 192—195 页。
[②] 《清华大学史料选编》（第二卷·上），清华大学出版社 1991 年版，第 174—181 页。
[③] 是指《大学院公报》第一年第一期上所公布的《大学教员资格条例》。

术研究的重视，无论是部令，还是各大学规章，都或多或少地有在"学术独立"思想影响下的学术要素的条文，正如《金陵大学教职工的职称分类和薪水等级条例》所提出的"学校的政策是鼓励教员从事研究工作"，这与政府的高等教育质量主题是同步调的。早在1927年10月17日，教育部批准并公布的《国立京师大学校国学研究馆规程》第五条已规定"国学研究馆遇必要时，得配设学术委员会、各种会议及各种学会"。① 同年同月23日，蔡元培在总结北大办学时提出"北大特色，余意有二点：（一）研究学问。（二）思想自由"。② 1928年12月27日，国民党中央执行委员会常会通过了中央训练部提交的《保障学术人才办法》等，③ 提出保障学术人才七项办法：

（一）由国家设各种研究机关，聘致专门学者，而优其待遇，使得专心研究。
（二）厉行著作权法。
（三）由国家设印刷公费，补助学者印行学术专著。
（四）规定学术研究奖金办法。
（五）确定奖励学术研究奖励基金。
（六）确定退职教员养老基金。
（七）规定退职教员养老基金办法。
　　1. 规定一般教员养老基金额。
　　2. 规定有特殊研究或贡献之教员之养老金数额。

这七项办法，鲜明地体现对学术研究的重视以及鼓励措施。它与《大学教员资格条例》、《大学组织法》、《大学规程》等法律法规的立法主旨是一脉相承的，也是质量中心论的法理体现，客观上也是对"严格主义"教育政策的一种补充和平衡。

---

① 《北京大学史料》（第二卷·中册），北大出版社1993年版，第1461页。
② 高平叔：《蔡元培年谱长编》（下卷一），人民教育出版社1998年版，第93页。
③ 中国第二历史档案馆：《中华民国史档案资料汇编》[第五辑第一编·教育（二）]，江苏古籍出版社1991年版，第1413页。

第二节 "政校合作"与大学教师
制度的学术取向

　　1930年以后，我国著名大学纷纷易长，如北京大学由蒋梦麟继任校长（1930.12），清华大学由梅贻琦任校长（1931.12），中山大学由邹鲁任校长（1932.2），中央大学由罗家伦任校长（1932.8），翁之龙出任同济大学校长（1932.9），王星拱出任武汉大学校长（1933.6），任鸿隽出任四川大学校长（1935.8），何炳松聘任暨南大学校长（1935.7），竺可桢出任浙江大学校长（1936），萨本栋出任厦门大学校长（1937.7），陆志韦出任燕京大学代理校长（1934），等等，这也许只是一种历史的巧合，但细细品味会感到这也许是一种历史的必然。这一批新任校长大多具有留学（主要是留美）背景的教育家和著名学者，他们成批出任大学校长，无疑是与政府议题中的高等教育质量主题和大学更好地为国家建设服务的宗旨相吻合，尤其"九一八"事变之后，全国抗日氛围日趋浓厚，大学则成了"民族主义学者的天下"，"民族复兴"成为"民族独立"乃至"学术独立"思想的新阐释。时任教育部长王世杰也提出"用几年工夫或能创立一个风气，引导中国教育到复兴民族的大道上去"。[①] 在此背景下，这些大学校长肩负起挽救民族危亡和振奋民族精神之重任，在大学中掀起一场"改造教育"之风。这样，可以预示着下一阶段的大学教师制度建设会呈现多彩缤纷之局面。

　　新一代大学校长登台亮相，给当时高等教育带来了新气息和新局面。蒋梦麟任北大校长前是教育部长，他这种特殊的经历使他能在政府与大学之间担当"中间人"的角色。在办学上，他继承了前校长蔡元培的"思想自由，兼容并包"之理念，但又不泯个性，提出了"教授治学、学生求学、职员治事、校长治校"的主张；在政治上，他认同国民政府"统一"和"严格主义"的政策，尽量使北大向国民政府的教育主张和政策靠拢，使北大成为国家的文化中心。1931年12月3日，清华大学校长梅

[①] 王世杰：《中国教育的几个根本问题》，《革命文献》（第55辑），中央文物供应社1971年版，第55页。

贻琦（1889—1962）发表《就职演说》，① 提出"办学校，特别是办大学，应有两种目的：一是研究学术，二是造就人材"。他认为清华有较好的经济和环境条件，因而"在学术的研究上，应该有特别的成就"，并设定"清华在学术研究上应向高深专精的方面去做"。接着，他又从高深研究的需要出发提出著名的"大师论"。最后，他强调"我们做教师做学生的，最好最切实的救国方法，就是致力学术，造成有用人材，将来为国家服务"。为此，台湾学者苏云峰评论道："清华坚持学术自由，但亦配合和执行中央政府的高等教育政策。"② 中央大学校长罗家伦是一位充满个性且颇有争议的教育家。在任中央大学校长之前，担任清华大学校长近二年。他在清华推行比较激进的改革计划，企图使清华实现"廉洁化、学术化、平民化、纪律化"，从而"为树植中华民族在学术上独立的基础"承担历史责任。罗家伦的《中央大学之使命》集中反映了他的办学思想和大学教师制度观。③ 他认为大学要履行"对于民族的使命"，尤其是"九一八"事变之后，国难临头，"我们设在首都的国立大学，当然对于民族和国家，应尽到特殊的使命"，这种使命"就是为中国建立有机体的民族文化"。罗家伦眼中的"有机体的民族文化"，包括两种含义：第一，必须大家具有复兴中华民族的共同意识；第二，必须使各部分文化的努力在这个共同的意识之下，成为互相协调的。因而，他提出"研究是大学的灵魂"之论。新一代大学校长与严复、蔡元培、马相伯等老一代大学校长有相同之处，那就是信奉"学术自由"和民族复兴使命，努力将"学术独立"与"学术自由"融合于办学观念体中，不同之处是老一代大学校长以留欧为主，办学理念有着浓厚的理想色彩，信奉的是理想主义的自由观，常与政府的大学主张不太一致。新一代大学校长大多留美回国，奉行的是现实主义的自由观，主张大处与政府合作，小处充分自主。同时，新一代大学校长与政府有着一定的沟通渠道，加之政府竭力推进经济发展计划，使国民经济较快复苏与发展，从而保证了教育经费的足额拨付和逐年增加。在这种情势下，大学与政府出现历史上未曾有过的合作局

---

① 刘述礼、黄延复：《梅贻琦教育论著选》，人民教育出版社1993年版，第9—11页。
② 苏云峰：《从清华学堂到清华大学：1928—1937》，生活·读书·新知三联书店2001年版，第30页。
③ 左惟等：《大学之道——东南大学的一个世纪》，东南大学出版社2002年版，第65—69页。

面。当然，这种合作常常在实现民族复兴的层面上达成一致，而涉及大学内部管理尤其大学教师制度上，新一代大学校长的自由主义禀性依然顽强地存在着，使之更顺应广大教师的"学术自由"要求。这样，"学术独立"常常以"政府逻辑"显性出现。换言之，作为政府制定的大学教师制度方面的法律文本较多地体现"学术独立"之追求，作为各大学制定的大学教师制度方面的规章倾向于"学术自由"，但又常在"学术独立"与"学术自由"之间摇摆，若干部位达成了两者融合的较佳形态。

自1930年起，南京国民政府开展对高等教育进行整顿的"院校整顿"运动。这场运动历时五年，虽然有某些政治动因在内，但也有出于提高高等教育质量，为国家建设提供高质量人才的目的。1929年6月18日，国民党三届三中全会通过"关于整顿并发展教育决议案"，可以说是"院校整顿运动"的发端。1930年4月，第二次全国教育会议又通过《改进全国教育方案》。1932年12月，国民党第四届中央执行委员会第三次全体会议通过的《关于整顿学校教育造就适用人才案》中提出人才教育"应重质不重量，对于现有之大学及中学，应严加整顿，务使大学所造成者为真正之人才"，因而"大学宜提高程度，充实内容"。[①] 1935年11月5日，国民党四届六次中央全会通过了《教育改革案》，使这场运动有了实质性的行动框架。《教育改革案》提出"教育为民族生存所系，教育改进问题亦即民族复兴问题"。[②] 11月19日，国民党"五大"通过的《确定今后教育改进方针案》提出"全国公私立专科以上学校应力谋素质上之改善，办理完善者当助其发展；其根基薄弱或办理不良者，应严行取缔，以期继续提高高等教育之水准"，其中特别强调"提高专科以上学校师资之标准"。[③] 在这种背景下，教育部采取了一系列"院校整顿"措施，这些措施大多得到大学校长的基本认同和配合。1931年之后，教育部在大学教师制度上，则采取了推行教师专任制和提高聘任标准，加强教师出

---

① 中国第二历史档案馆：《中华民国史档案资料汇编》[第五辑第一编·教育(二)]，江苏古籍出版社1991年版，第1049、1051页。

② 中国第二历史档案馆：《中华民国史档案资料汇编》[第五辑第一编·教育(二)]，江苏古籍出版社1991年版，第1060页。

③ 中国第二历史档案馆：《中华民国史档案资料汇编》[第五辑第一编·教育(二)]，江苏古籍出版社1991年版，第1061—1062页。

国进修，改善教师待遇等。教育部高教司撰文提出"教员之质的增进，关系于教育成绩殊大。而所谓质的问题，不仅在于教员之资格，其待遇之高低，聘任之手续，工作之保障，与进修之机会等等，莫不为质的增进之重要因素"。① 教育部派部员视察大学，视察内容包括大学工作的全部，但重点是师资、院系设置和办学条件等。1933年12月28日，教育部发出的《改进私立复旦大学训令》中提出"兼任教员几占全数百分之八十，殊属不合，应切实减少，并选聘优良合格之专任教员"。1934年7月14日，教育部函发的《改进东北大学训令》，提出该校"现时经费师资俱形竭厥"，应整理院系，"以余款为充实设备及增聘专任教授之用"。《改进清华大学训令》（1934.7.13）肯定该校"教员选聘尚严，亦多专任，对于教学研究均能努力从事"，但也提出完善之处，即专任教授中"尚有一部分兼任他校功课，仍宜酌加限制，以树良范"。《改进国立武汉大学训令》（1934.7.20）肯定该校"各院教职员皆为专任"之好做法。《改进国立中山大学训令》（1935.5.15）指出"该校教员资历兼优者颇多，今后如更慎重选聘自愈能增进教学效率。至中外教授待遇过于悬殊，亦宜注意"。《致国立中央大学训令》（1935.5.11）则认为该校"教职员人数太多，应极力裁减"。《改进国立北平师范大学训令》（1935.7.4）中提出专任教员过少，并"实际仍多在外兼课兼职"之问题，要求该校"尽量延聘专任教员，严订办法，限制校外兼课"。② 教育部派员视察各大学的办学现状，只是一种应急之法，但可以视为制度实施过程中的督查环节。例如教员专任制，北洋政府已有法规规定实施大学教员专任制。国民政府教育行政委员会颁布的《大学教员资格条例》已明确规定"大学教员以专任为原则"。国民政府颁布的《大学组织法》第十三条规定"大学将聘兼任教员，但其总数不得超过全体教员三分之一"。因而，部员视察大学时，将教员专任制作为视察重点之一是有法有据的，因而训令中提问题直白、客观，要求整顿态度明朗、坚决。这样，对大学师资的改进起到了一定的督促作用，同时也有助于政府关于大学教师的法律法规得以真正的

---

① 教育部高教司：《全国高等教育概况》，《革命文献》（第56辑），中央文物供应社1971年版，第87页。

② 中国第二历史档案馆：《中华民国史档案资料汇编》［第五辑第一编·教育（一）］，江苏古籍出版社1991年版，第189—220页。

实施。

在部员视察大学同时，各大学校长根据教育部相关法令也在进行教师制度的改进与实施，其重点是教员专任制、教师进修制度和研究院所的创建等。换言之，这是各大学和大学校长贯彻国民政府大学教师法律法规和政策措施的一种实际行动。1930年4月12日，校长蔡元培致函北大，建议为"北大发展计，与其求诸量，无宁求诸质，与其普及，无宁提高"。蔡元培的"质量"和"提高"的话题深得北大评议会的赞同。① 蒋梦麟继任北大校长后，即提出"整顿北大计划"，最要者有二点：（一）减少教授上课时间，提高教授待遇，"绝对限制在外兼课，使教授有充分研究学问，富藏高深学问之储蓄"。（二）各学院平均发展。1931年4月27日，蒋梦麟会见《京报》记者时说：北大改进教授制度，限制教授在外兼课。同时，蒋梦麟校长认为"如既不提高教授待遇，又不充实图书馆，则全国高等教育毫无办法"，② 于是在不改变国民政府教育行政委员会1927年9月颁布的《大学教员薪俸表》的基本原则前提下，重新制定北大教师薪金标准，并且拉开教授职务等级之间待遇差别。据李向群、陈育红考察研究，1931—1934年间北大教授平均月薪均在400元以上，最高可达教育部设定的教授一级薪金500元，其中外籍教授最高月薪700元；副教授平均月薪在280—300元之间，最高达360元，高于"部定标准"20元；专任讲师平均在160—250元之间，最高为296元（1933），高于"部定标准"36元。助教月薪平均亦在80—90元之间，最高可达192元，仍高于"部定标准"12元。③ 由此可见，当时北大教师月薪差距较大，仅就平均月薪比较，教授薪俸大约为讲师、助教月薪的5倍。这一数字远高于1927年《大学教员薪俸表》最高级教授与最低级助教薪俸之差距。这种类似的改变，在北大及其他大学中"习以为常"，成为近代大学教师制度演进中的一大特征，也从一个侧面反映了教授在近代大学中的至高地

---

① 《蔡校长来函（1930.4）》，《北京大学史料》（第二卷·上册），北京大学出版社2000年版，第70页。

② 《蒋梦麟谈话》，《京报》1931年4月28日，《北京大学史料》（第二卷·上册），北京大学出版社1993年版，第71页。

③ 李向群：《1931年至1932年北大教员工资收入与当时物价情况简介》，《北京档案史料》1998年第1期。陈育红：《战前中国大学教师薪俸制度及其实际状况的考察》，《民国档案》（南京）2009年第1期。

位。1934年，北大依据教育部颁布的《国外留学规程》的基本制度精神，先后出台了《资助助教留学规则》、《国立北京大学教授休假研究规程》等，构建具有北大特色的教师进修制度。《资助助教留学规则》提出下列两种情况可"由学校资助留学"："（a）在校服务满五年以上勤于职务者。（b）兼作研究工作，确有相当成绩者"，并规定助教留学第一年薪金照支，第二年如成绩优良也可向学校申请延长。《国立北京大学教授休假研究规程》规定："本大学教授连续服务满五年者，得请求休假一年，如不兼事支半薪。"（第一条）："在休假期内赴欧美研究者，支给全薪，并给予来往川资各美金三百五十元"（第三条），此外，还特别规定"休假者于休假期满后有返校服务之义务"。[①] 这两个规程，其目的是提高师资的学术水平，以完成国家政府赋予北大要成为"文化中心"的使命。1934年《私立燕京大学组织大纲》[②] 指出燕京大学遵循《大学组织法》、《大学规程》和《私立学校规程》，确定办学宗旨为"以教授高深学术，发展才智，道德，体力，成国民领袖，应中华民国国家及社会需要"，并明确校训为"因真理得自由以服务"；第五条规定"所有教职员之聘任与退辞，等级升降，薪金多寡，以及休假等事项，均由校长决定，由铨叙委员会（注：类似于大学聘任委员会）协助办理，但须经校务执行委员会认可"。这与《大学组织法》相关规定有细小的不同。燕大因教会大学故最后需报校务执委会认可，而校长的聘任决定的前提是经铨叙委员会审议。这实质上是一个教师聘任的"合议制"，具有一定的民主色彩，比部颁法令要有自由度。1934年6月，中央大学校长罗家伦在《两年来之中央大学》一文中指出："此两学年中，幸赖政府之维持和指导，及全校一致之努力求进，差臻安定之局，而粗树充实与发展之基础"。接着，罗列了两年来中央大学改进之处：整理院系、整理课程、集中学者注重专任、增加建筑及设备、维持发薪定期力求教职员生活安定、力谋与学术机关合作，并与国家及社会事业成一片等，并声明"大学教育本应重质而不重量，且必须如此，方能提高程度，发展学术"。[③] 从上面几个例子中可见，

---

① 《北京大学史料》（第二卷·上册），北京大学出版社1993年版，第436—437页。
② 吴惠龄：《北京高等教育史料》（第一集·近现代部分），北京师范学院出版社1992年版，第192—193页。
③ 《南大百年实录》（上卷·中央大学史料选），南京大学出版社2002年版，第314—320页。

1930年之后随着新一代大学校长领导著名大学，大学与政府的关系有了较大的改善，"政府逻辑"与"学院逻辑"在大学教师制度建设上有多个部位出现了融通和协同之局面。同时，大学又依靠教授的主体力量对政府的大学教师政策进行一些微调和变通，使之更适应本校的需要。此外，新一代大学校长时常不忘向政府提出办好大学和建设师资队伍的要求，如罗家伦1934年1月15日在国民党中央党部总理纪念周上讲演中提出："先从整顿几个重要的大学着手，政府应该下决心，首先尽力发展几个大学，集中有限的财力和人力，充分给与经费与设备，将几个大学整顿好来，以造成新的学术重心"。[1] 这样，大学就出现了蓬勃发展的形势，教师队伍也茁壮成长。

1927—1929年，由于国民政府集中制定了一系列高等教育法规，从而完成了大学教师制度的体系构建，使之呈现成熟形态。于是，1929—1937年大学教师制度建设重点就转向实施好相关法律法规，因而采取了"院校整顿"方法推行其更好更快地实施。诚然，一项制度的完善是需要与时俱进、永无止境的。国民政府在督查各大学法规贯彻情况的基础上，仍适时地制定了《中央大学区派遣出洋员生大纲》及《暂行办法》、《大学研究院暂行组织规程》、《学位授予法》等若干部与大学教师制度密切相关的法规，进一步丰盈和完善了大学教师制度体系。1929年1月，大学院颁布的《中央大学区派遣出洋员生大纲》显然是试行大学区的制度产物，但这个文件对大学教师出国进修制度之完善极为重要。该《大纲》及《暂行办法》涉及大学教师出国留学的内容：[2]

一、本大学区派遣出洋员生，分研究、考察、留学、津贴四种。

二、研究员以本大学本部教授、副教授暨直辖教育机关之教员（具有副教授以上资格者）继续任职在三年以上、有优良之成绩者充之。

三、考察员在学术方面以本大学教授、副教授继续任职在三年以

---

[1] 中国第二历史档案馆：《中华民国史档案资料汇编》[第五辑第一编·教育（一）]，江苏古籍出版社1991年版，第291页。

[2] 中国第二历史档案馆：《中华民国史档案资料汇编》[第五辑第一编·教育（一）]，江苏古籍出版社1991年版，第363—364页。

上、有优良之成绩者充之,行政方面,以本大学区各教育机关职员具有副教授以上之资格、继续任职在三年以上、有优良之成绩者充之。
——《中央大学区派遣出洋员生大纲》。

一、本大学区留学欧美官费生,由本大学举行考试选派之。
二、此项官费生以苏籍为限。
三、应考官费生,须具有国立大学或已立案之私立大学毕业资格,而通习各该留学国文字者。如具有国外著名大学或国内国立大学毕业资格,并曾任国立大学教授、副教授、讲师或助教,继续在二年以上,而通习各该留学国文字者,得酌免一部或全部试验。
——《中央大学区派遣欧美留学生暂行办法》。

这组文件虽然是针对中央大学区的,但因特殊的区域和文件本身的先进性,纷纷被别的省市所模仿和借鉴,因而说具有普遍意义。大学教师出洋考察,自清末近代大学诞生以来就有此项制度,但这组文件不但将大学教师纳入留学生选派范围还突出出国进修的研究性,是具有开创性的。此后各大学的选派教师留学定位于"研究外国学术","实为一大进步,此乃制度上之改革"。1931年4月22日,国民政府还公布了《学位授予法》,[①]在我国历史上第一次设置现代化的学士、硕士、博士三级学位体系,并特别规定"曾任公立或立案私立之大学或独立学院教授三年以上者"可经教育部审查合格后列为博士学位候选人。这无疑是加强大学教师队伍,提升师资质量的制度性措施。上述规制,都是"政校合作"的制度性成果。

我国近代大学自20世纪20年代以后,便渐渐认识到科学研究在大学发展和教师成长中的巨大作用。到了30年代,大学的科学研究职能得以确立,科学研究事业有了迅速发展的良好局面。这一方面是由于政府根据国家建设之需要从政策上的引导;另一方面也是大学发展到这个阶段的必然结果。当大学一旦进入内涵发展阶段,那么学术水平的提高自然成为题中之义,而且会成为大学教师制度的内核。这是中外大学发展史所证明的

---

① 中国第二历史档案馆:《中华民国史档案资料汇编》[第五辑第一编·教育(一)],江苏古籍出版社1991年版,第1384页。

一个基本经验。况且中国是个饱受外国列强欺侮，从灾难中走出来的古老而又新生的国家，"促进科学之独立与发展"已成为各大学共同追求的理想和使命。正如清华大学校长梅贻琦所说的"近年本校制度改变，注意在学校本身的发展"，即向高深专精的学术研究方向发展，① 因而创办各科各种研究院所成为大学着力的一项工作。为此，国民政府教育部"为谋吾国学术的提高与独立"，于1934年5月19日颁发了《大学研究院暂行组织规程》。这是我国第一部关于大学研究机构的专门规制，可以说是近十余年我国大学创办研究院（所）的实践总结和系统规范。虽然它不是大学教师管理的直接性法规，但由于研究所特有的性质和功能，以及教授在研究中指导和开展科研的主体地位，从广义上讲可视作大学教师管理规制的一个有机组成部分（包括此前公布的《学位授予法》）。本《规程》共14条，一开篇即界定研究院设立目的是"供给教员研究便利"和招收研究生，"研究高深学术"。接着规定研究院下设文、理、法、教育、农、工、商、医各研究所，"凡具备三研究所以上者，始得称研究院"。第五条则提出准许设置研究院（所）之大学须具备三项条件，其中之一是"师资优越"。② 教育部这一法规得到了一些较高水平大学的高度认同。同年同月，清华大学修正通过了《国立清华大学研究院章程》。交通大学早在1931年就颁布了《国立交通大学研究所暂行组织规程》。北大是我国近代大学中最早创办研究所的著名大学，1930年8月制定《国立北京大学研究院章程》，1935年6月又修订了《国立北京大学研究院暂行规程》。这些规章的制定与实施，表面上是贯彻和遵照政府的规制，实质上是大学发展中的自觉，是大学自觉担当国家、民族与自身发展双重责任的具体行动。正如罗家伦就任清华大学校长时所说的"要国家在国际间有独立自由平等的地位，必须中国的学术在国际间也有独立自由平等的地位。把美国庚款兴办的清华学校正式改为国立清华大学，正有这个深意。我今天就职宣誓的誓词中，特别提出'学术独立'四个字，也正是认清这个深意"。③ "学术独立"思想无疑是大学设立研究院所的"深意"，也

---

① 清华大学校史研究室：《清华大学史料选编》（第二卷·下），清华大学出版社1991年版，第700页。

② 宋恩荣、章咸：《中华民国教育法规选编》，江苏教育出版社1990年版，第421页。

③ 罗家伦：《学术独立与新清华》，《清华大学史料选编》（第二卷·上），清华大学出版1991年版，第199页。

是国民政府时下的大学教育立法精神。可以说，"学术独立"在政府与大学之间取得高度的一致。当然，涉及研究院（所）的组织管理，政府与大学之间认知上是有分歧的。大学常常想把研究院（所）办成学者"自由的栖息地"，而政府又企图从思想上控制这一学术高地，成为政府推动"府治"的工具。

第三节 "非聘即走"与大学教师的自由流动机制

清末近代大学无独立的大学教师聘任制度，依照官制选调教师，因而"任期制"是主要的本土制度形态。民国北洋政府时期基本沿用清末旧制，但《国立大学职员任用及薪俸规程》（1917）有正教授、助教经过一年试教"期满若双方同意，得订立长期契约"的规定，而且北大、广东大学（中山大学前身）等也做过"终身制"之尝试，但因时势、财力、观念和大学教师队伍现状诸多因素的制约，"终身制"这一西方大学教师核心制度终究没有在中国大学土地上扎下根来，反之却形成了与经济市场主义和近现代工业文明相契合的自由流动机制，其显著特征是"非聘即走"。这无疑是文化移植的"变异"现象，同时也是近代大学教师制度中最闪亮的"中国特色"。

"自由流动"与"学术独立"之思想是有密切联系的。甲午之后，近代大学在民族危亡中诞生，因而谋求国家与民族的独立成为办学的最高目标。作为大学制度的核心要素的大学教师制度自然就安上了"学术独立"这一"灵魂"。由此推及，采用"聘期制"，构建竞争机制正好符合国人的民族独立急迫心理和方式。到"五四"新文化运动时期民主与科学这一新的民族精神在大学及研究界普遍得到认同和确立，并演化为大学的理念和知识分子的信仰，也成为大学教师制度的"学院逻辑"的主线，并且在若干个阶段里得到民国政府的默认甚至是法规的确认，如《国立大学校条例》（1924）等。这样，就给'学术独立'赋予了自由主义使命，或促使两者的融合。因此，在1930年开始的"院校整顿"运动中，虽然"厉行教师专任制"，但并没有演进为"终身制"，继续为自由流动设置更加宽松的条件和政策，这说明中国的政府和大学从国情出发均赞同和推行大学教师自由流动制度。这些都体现在立法、思想及行为等多个领域之中。

　　近代大学的自由流动机制，主要包括自由择业与自主聘任两方面。最早对与择业相关的居住迁徙自由之法律规定是《中华民国临时约法》（1912.3.11）。其第二章"人民"第六条中规定"人民享有的自由权"包括"人民有言论、著作、刊行及集会、结社之自由"和"人民有居住迁徙之自由"。1914年公布的《中华民国约法》第二章第五条仍规定"人民于法律范围内，有居住迁徙之自由"。1923年10月10日颁布的《中华民国宪法》则第一次以最高法形式规定："中华民国人民有选择住居及职业之自由，非依法律，不受制限。"选择"职业之自由"为大学教师自由择业提供了大法依据。南京国民政府1931年6月1日公布的《中华民国训政时期约法》第二章"人民之权利义务"第十二条仍规定"人民有迁徙之自由"，第四章"国计民生"第三十七条又规定"人民得自由选择职业及营业"，第三十八条进一步规定"人民有缔结契约之自由"；第五章专列的"国民教育"中规定"学校教职员成绩优良久于其职者，国家应予以奖励及保障"。直到1947年1月颁布的《中华民国宪法》仍规定"人民有居住及迁徙之自由"，"人民之生存权、工作权及财产权，应予以保障"。① 宪法是一个国家的根本大法，其他所有法律法规都得以宪法为根本依据，不得与宪法精神和内容相抵触和不一致。民国成立以来，国民政府先后颁布的宪法或宪法草案，始终不变的宪法原则是尊重、确立和保护人民居住迁徙和职业选择的自由权。这为民国以来的大学教师以择业自由和聘任自主为特征的自由流动机构提供最根本的法律基础。除《国立大学职员任用及薪俸规程》（1917.5）借鉴西方大学"终身教职"制提出"长期契约"之制度设想外，其他由国民政府（或行政院）和教育部颁布的有关大学教师管理的法律法规均以有期限聘任为基点。《教育部直辖专门以上学校职员薪俸暂行规程》（1914.7）将直辖学校分专任、兼任二种，并规定大学专任教员需周授课时间10小时以上，但没有对专任教员聘期作明确规定。按惯例，没有新的法律规定，那就循过去的法律和通例，这就意味民元以后大学教师聘期制仍在继续施行。《大学教员资格条例》只规定大学教师职务等级、资格条件以及晋升的服务年限规定，并

---

① 夏新华等：《近代中国宪政历程·史料荟萃》，中国政法大学出版社2004年版，第156—157、471、522、831—833、1105页。

强调"大学教师以专任为原则",但并未对聘期作任何文字的表述。1934年4月28日修正的《大学组织法》只是规定大学教师"由院长商请校长聘任之",也没有涉及聘期的问题。这是一种忽略,还是有意为之?从史料不难得出,南京国民政府所制定的法律和政策均鼓励大学教师"久于其职",认为这是提高高等教育质量和发展科学事业所必需,但没有将增强大学教师队伍稳定性要求推进为"终身制",而是仍采用自由流动的政策取向,用竞争机制来谋求骨干教授的稳定。以笔者论之,这是国民政府的有意为之,是鉴于当时国家处于从军政转为训政时期且百废待兴,以及大学发展也处于成长期这一国情而作出的理性选择。舒新城对此指出:"我以为要以教育为终身事业,有一个前提要先决定,就是说:他的学业要与时俱进,足以继续担任这种事业。但把中国近年教育界情况回想一番,能具这种条件的有多少"。[①] 同时,值得重视的是当时的民族心理特征,即全国人民对民族复兴、国家强盛充满着期待和焦虑,因而心理上总倾向于以竞争促使教育学术快速发展,从而立于世界先进民族之林。在这种民族心理下,大学教师自由流动机制便顺势成为大学教师制度的有机构件和政府、社会、大学的共同选择。

　　立法的原则精神源于社会思潮。换言之,法律与文化有着密切的关系。从某种意义上讲,法律的产生和发展反映了不同时代背景下共同的文化现象,而社会思潮正是这种文化现象的重要标志物。美国学者基南在《杜威在中国的试验——民国初期的教育改革和政治权力》一书之第三章对1919年中国在杜威实用主义影响下产生的"新教育改革"运动所具有的自由主义品性作了深入而又有见地的分析。他指出,为了反对教育从属于政治,新教育改革家们(以蒋梦麟为代表)就与新文化运动的改革家们(以胡适为代表)联合起来,"因为新文化改革家们正在试图把知识分子和那些为统治的政治秩序服务的旧文人分离开来"。蔡元培、蒋梦麟、胡适、顾颉刚、傅斯年等学者一致认为,"在新社会里,知识分子应该脱离政治",从而鼓吹"教育独立"。这样,使原先由民族独立意识下形成的"学术独立"思想有了新的内涵,即与政治相脱离的"高等学术之独立"。基南十分肯定地下了如下论断:"'新教育运动'反映了教育界转变成为新社会主人的愿望,既然是这样,专业教育家也希望在多元民主制度

[①] 舒新城:《关于"学术独立"的通信》,《教育杂志》1922年第2期。

下成为自由职业者"。① "自由职业者"是近代中国进入民主共和国家之后开始流行的近代词。"自由职业者"和"自由职业团体"的称呼,在民国时期的报刊和官方文件中均已频繁出现。所谓"自由职业者",在民国时期主要是指需要通过专门的考试,取得资格后得以从事专门职业的人,范围包括律师、医师、会计师、工程师、审计师、教师、记者等。② 由于这些人共有的一大特点是具有某种专门技术或技能,且具备独立从业和自由择业之基本条件,所以有学者将其称之为"近代中国的专业群体"。据有的学者研究,国内的研究者对近代中国的自由职业者特点的解释并不完全一致,但对其特点的概括有以下几点是共识的:(1)近代新式知识分子,并以此身份投身某一职业。(2)经过系统学习,具有对某一行业的垄断力。(3)职业生涯相对独立,可以自我聘雇。(4)经济地位和社会地位远较一般劳动者为高,一般可归入"中等阶层"之列。③ 我国近代大学教师由于具有身份自由、流动自由和工作相对自由等特征,因而被归入"自由职业者"的行列。事实上,民国以后的大学教师普遍认可"自由职业者"的社会身份,而且将"自由流动"视为"自由职业者"的基本权利,并且又将之与"学术独立"联系起来,视"自由流动"为"学术独立"自由主义使命在教师聘任制度中的精神体现和具体形式。国民政府也认同"自由职业者"之说法,并将其列入立法讨论之范围。1929 年 5 月,中央法制委员会曾上会讨论是否应对自由职业群体进行专门立法的问题。这可能是"自由职业者"一词首次出现在官方的词汇中。此后,中央法制委员会将"自由职业团体"列入单行法规之立法范围,如律师、会计法之类。尽管国民政府最终没有就"自由职业团体"进行专门立法,但其概念经过讨论而流播全国。到 1949 年,有学者仍认为大学教师等是"自由职业者"。④ 这实际上间接地为大学教师"自由职业者"身份提供了法源和舆论引导。

既然大学教师是"自由职业者",那么大学教师聘任制采用"自由

---

① [美] 基南:《新教育改革运动发展及其在 1922 年前的发展》,《中国近代教育史资料汇编·学制演变》,上海教育出版社 1991 年版,第 1087 页。

② 朱英:《自由职业者:近代中国社会群体研究的新领域》,《华中师范大学学报》(人文社科版) 2007 年第 4 期。

③ 尹清:《中国近代自由职业群体研究述评》,《近代史研究》2007 年第 6 期。

④ 董渭川:《中国教育民主化之路》,中华书局 1949 年版,第 129 页。

流动"机制便消除人们观念上的障碍,加之近代中国独有的社会环境——战争频发、经济发展缓慢、政治多变而趋于保守等,政府和大学在大学教师制度上取"自由流动"机制似乎是"别无选择"的。初是无奈之举,经过风雨洗礼和历史浸泡,最终却成为近代大学教师制度中最大的亮色和最鲜明的中国特色。这也许是近代大学教师制度设计者所未预料到的。

从立法到社会思潮,大学教师"自由流动"机制都顺流而下,于是大学的具体实践便是关键的环节。应该指出的是,大学教师"自由流动"机制的确立并未顺着立法、思潮、大学实践的路径而成。它们之间是一种互相夹杂、难分先后的关系,这里只是为了论述清晰的考虑才如此排列的。不过,近代大学的教师"自由流动"的人事实践也许是确保大学教师学术自由独立的最为重要的基础,而且近代大学在这方面确实做得比较成功,效果甚佳。难怪当代学者用一个神往的口吻论述那段历史:"旧大学里的教授是自由流动的。所谓自由流动,是指大学校长有聘任教授的自主性,而教授也有自己选择大学的自由,自由流动其实就是迁徙自由和择业自由的具体化。由于过去的教授社会地位较高,经济上相对也有保障,这使自由流动成为教授生活的一种常态,就是说,过去的教授一般不会在一个自己不喜欢的大学里混下去,因为有自由流动的机制,也就给教授们提供了较为宽阔的生存空间,过去的教授很少终身在一所大学里工作的,特别是年轻教授,他们的流动性是很大的,流动本身是一种双向选择的机制,教授在选大学,大学也在选教授,教授最终固定下来的大学,通常就是他们比较满意的大学,这种自由流动的机制,对于展示一个人的才华是有促进作用的,也能保持教授学术上的活力。"[1] 就是那个时代的亲历者,也对"自由流动"充满敬畏。曾任清华和西南联大教授冯友兰说:"教授的聘书虽然是每两年发一次,但一般的教授都觉得自己的地位很稳固。"[2]

"非聘即走"是我国近代大学教师自由流动机制的外在形式,其物化形态则是聘书和聘任合同。广东大学早期曾试行过教授"续聘至四年者任期无限"之聘约。改为国立中山大学之后,重新厘定大学规章,并于

---

[1] 谢泳:《大学旧踪》,江西教育出版社1999年版,第43页。
[2] 冯友兰:《五四后的清华》,《过去的大学》,长江文艺出版社2005年版,第136页。

1927年3月1日公布了新的《国立中山大学章程》。其中关于教师聘任条文作了较大的修改，放弃"终身制"之努力，改为聘期制，规定教授、副教授、助教授聘期均为一年，讲师则为一学期，并设置"正教授"之中山大学特有的教师职位。这一改变，加之该校处地浓厚的革命气氛和大学领导人的竭力倡导和多方物色，从1926年8月改名至1927年夏秋之间，中山大学聘来了一大批名流学者，包括一些1925年11月底辞职离校的名教授。如朱家骅、施存统、鲁迅、徐信符、孙伏园、孙福熙、傅斯年、何思敬、许德珩、汪敬熙、冯友兰、俞大维、江绍原、许寿裳、容肇祖、朱物化、辛树帜、康辛元、何衍璇、陈可忠、董爽秋、斯行健、陈焕镛、谢家荣、乐森璕、张云、费鸿年、顾颉刚、罗常培、罗膺中、刘奇峰、庄泽宣、俞平伯、赵元任、周佛海、杨振声、丁山、吴瞿安、沈刚伯、陈功甫、毛淮等人。① 北京大学由蔡元培任校长期间，也曾尝试教授"终身制"，但1930年蒋梦麟继任校长后，"终身制"之试验便悄然而止。1931年4月27日，他在接受《北平晨报》记者采访时明确表示"今后新教授聘任为一年，旧教授聘任为二年，是则学校与教授之责任，双方不觉过重，余拟致函各教授，以前聘约一律至七月底失效"。此后，北大校务会则根据蒋梦麟校长的意见和国民政府的相关法律制定了关于教师聘期制的具体条件、程序和手续等。山东大学在30年代教师职称分为教授、讲师和助教三级。学校专门设有聘任委员会，负责对拟聘教授、讲师、助教的审查。山东大学规定教授任教满一年，续发聘书，多数一次续聘三年。这与部令和其他大学有所不同，体现其制度之个性。② 南开大学是近代著名的私立大学，据有的学者研究，该校早期教师队伍建设的最大特点是"非聘即走"。"南开解聘人员，皆在学年结束前知照当事者，俾得早作新职洽商"。同时，又强调引进各科学术带头人和海外优秀人才，从机制上保证教师队伍有进有出，似活水流淌。③ 1932年，《私立南开大学章程》规定实行校长负责制，但又设置校评议会，巩固广泛的民主基础。这与《大学组织法》规定设校务会相悖，说明南开仍坚持自己的办学理念，"学术自由"这一"学院逻辑"仍在发挥作用。《国立四川大学延聘教员

---

① 黄义祥：《中山大学史稿：1924—1949》，中山大学出版社1999年版，第136—137页。
② 《山东大学百年史（1901—2001）》，山东大学出版社2001年版，第57页。
③ 吴民祥：《中国近代大学教师流动研究》，浙江大学博士论文，2005年，第78页。

规则》（1936年印）有聘书、初聘书之期限、续聘书、辞退及辞职、薪俸、授课时间及请假及附则等七部分内容，极为规范。① 第四、五条规定："教授、副教授、助教之初级聘书，无论何年何月致送，均以第二学期末，即七月三十一日为终期"，"特约教授及讲师之聘书，不预定期限"。这里把"讲师"仍作为兼职教师。这样，专任教师均实行聘期制。第六、七、八条规定"续聘书"相关内容：（1）每年7月1日至15日为续聘之期，续聘期以1年为限，即自本年8月1日起至次年7月31日止。（2）教授、副教授、助教若至7月16日尚未接到本大学续聘书者，即作为解约。（3）教授第二次续聘期满后，未经通知解约者，其续聘书继续有效。第十、十二、十三条则规定"辞退及辞职"后补偿和手续办理："聘书期限未满以前辞退之教授，副教授，助教，应加送下月薪修一个月"，但作为解约之教授，副教授，助教，不加送薪。"教授、特约教授、副教授、助教欲辞退时，须于一个月以前通知校长"。从上述条文中可知四川大学虽然偏于西南一隅，但大学教师聘任政策与全国是同步的。从全国而言，各大学对教师的初聘、续聘、辞聘、解聘等大多有明确规定，是建立在校方与教师双方协商基础上的，比较平等和自由。尤其是教师辞聘，只需提前一个月告知校长即可，不需要有太多的理由和手续，去留自由，全在自愿自主。这是一种完全意义的自由流动机制，民国以来全国无论国立、公立（省市立）还是私立（包括教会大学）都得到广泛的实施。近代大学的教师队伍尤其是20世纪30年代以后始终保持着不断上升的趋势，大学发展进入"黄金时代"，很大程度上是由于"自由流动"之功，即"通过不同高校之间争夺优秀教员的竞争机制，来确立他们的相对水平。好的教授自然会有别的大学花大价钱来挖"。② 这样，就形成大学教师的"外部市场"，办得好的大学和有足够的经费聘请教师的大学，或学术环境好的大学，或其他大学都会在这个"市场"上争抢师资，同时又在大学内部不断筛选教师，有聘有辞，因而使师资水平犹如水涨船高，持续提升。正如吴大猷所说的，"一个大学之解聘不胜任的教授，和延聘优异教授，同样的重要"。他还认为"解聘教授，自应有正当理由，

---

① 《国立四川大学延聘教员规则》，《国立四川大学一览》，1936年版，"规章"，第14—15页。

② 钱理群、高远东：《中国大学的问题与改革》，天津人民出版社2003年版，第58页。

但'职业保障',不能构成反对解聘的理由"。① 近代大学由于实行"自由流动"之大学教师政策,"非聘即走"成为一种正常的人事程序,因而阻力较小甚至"未闻有抗议或诉诸报章"。

其实,各大学在实行"非聘即走"的教师自由流动制度外,大多花极大的精力去营造适合优秀人才发挥作用的自由度较高的学术环境。吴大猷回忆南开时指出:"我以为一个优良的大学,其必需条件之一,自然系优良的学者教师,但更高一层的理想,是能予有才能的人以适宜的学术环境,使其发展他的才能。从这观念看,南开大学实有极高的成就。"② 客观地说,这种"自由流动"的机制,与"适者生存"、"优胜劣汰"的生物进化论较为符合,一方面竞争使好的更好,另一方面也使一些年轻的或较为薄弱的大学在竞争夹缝中艰难生存,影响人才培养的质量。陈东原在1941年就发文指出近代大学教师"聘任制度有流弊",主要是这种自由制度存在聘约双方信息不对称和校长权力过大和办理程序缺乏规范等,结果导致"党同伐异,教授每随校长而进退。此去彼来,明争暗斗,为近年国立大学极普遍之现象"。③ 这实际上只讲到"自由流动"机制导致人事关系复杂性的一个方面,另一方面又是优点,正如现代学者所评述的近代大学"是真教授就不愁没有去处,当年(注:1927年)鲁迅在中山大学,后因傅斯年又聘了顾颉刚来中大,而鲁迅和顾颉刚有积怨,不愿呆在一个学校,所以很快就离开了。由于有自由流动的机制,大学里教授之间的矛盾一般能够减至较低程度"。④ 诚然,世上没有一种十全十美的制度,近代大学教师自由流动制度也同样,但其优点是主要的,这是民国大学迅速发展的史实得以印证的。

---

① 吴大猷:《南开大学与张伯苓——大学和校长的特色》,《南开大学校史资料选编》,南开大学出版社1989年版,第76、77页。

② 吴大猷:《南开大学与张伯苓——大学和校长的特色》,《南开大学校史资料选编》,南开大学出版社1989年版,第76、77页。

③ 陈东原:《论我国大学教员之资格标准与聘任制度》,《高等教育季刊》(创刊号)1941年第1期。

④ 谢泳:《大学旧踪》,江西教育出版社1999年版,第44页。

第四节 "学界领袖"之造就与
民间力量的介入助推

1927—1937年是我国近代大学迅速壮大的时期，质量主题始终成为政府和大学政策与制度的中心思想和基点。从发展阶段看，戊戌为大学诞生期，庚子至清朝消亡为大学幼年期，民元至1927年为大学成长期，南京国民政府成立至抗日战争爆发无疑是大学发展的成熟期或黄金期。后一个时期，也是大学教师制度的成熟期。换言之，有了大学教师制度的成熟，才有近代大学的黄金时代。在一定程度上说，大学教师制度和教师队伍建设决定大学发展的阶段性。在成熟期里，大学教师制度建设的重点是大学教师的社会保障制度和关涉师资质量提高的进修、资格、聘任等制度要素的完善和提升。从质量主题铺陈开来，引进和培育学术带头人或学科带头人，自然会成为教师制度建设中不可或缺的重要组成部分。顾敦鍒于1932年撰文提出"应以重金遴聘世界著名硕学及本国共仰之名士担任教授，则大学之程度地位自然提高"。[①] 这也是"大师论"、"灵魂论"等重要大学教师思想产生于本时期的现实因素和某种必然性。

从政府政策层面看，重点是对大学教师制度的基准设计，而对具有特殊性要求（如学术带头人的造就等）的相关制度规定大多要依靠各大学的自主和创新。这样，大学校长的大学教师观就显得十分重要，这也是大学教师制度演进中的关键因素。在近代中国，并无学术带头人或学科带头人之语，它只是个现代词汇。与之相近的近代词汇有"良好教授"、"第一流教授"（钱端升，1925）、"好教授"、"大师"（梅贻琦，1931）、"学界领袖"、"第一流人才"（胡适，1918，1947）、"学术导师"（蒋梦麟，1922）等，其含义是基本相同的。值得重视的是梅贻琦就任清华大学校长的当天即1931年12月3日发表了他的"就职演说"。这份"施政纲领"按照办学的基本要素财力、师资、培养人才和校风铺陈而开，从实而虚，构筑了他的大学教育思想之"高地"。最令世人惊叹的是"大师论"。梅贻琦从清华大学要保持在"高深专精"学术研究上的"特殊地

[①] 顾敦鍒：《对于全国教育亟应改进之意见》，《革命文献》（第54辑），中央文物供应社1971年版，第420页。

位"出发,阐述了大学"研究学术"、"造就人材"两种目的,于是提出:"我们要向高深研究的方向去做,必须有两个必要的条件,其一是设备,其二是教授"。他论及选聘教授之难时说:"一个大学之所以为大学,全在于有没有好教授。孟子说:'所谓故国者,非谓有乔木之谓也,有世臣之谓也',我现在可以仿照说:'所谓大学者,非谓有大楼之谓也,有大师之谓也'"。那么,"大师"的基本标准是什么呢?梅贻琦认为,"大师"要"教导指点"学生和教师的智识,还有"我们的精神修养,亦全赖有教授的 inspiration"。但是,"这样的好教授,决不是一朝一夕所可罗致的。我们只有随时随地留意延揽而已。同时对于在校的教授,我们应当尊敬,这也是招致的一法"。① 梅氏眼中的"好教授"是有很高学术水平的人,同时又是品德高尚、全面育人的人。这样的"好教授"自然难选难聘,正因为少才称之为"大师",这实际上为大学学科带头人选拔与培养树起一个广告牌或旗帜。我国近代对大学教师的基本要求有个从"定性"为主走向"定量"为主,再回到"定性"为主的过程。梅氏的"大师论"是回归传统即定性为主的标志,也从一个侧面反映了我国近代大学发展已进入了内涵发展的新阶段,也是大学教师制度趋于成熟的思想性标界。外国学者也敏锐地发现"建立高等教育制度的人坚持传统"。② 我国最早的"大学堂章程"(1898)提出选用教习应为"品学兼优通晓中外者",概括性强但失之笼统,无近代大学"分科治学"之义。1902 年,张百熙起草的《钦定京师大学堂章程》规定教习应为"德望具备、品学兼优之人",总教习应是"学贯中外之士",到《奏定任用教员章程》(1904)第一次提出对大学堂和高等学堂教员学历之要求,同时还涉及教习的品格方面之要求。民国以来,无论是《大学令》(1912)、《国立大学校条例》(1924)等基本法规,还是《国立大学职员任用及薪俸规程》(1917)和《大学教员资格条例》(1927)等单部法规,只对大学教师各级职务的学历和业绩要求作出规范,但均不论教师品行之内容。这无疑是民元以后大学教师制度上的一个变化。这里可明显地感受到我国近代大学教师制度演进中西方大学理念的影响不断加深。蔡元培一语点破,他说

---

① 刘述礼、黄延复:《梅贻琦教育论著选》,人民教育出版社 1993 年版,第 10 页。
② [美] 费正清、费维恺:《剑桥中华民国史》(下卷),中国社会科学出版社 1993 年版,第 413 页。

"对于教员以学诣为主,以无背于第一种主张(指'思想自由'、'兼容并包')为界限"。可以说,学诣主义即学术标准是民元以来大学教师资格的核心要素。至于品德,一般归于"私德"或"私行为"之范畴,以不"污染"学生为底线。这与西方大学对教师品德的要求是相同的。从法律层面看,大学教师之品德规定或缺,但各大学在实际操作上仍顽强地坚持中国的传统。蔡元培就提出"热心积学"的教师聘任标准,这里的"热心"自然包括爱、责任感、敬业精神等多种含义。梅贻琦的"大师论"虽然用语简略,但从文义上仍可感觉到梅氏教师思想的传统基础,强调大学教师对学生"做学问"和"做人"的指导,反过来可以理解要指导学生做人和做学问,那么教师本身就必须在人格和学术上都是高境界和高水平的。从1932—1937年,梅贻琦所聘的教授名单,"无论就其资质或集中程度来说,在国内都是无与伦比的"。① 这说明"大师论"是对学科带头人的基本素养与条件的精炼概括。"大师论"的提出,其深层的意义是学科带头人的选择与培养已成为20世纪30年代以后中国大学教师队伍建设及其制度建设的重点之一。

如果说梅贻琦的"大师论"吹响了我国近代大学造就学科带头人的进军号,那么竺可桢的"灵魂论",无疑是大学教师思想和学科带头人培养观的又一升华。1936年4月,竺可桢(1890—1974)出任浙江大学校长。他在就职演说中提出:"一个学校实施教育的要素,最重要的不外乎教授的人选,图书仪器等设备和校舍建筑。这三者之中,教授人才的充实,最为重要。教授是大学的灵魂,一个大学学风的优劣,全视教授人选为转移。假使大学里有许多教授,以研究学问为毕生事业,以教育后进为无上职责,自然会养成良好的学风,不断地培植出来博学敦行的学者。"接着,竺可桢列举史上的国子监到书院,从英国剑桥到美国哈佛以至俄国出了巴甫洛夫教授的事例,证明"有了博学的教授,不但是学校的佳誉,并且也是国家的光荣"。② 竺可桢话语中的"教授",指的是学科带头人或学术带头人,其标准是"博学敦行",以学术研究为终身学业,以教育学生为至高职责,因而是大学的搏动不止的"灵魂"。将教授视为大学的灵魂,这与政府立法宗旨有某种程度的分叉。因为竺可桢"灵魂论"背后

---

① 黄延复:《梅贻琦教育思想研究》,辽宁教育出版社1994年版,第91—92页。
② 樊洪生、段异兵:《竺可桢文录》,浙江文艺出版社1999年版,第71—72页。

的价值思想是"教授治校"。竺可桢在就职演说中同时指出"一个学校的健全发展,自然有赖教授校长之领导有方"。① 在这里,他将教授视为大学的领导力量,可以理解为"灵魂论"内涵的丰富。事实上,他在任校长期间始终团结、依靠一批德才兼备、有诚信、能办事的教授,实行"教授治校"和民主办学,从而使浙大迅速崛起,被英国学者李约瑟称为"东方的剑桥"。从竺可桢办学成就,可以反证其"灵魂论"的自由精神之存在。

从"大师论"到"灵魂论",不难看出我国 20 世纪 30 年代的大学教师制度的"学院逻辑"仍是承延了蔡元培的"思想自由"、"兼容并包"的中国式的"学术自由"。就是在 1927 年之后"严格主义"大学教育政策下,"学术自由"依然顽强地搏动着生生不息的生命。从 20 世纪 20 年代开始,我国各大学在争抢有名的教授之外还尝试建立学科带头人培养与选拔的相关制度,如中山大学设置"正教授"之职务。《国立中山大学规程》(1927.3)规定"凡在本校教授二年以上,有极重要之发明或创造,经由国内外同科学者之公认,将由大学委员会、评议会、教务会议三者之同意,由大学委员会呈请国民政府聘任为正教授"。② 这是在政府法规之外的另行设计,体现其对学科带头人的罗致与选拔的个性化思考和制度实践。又如北京大学的"名誉教授"制,正如陈平原所评述的"聘请一些与北大有历史渊源的著名学者为'名誉教授',并安排其回校兼课,则属于蒋梦麟执掌北大时的独创"。③ 在这里,有一点需指出的是 30 年代的大学在学科带头人选拔和培养中秉持自然成长的理念,只是通过选聘和提供学术研究的基本条件等办法来促使学科带头人的成长,并不刻意地选谁聘谁,因而当时主要大学的规章制度中只有教授聘任标准而无学科带头人的选拔标准,像中山大学和北大的做法已是高度个性化了。

对"学界领袖"的选拔和培养,国民政府并未制定专门的法规,但也不是没有任何思考和制度性努力,只是不单单针对大学,而是在全国学界做些动作。1928 年 4 月,国民政府公布《国立中央研究院组织法》。

---

① 樊洪生、段异兵:《竺可桢文录》,浙江文艺出版社 1999 年版,第 76 页。
② 黄义祥:《中山大学史稿:1924—1949》,中山大学出版社 1999 年版,第 136 页。
③ 陈平原:《老北大的故事》,江苏文艺出版社 1998 年版,第 246 页。

1936年11月，又颁布《修正国立中央研究院组织法》。① 该组织法规定中央研究院"直隶于国民政府，为中华民国最高学术研究机关"。其任务是"实行科学研究"和"指导联络奖励学术之研究"。其第四条则规定中研院设评议会，评议员由当然评议员和聘任评议员30人组成，并"由国民政府聘任之"。当然评议员指中研院院长及其直辖各研究所所长，其余30名聘任评议员则在全国学术界广泛选拔。从第一届聘任评议员名单中获知多数是大学教授，其中有姜立夫、侯德榜、秉志、胡先骕、胡适、陈垣、陈寅恪、赵元任、李济、茅以升等北大、清华、协和、燕京、中央、中山、浙大、南开、武大等著名大学教授，这无疑是大学学科带头人应选之人。第七条还规定中研院设名誉会员，名誉会员分个人和团体两种，其中个人名誉会员应为"中国学术专家于学术上有重要发明或贡献，经本院评议员三分之一以上提议，全体一致通过"。此外，还将外国科学家也纳入名誉个人会员选举范围。"评议会"和"名誉会员"制，可以说是院士制度之滥觞，它无疑为中国"学界领袖"树立了一根标杆，具有极大的示范意义。1935年11月，中研院院长蔡元培曾总结道："在第一届聘任评议员的选举会中，国立大学各校长都感觉到评议员人选的重要，够得上评议员的应该为学术界的中坚人物。"② 而且，中研院成立后即与大学建立了紧密的合作关系，在海洋学、生物学、气象、棉纺织、地质、心理学、历史语言、物理、化学等多个领域展开了卓有成效的研究合作，取得了不少研究成果，这为建立全国性的学术带头人选拔与培养制度提供了现实的基础和前提。此外，国民政府还在这一时期设立了杨铨奖（人文）、丁文江奖（自然科学）和"总理纪念奖金"等，以激励"学界领袖"的成长与学术研究的开展和提升。

关于"学界领袖"之造就，值得重视的是民间力量的介入和助推。1930年，中华教育文化基金董事会分别出资在大学设立"科学教席"和"科学研究教授席"计划。"科学教席计划"旨在"改进科学教学观"，在六区高等师范学校中设立35个科学教席。"科学研究教授席计划"则

---

① 中国第二历史档案馆：《中华民国史档案资料汇编》［第五辑第一编·教育（二）］，江苏古籍出版社1991年版，第1342—1343页。
② 中国第二历史档案馆：《中华民国史档案资料汇编》［第五辑第一编·教育（二）］，江苏古籍出版社1991年版，第1354页。

旨在"增进科学研究",以培养"研究领袖"。1930年7月颁布《科学研究教授席办法》第一条规定"本会设立研究教授若干席,由本会聘请中外著名学者充任,在设备充足、工作便利之研究机关施行研究"。接着,规定研究教授任期为1—5年,主要任务"在施行及指导科学研究"。其他还规定研究教授薪俸由该会直接送发,另加发设备补助费每年每人2000元,调查及助理费1000元之内等。"科学研究教授席"是一种学科带头人选拔与资助的新办法,体现了民间力量对"学界领袖"造就的认同与参与。1936年,中华文化教育基金董事会"为提高本国学术程度,并使国家学术独立与发展",还增设了科学研究补助金,进一步加大对"学界领袖"成长的支持力度。此外,该基金董事会还直接与大学建立了合作关系,如1931年,中基会董事会与北大联合设立了合作研究拨款计划,决定中基会董事会与北大每年各出20万元,以5年为期,双方共提出200万元,作为合作特别款项,专设研究讲座及专任教授及购置图书、仪器之用。其实,民间力量介入大学师资队伍建设,并不仅仅是中基会,应该说具有一定的普遍性,如1928年1月建立的"哈佛——燕京学社";1933年美国洛克菲勒基金会向私立华中大学提供"扬子鳄研究基金"等,都对近代大学学科带头人的培养起到有效的促进作用。

第五节　党义教师检定与大学教师制度的政治取向

国民党在建立国民政府前后本着党派的立场提出"党化教育"的主张,并在大学中推行"党义"课程,以达成培养"党国人才"之目的。国民政府定都南京后,国民党一面在行动上反共,一面在理论上自求独立,于是"党化教育"一词便见之于国民政府教育行政委员文章中。韦悫委员从1927年7月1日起在报纸上发表国民政府教育方针草案,明确提出"党化教育"一词并界定其含义。他认为"党化教育"就是"革命化和民众化的教育"。[1] 陈德征更直白地说:"党化教育就是把中国的教育来国民党化,变为一种特殊的教育,国民党的教育,以求贯彻我们总理以

---

[1] 舒新城:《近代中国教育思想史(1929)》,福建教育出版社2007年版(重排出版),第268、271页。

党治国的主张，以为达到本党以党治国的目的之预备。"① 1928年5月，国民党怕"党化教育"有歧义，为异党所利用，在全国第一次教育会议上宣布废止"党化教育"一词，改称"三民主义教育"。1929年则确定"三民主义"的教育宗旨。诚然，名称改了，但其精神实质未变。首先在全国各类学校设立"党义"课程，其中大学党义课程最为"系统"，包括《建国方略》、《建国大纲》、《三民主义》、《国民党重要宣言》及《五权宪法》等内容。"党义"课程设置及实施，就涉及教师队伍问题。由于"党义"课程是近代大学"前所未有"的，因而如何选择与组成教师队伍就成了首要思考与解决的制度性课题。

"党义教师"，顾名思义，就要以阐述国民党的方针政策为主要任务。这样，对党义教师进行国民党化的政治审查和检定是题中之义。1928年6月30日，国民党中常会通过了《各级学校党义教师检定委员会组织通则》和《检定各级学校党义教师条例》。② 本《组织通则》第一条就提出组织党义教师检定委员会是"为使全国各级学校党义教师思想一致起见"，又规定"大学及高等专门学校党义教师检定委员会，由中央训练部与全国最高教育行政机关共同组织之"。这也许是国民党介入大学教育事务的开端。《检定各级学校党义教师条例》第一条规定"全国各级学校之党义教师，须一律受党义教师检定委员会之核定"；第四条则规定受检定之党义教师应具备的资格为（1）国民党党员；（2）合于各该地教育行政机关所规定之教员资格者；第六条规定检定办法分无试验检定、试验检定两种，其中高等教育之党义教师采"无试验检定"法，还规定须审查党义教师的党员资格和所采用或自编党义教材。第五十条规定检定合格之党义教师，由该党义教师核定委员会发给证书，证书有效期为二年，逾期后须重新检定。从上述规定可见，党义教师检定之严格，但核心的资格要求是必须为国民党党员，从意识形态领域排除共产党的影响和渗透。1928年9月，国民党中央检定党义教师委员会正式成立。委员除中央训练部长丁惟汾、大学院院长蔡元培为当然委员外，"由中央训练部另聘确明党义

---

① 舒新城：《近代中国教育思想史（1929）》，福建教育出版社2007年版（重排出版），第268、271页。
② 中国第二历史档案馆：《中华民国史档案资料汇编》［第五辑第一编·教育（二）］，江苏古籍出版社1991年版，第1071—1073页。

且有教育经验之党员于右任、陈果夫、周鲠生、杨铨、史维焕、周佛海、廖维藩七人充任委员",后因人事变化,蔡元培、于右任、周佛海、廖维藩去职,由蒋梦麟、戴季陶、马叙伦、陈希豪替补。① 委员阵营可谓强大,说明国民党中央对检定委员会的高度重视,其主要动因是政治性的,是为了更好地"控制意识形态",推动"一党主义"。1931年7月30日,国民党中常会通过了《审查党义教师资格条例》。该条例共15条,与1928年颁布的《检定各级学校党义教师条例》侧重点有所不同,后者更为系统,且规范化程度高。其第四条规定"曾任或现任中央党部干事以上职务满两年,并曾在大学,或专科、或旧制专门以上学校毕业,对党义确有特殊研究者,得请求分别给予充任大学或专科学校党义教师之资格",这扩大了党义教师审查之范围,以适应大学开设党义课程师资之较大需求。第五条则规定凡具有下列资格人员之一者,得酌给合格证书,并免除审查之手续:"一、曾任或现任中央委员会委员者;二、曾任或现任省、特别市党部委员,并曾服务教育一年以上者;三、本党党员曾任专科或旧制专门以上学校教授满二年以上者"。第八条还规定取消党义教师资格或停止其职务的相应情形。② 对党义教师进行资格尤其政治性审查,是近代大学教师制度演进中的一个特殊现象。这一方面是国民党加强对大学教授和学生"思想控制"的一个重要制度安排,另一方面也是国民党对政党如何介入或渗入大学的一种实践。之后,在大学设立的训导处(训育处)和训导长是这种实践的继续延伸。客观地说,党义教师审查体现了政治威权的意志,与大学已形成的自由主义传统是相冲突的,不可避免地受到一些大学教授的批评和抵制,但这种冲突与批评并未引起更大范围内的波动,而是政治威权与自由主义达成了某种妥协。这里面一个重要的因素是有一些国民党党员出任大学教师,或者当上大学校长或院长或教授之后再按规定加入了国民党。

1927—1937年,无疑是我国近代大学制度和教师制度的成熟时期,大学教师相关法规都得到了较好的实施。大学制度和教师制度的成熟,带

---

① 中国第二历史档案馆:《中华民国史档案资料汇编》[第五辑第一编·教育(二)],江苏古籍出版社1991年版,第1075—1076页。
② 中国第二历史档案馆:《中华民国史档案资料汇编》[第五辑第一编·教育(二)],江苏古籍出版社1991年版,第1080—1081页。

来了高等教育的新气象。美国学者认为，到1937年"中国似乎已经达到起飞点，新一代知识分子在日益增多的大学和研究所里忙于学习和研究，并把他们的活动扩展到新的研究领域"，其"成果通常是高质量的，刊登在他们自己的学术刊物上"。① 显然，大学教师制度的建设成效显著，首先是中国籍教师在大学中占绝对优势，甚至教会大学到1937年中国教师已达80%，从而彻底改变了自清末以来我国高等教育长时期内不得不依赖外国人的局面。同时，大学教师聘任已归属于学校内部事宜，大学校长和教授有教师聘用的最后决策权。这证明"学术自由"已有一定的制度性保障。其二，在全国建立了一个独立的多样化的高等教育体系，并开始呈现以质量为主题的发展路向，师资队伍的整体水平也有很大的提升。其三，大学在为国家发展和民族复兴培养合格的高层次人才外，还在科学研究上迈开了坚实的步伐，使"自然科学和人文科学的发展进入了学术高峰期"，"渐次取得国际学术界之承认与赞许"。总之，"此十年间可称为实施新教育以来最有成效之时期"。② 美国学者罗兹曼认为，到20世纪30年代，"中国有一小部分人在教育上的造诣达到各个领域里现代知识的极高层次"。③ 不可否认，本时期教育与学术的发展"对于此后八年对日抗战之精神的力量，具有重要的贡献"。④ 从这个角度证之，成熟期的我国近代大学教师制度是"良好制度"，虽然有"严格主义"和意识形态化的事实存在，但仍有其光亮。

---

① [美]费正清、费维恺：《剑桥中华民国史》（下卷），中国社会科学出版社1993年版，第465、452页。

② 中国第二历史档案馆：《中华民国史档案资料汇编》[第五辑第二编·教育（一）]，江苏古籍出版社1991年版，第300页。

③ [美]吉尔伯特·罗兹曼：《中国的现代化》，江苏人民出版社1998年版，第605页。

④ 编者：《前言》，《革命文献》（第53辑），中央文物供应社1971年版，第1页。

第 七 章
大学生命的延续与教师制度之完善

我国近代大学教师制度在经历了1927—1937年成熟期后，自然会沿着制度演进的路径而进入进一步实施和完善时期，但事不顺势，一场"四千余年历史上未曾有过的民族抗战"爆发了，我国高等教育遭受了毁灭性的打击，大学纷纷内迁，"严酷的战时条件不可避免地导致了学术活动的质量下降"。血与火考验着中华民族，也考验着中国大学和大学制度。值得庆幸的是这场民族抗日战争，并没有毁灭中国的大学，反之大学的生命不但得以延续，而且展示了不屈不挠、战斗不止的生命活力。正如有学者所说的"整个学术界顽强坚持是支撑战时教育的关键因素"。① 在抗战岁月中，我国大学和教师制度也始终没有改变演进的路向，"学术独立"精神得以进一步张扬，"战时视作平时看"，努力克服国民党对大学实行严格控制所带来的消极影响，顽强地朝着不断完善的方向行进，并在制度实践中取得不凡的成功。

在1937—1945年这一历史时期中，大学教师制度开始从单一的教师制度转向综合的人事制度，因而关于大学教师制度的保障性和激励性要素，如进修、薪酬、编制、退休和久任教师奖励等，成为制度建设与实施的重点内容。同时，由于时处战时和大学发展的阶段性之要求，国民政府加强了对大学教师资格之审查以及服务于抗战的科学研究事业的推动等，从而形成近代大学教师制度史上少有的"战时特征"。这样使得这一时期大学教师制度仍呈现复杂多彩的发展局面，以致达到相当成熟之水准。

---

① ［美］费正清、费维恺：《剑桥中华民国史》（下卷），中国社会科学出版社1993年版，第471页。

第一节 "学术救国"与大学教师
制度的"战时特征"

抗日战争一打响,大学首当其冲成为日寇轰炸与打击的目标,因为大学是"反抗日本帝国主义的策源地",同时日本侵略者企图以摧毁大学进而毁灭中华"固有之文化",达到"长期统治中国"之目的,因而大学的生命危在旦夕。"七·七"事变之前,我国计有专科以上学校108所,其中大学42所,独立学院34所,专科学校32所。战事既起,上述大学、学院和专科学校都先后遭受战争的摧残和日寇的报复,开始战时大迁移、临时性合并或停办,到1939年后只剩6所留在日本占领区,使之进入动荡的时期。① 1938年3月至4月,国民党在武汉举行临时全国代表大会,就民族抗战作出政治性决议和安排。这次"临全大"通过了《大会宣言》和《抗战建国纲领决议案》。《抗战建国纲领决议案》根据战争之需要及国民政府的行政特征,强调战时"集中意志,统一行动之必要",并沿承"严格主义"之政策取向,提出"改订教育制度及教材,推行战时教程,注重于国民道德之修养,提高科学的研究与扩充其设备"之教育战时改造方针。② 与此同时,"临全大"还通过了《战时各级教育实施方案纲要》,这一方面体现国民党对教育承担抗战建国双重任务的重要作用的认识;另一方面也一定程度上反映国民政府对教育尤其是大学教育"改造"的策略安排。无疑,国民党和国民政府的集权倾向自然而然地会在抗战这一特殊环境中"合法"地得以加强,在大学教育上则以"统一"为特征,包括大学方针、大学组织、大学课程和大学教师制度等领域均呈现"统制"之特征。正如许美德所说的"国民党政府就借着提高学术水平的幌子,趁机加强了中国政府对高等教育的控制"。③ 《战时各级教育实施纲要》开篇道明"教育为立国之本,整个国力之构成,有赖于教育,在平

---

① [美]费正清、费维恺:《剑桥中华民国史》(下卷),中国社会科学出版社1993年版,第642页。
② 《国民党临时全国大会宣言(1938.4.1)》,《中国国民党历次代表大会及中央全会资料》(下册),光明日报出版社1985年版,第484、487页。
③ [加]许美德:《中国大学(1895—1995):一个文化冲突的世纪》,教育科学出版社2000年版,第79页。

时然,在战时亦然,国家教育在平时若健全充实,在战时即立著其功能",进而提出"三育并进"、"文武合一"、"农村需要与工业需要并重"、"教育目的与政治目的一贯"等教育方针。① 本《纲要》特别关注教育制度的改订,以适应抗战之需要,从而体现一定的"战时特征"。值得关注的是它提出了"对于制度应谋创造,以求一切适合于国情"的制度"独立"之原则。关于教师制度,它则明确提出"对师资之训练应特别重视,而亟谋实施。各级学校教师之资格之审查,与学术进修之办法,须从速规定"。与此相宜的则提出"提高学术标准"、"实施建校合作办法"等措施。②

根据上述文件精神,教育部同年制定《战时各级教育实施方案》,将"临全大"所通过的战时教育实施方案纲领具体化和行动化。它指出"自抗战发生以来,国人咸感觉过去我国之教育未能完全适合战时之需要",因而"在此时期,吾人自应将过去教育之缺点,切实加以整顿及改善,以树立整个教育系统之基础"。③ 本《方案》比较重视教师制度的改进,提出"各级教育之良否,全系于师资之得人与否,故欲改进各级教育,求其一贯有效起见,即从师资之训练、进修与保障入手",这就意味着教育之改造的切入点是师资问题。其中"训练"主要是针对中小学教师和师范生培养,而大学教师制度的重点则是"进修与保障",并提出"全国专科以上学校教员资格,应由教育部审定,以重师道而示保障,教员待遇及等级,并拟令促各院校一律遵照规定办理,对于服务有成绩之教员,应予以在国内外进修研究之机会"。④ 应该说,抗战确立的大学教师制度改进与完善的框架与1927—1937年制度建设重点和路径基本上是一致的,体现其连续性,但也有明显的不同,即制度的统制性,前者比后者大大强化了。这里有一个标志性事件即1938年1月陈立夫出任教育部部长。陈

---

① 中国第二历史档案馆:《中华民国史档案资料汇编》[第五辑第二编·教育(一)],江苏古籍出版社1997年版,第13页。
② 中国第二历史档案馆:《中华民国史档案资料汇编》[第五辑第二编·教育(一)],江苏古籍出版社1997年版,第14—15页。
③ 中国第二历史档案馆:《中华民国史档案资料汇编》[第五辑第二编·教育(一)],江苏古籍出版社1997年版,第25页。
④ 中国第二历史档案馆:《中华民国史档案资料汇编》[第五辑第二编·教育(一)],江苏古籍出版社1997年版,第27—28页。

立夫是国民党的 CC 派首领,又是蒋介石和国民党"民主集权制"的拥护者和推动者。他一上任,在大学推行激进的"严格主义"政策,在大学教师制度上则主张在资格、待遇及退休等制度要素上实施"统一主义"和"国家化"。当然,陈立夫也是一个民族主义者,对大学教育和大学教师制度强调要"根据国情及现时环境"进行调整,以"适于中国需要",[①]尤其在推行应用科学发展上不遗余力,虽固有"过激",但在发展独立的中国学术上仍有贡献。陈立夫任教育部部长长达 7 年,几乎纵横抗战的全过程,使得他这种"统制"和"独立"的教育政策得以实施。1940 年 4 月 2 日,国民党第三届中执委八次全会"宣言"指出"自今伊始,当更认识教育救国与学术救国任务之重大,勤求其科学之真知,普及其重秩序守纪律之风气,发挥其爱国家爱民族之热情,以负荷此千载一时之使命"[②],进一步明确和强调教育界"学术救国"之责任。1941 年 12 月国民党五届九次全会要求"战时各种政策与措施,有更忠诚笃实之践履,以树立国家民族生存独立之基础"。[③] 1945 年 5 月 18 日,国民党"六全大"通过的《本党政纲政策案》仍提出配合国家建设需要,奖励科学研究,改进留学政策,充实学术研究之设备,"以树立学术独立,发扬民族文化",并就改善公教人员待遇,要求"确定健康、保险、退休、养老等办法,以资保障"。[④] 无疑,抗战八年中的大学教师制度以保障和提高为改进和完善之重点和目标,并始终簇拥在"学术独立"的旗帜之下。

由于抗战时期大学教师制度的保障性加强,因而教师制度开始向人事制度转换。这是本时期大学教师制度变化的最重要一点。同时,也不能否认它是大学教师制度演进的必然结果,即教师制度的专门性和综合性是其演进的高级阶段。所谓"人事",从狭义上讲,是指用人以治事,主要指如何用人,以及与用人相关的事。那么,人事制度则是关于"人事管理

---

① 中央教育科学研究所:《中国现代教育大事记》,教育科学出版社 1988 年版,第 386 页。
② 荣孟源:《中国国民党历次代表大会及中央全会资料》(下册),光明日报出版社 1985 年版,第 676 页。
③ 荣孟源:《中国国民党历次代表大会及中央全会资料》(下册),光明日报出版社 1985 年版,第 735 页。
④ 荣孟源:《中国国民党历次代表大会及中央全会资料》(下册),光明日报出版社 1985 年版,第 934—935 页。

所应共同遵循的路线、方针、政策和规定等行为规范和工作准则"。① 民国时期，在官方文件较早出现"人事"概念的是1939年11月国民党五届中执委七次全会通过的《对于政治报告之决议》之中。它是对政府提出为了改进工作效率，必须进行"人事之革新"之要求，重点是"机关之调整"和"职权之划分"。② 1941年12月召开的国民党五届中执委九次全会通过的决议案明确提出"厘定人事制度"，并基本框定人事制度的内容是整理人事法规，严格训练人事行政人员，严行考绩和厉行奖惩等。同时，还提出"改进人事制度"，以克服"事不得人，人不得事"之问题。③ 较早将"人事"概念引入教育领域的是教育部1939年9月颁发的《训育纲要》，它提出"管理人事，贵有条理，而条理实有赖于组织"之见解。④ 交通大学"1944年度校务行政计划"中出现了"人事管理"之内容，其事项为"本校教员之聘请以及职员之进退审权奖惩考勤及一切登记等"，还明确"由总务处文书组兼办"。⑤ 从现有资料看，最早设立独立的大学人事管理机构的是中央大学。据《南京大学史》记载，抗战后入川的中央大学仍实行校长负责制。学校行政总机构为校长办公室，校长办"下辖人事室，专管教职员聘派事宜，设主任秘书一名，由校长聘任"，彭百川、夏开权、贺壮予、吴功贤等先后任主任秘书。⑥ 用学校"人事制度"来专指学校教职员管理，其用意无非是突出"用人"之主旨，即"人才乃建国大计"。这就将一般教师管理制度上升到与社会其他领域的人员管理相链接，且以用人为核心的人事制度，体现其专门化的追求和制度的激励性与保障性相结合的趋向。这一转变，与抗战也许不存在必然性，但恰恰是战争所需要的人员集中统一调配和工作效率快捷高效，使之转变在短时期内得以启动乃至完成。换言之，当大学教师制度演进到完善期时必然产生一个质的飞跃，而这一飞跃即是从单一的教师制度转化

---

① 项有绍：《人事管理实务》，浙江人民出版社1998年版，第1页。
② 荣孟源：《中国国民党历次代表大会及中央全会资料》（下册），光明日报出版社1985年版，第634页。
③ 荣孟源：《中国国民党历次代表大会及中央全会资料》（下册），光明日报出版社1985年版，第748—751页。
④ 中国第二历史档案馆：《中华民国史档案资料汇编》［第五辑第二编·教育（一）］，江苏古籍出版社1997年版，第168页。
⑤ 《交通大学校史资料选编》（第二卷），西安交通大学出版社1986年版，第408页。
⑥ 王德滋：《南京大学史：1902—1992》，南京大学出版社1992年版，第158页。

换为以用人为核心的综合的人事制度，从而达成大学教师制度的综合性与独立性之目标。

在抗战中，作为"学校重要行政之人事"，与国家民族生存独立紧密相连。1938年4月，厦门大学校长萨本栋说："要知道我们对暴日只能'抗'战而不能作'惩罚'战的主要原因之一，是我们的学术至今尚未独立。"[1] 正是由于这种认识，"学术救国"牵引着中国的大学教师，并成为其艰苦卓绝奋斗的力量之源。"学术独立"则比任何时候都强烈地影响了大学教师制度的演进，更成为其精神本质。因此，本时期大学教师制度建设强调从中国抗战建国的需要出发"应谋创造"，并突出激励性制度的设计，而1940年可以说是大学教师制度"建设年"。在这一年，教育部集中颁布了《教员服务奖励规则》、《著作发明及美术品奖励规则》、《大学及独立学院教员资格审查暂行规程》和《大学及独立学院教员聘任待遇暂行办法》等关涉大学教师制度的重要法规，培育了大学教师制度的"战时之花"。

《教员服务奖励规则》（1940.4.29）[2] 首次在我国设计教师服务"荣誉奖励制度"，规定凡连续服务十年以上成绩优良之教员，经考核属实者分别授予一、二、三等服务奖状。其分等的标准，主要看服务年限的长短，即"在同一学校连续服务在一年以上十五年未满者，授予三等服务奖状"，"在同一学校连续服务在十五年以上二十年未满者，授予二等服务奖状"，"在同一学校连续服务二十年以上者，授予一等服务奖状"，并规定凡已受二、三等服务奖状者，如继续服务达规定年限者，可晋高一等级服务奖状。这种奖励制度纯粹属于荣誉性的，"公布名单"和"颁发奖状"是主要奖励环节。不可否认，这一荣誉奖励制度有其较大的激励性。它的出现标志着教师制度中物质与精神激励相结合的特征之形成。本《规则》在一、二、三等服务奖状的条件下均规定"同一学校连续服务"，而且服务年限越长奖状等级越高，体现立法者鼓励教员专任、久任的价值追求，与上一时期大学立法的宗旨相一致。在此前颁布的《修正大学研究院暂行组织规程》（1939.6.23）则是在大学教师进修上安置激励性措

---

[1] 《厦大校史资料》（第一辑），厦门大学出版社1987年版，第46页。
[2] 宋恩荣、章咸：《中华民国教育法规选编》，江苏教育出版社1990年版，第687—689页。

施,修正了原定研究生不得兼任教职之规定,提出"助教不在此限"之新规定,为青年教师在职攻读研究生打开了方便之门。1940年8月30日,教育部还颁布《教授离校考查或研究办法》9条,为"学术假"量身定做规制。从上述三个部章可知,教育部在教师政策上突出的是激励性,鼓励教师长期任教和从事科学研究,以呼应"学术救国"和"学术独立"之历史使命,从另一侧面也说明战时的艰苦环境,为保延大学的生命尤其要激励教师为教育事业而坚守和献身。

1940年6月首颁、1944年7月修订的《著作发明及美术品奖励规则》则将大学教师奖励制度伸向教师服务的核心领域,体现其对大学的科学研究职能的拓展与对科学研究原创性的着力倡导。《著作发明及美术品奖励规则》共14条。[①] 第一条规定奖励范围是"专门著作、科学技术发明与美术作品";第二条则规定著作奖励范围分文学(包括文学论文、小说、剧本、词曲及诗歌),哲学、社会科学和古代经籍研究;发明奖励范围包括自然科学、应用科学和工艺制造;而美术品奖励范围则分为绘画、雕塑、音乐和工艺美术。这一奖励无疑是综合性的,几乎覆盖了大学和科研机构活动的大部分领域,其实也是大学教师科研和艺术创作的基本领域,尤其是基础研究与应用研究各有地位,互相促进,是该奖的鲜明特色。这种以国家教育部组织的奖励,体现较好的权威性,并且有相应等级的奖金和奖状,使精神激励与物质激励有机结合起来。当年,国民政府指拨奖金10万元用于该项奖励。此后每年举行一次,到1942年奖金增至每年20万元。前四届得奖者有199人,其中一等奖14人,二等奖62人,三等123人,起到了"奖励学术之进步,促进科学之独立与发展之作用"。[②]

《教员服务奖励规则》旨在鼓励教师长期从教,而《著作发明及美术品奖励规则》则重在激励教师从事科学研究和艺术创作。这两部规则的立制宗旨是为了构建大学教师从教立业的良好环境和工作积极性的激发机制。这无疑是大学教师制度向深度演进的具体体现,这也表明自1937年以后我国大学教师制度建设重在向深化和细化制度的相关要素上转向。大

---

① 中国第二历史档案馆:《中华民国史档案资料汇编》[第五辑第二编·教育(一)],江苏古籍出版社1997年版,第55—58页。

② 教育部:《关于国民党历届会议对于教育决议案及其实施情形之检讨总述(1942.9)》,《中华民国史档案资料汇编》[第五辑第二编·教育(二)],江苏古籍出版社1997年版,第289页。

学教师的职务分等制度在《大学教员资格条例》（1927）颁布后便趋于定型化。《大学组织法》（1929）再次确认了大学教师分为教授、副教授、讲师、助教四级，并提高了法律层次，以国民政府名义颁布。此后教育部立制的重点转向分等制的相关配套性制度要素的细化和操作性上。从近代大学诞生以来，晚清政府和国民政府均十分关注大学教师的资格问题，企图建立相对统一而又可适度变通的大学教师不同等级的"国家资格"标准。就是在抗战这样一个特殊时期，教育部仍根据大学发展的阶段性和提高高等教育质量的主题对大学教师四级职务的相应资格进行立法努力，并建立全国性的大学教师资格审查制度。1940年8月27日，教育部颁布《大学与独立学院教员资格审查暂行规程》。[①] 该《资格规程》共16条，主要指向大学与独立学院教员，但第十四条规定专科学校教员资格之审查"得比照本规程办理"，这实际上包括所有的高等学校教师。本《资格规程》与《大学教员资格条例》相比较，确有相当多的内容有变化。首先，大学教师四级制没有变化（第一条），但教员等级资格审查的机关从原先由大学评议会改为"由教育部审查其资格定之"（第二条），这一修改，标志着南京国民政府初期所确立的大学教师资格审查的民主体制生变，代之而来的是统一主义和"严格主义"，这就一定程度上削弱了大学在教师管理上的自主权和独立性。接下来的第三、四、五、六条分别规定助教、讲师、副教授、教授的相应资格。关于助教资格，第三条的规定仍维持大学毕业的学历基线，只是增加另一种资格选择即"专科学校或同等学校毕业，曾在学术机关研究或服务二年以上著有成绩者"。这一条体现了国家对应用科学发展的倾斜和工作经历的重视，这也是1937年以后社会发展趋势和国家政策在大学教师政策中的反映。关于讲师资格，第四条规定四种选择，一是将博士学位或同等学历证书者与硕士同作为讲师的学历要求之选；二是将助教升讲师的工作年限从1年延长到4年以上，并要求有"专门著作"；三是对国学研究除原有特殊贡献这一笼统规定，新增"专门著作"这一具体化内容；四是新增"曾任高级中学或其同等学校教员五年以上，对于所授学科确有研究，并有专门著作者"之规定，打通了大学与高中或技术学校的师资流动渠道，也为有特殊才能者进入大学任教

[①] 中国第二历史档案馆：《中华民国史档案资料汇编》[第五辑第二编·教育（一）]，江苏古籍出版社1997年版，第716—718页。

提供了政策支持，包括无大学学历但又有出众才华者。至于副教授资格，第五条规定三种选择，第一是将1927年规定的博士学位限于外国大学修正为"在国内外大学或研究所研究得有博士学位或同等学力证书而成绩优良，并著有价值之著作者"。这也是我国大学进步的一个侧面，同时也反映中外文化进入融合期的时代特征；第二是将讲师升副教授的服务年限从1年提高到了3年以上，且有"专门著作"这一学术上要求；第三是新增具有硕士或博士学位或同等学历证书者"继续研究或执行四年专门职业以上者，对于所习学科有特殊成绩，在学术上有相当贡献者"可晋升副教授之规定。此外，删去了1927年所规定的"于国学上有特殊之贡献者"一条。这说明此时期对国学上的"特殊保护"必要性减弱，国学研究同样需要中西结合。关于教授资格，第六条规定二种选择，而1927年仅是一种。它首先是将副教授升等教授的服务年限从2年改为3年以上，且要求"有重要之著作"；其二是与副教授第三条资格相类似，即具有博士学位或同等学力证书者"继续研究或执行专科职业四年以上，有创作和发明，在学术上有重要贡献者"同样可晋升为教授。第七条还规定凡在学术上有特殊贡献而其资格不合于本规定第五或六条之规定者，"经教育部学术审议委员会出席委员四分之三以上之可决"，即用无记名投票法，仍"得任教授或副教授"。本《规程》自第八条起对大学教师资格审查的机关、程序、证明资料和证书颁布等作具体的规定。这里值得注意的是：①大学教师资格审查"由各院校呈送教育部提交学术审议委员会审查之"（第九条）；②副教授、讲师、助教升等之审查，同样由学校呈教育部审（第十二条）；③对此前已担任大学教师职务者，在资格审查上作过渡性制度安排，即"一、具有第五条规定资格之一，曾任教授或同等级之教务一年以上者，得为教授；二、具有第四条规定资格之一，曾任副教授或同等级之教务一年以上者，得为副教授；三、具有第三条规定资格之一，曾任讲师或同等级之教务一年以上者，得为讲师；四、曾任助教一年以上者，得为助教"（第十三条）。这种过渡性制度设计对保持大学教师制度的连续性和常态演进是必不可少的。

上述可知，《大学及独立学院教员资格审查暂行规程》与《大学教员资格条例》相比，具有以下特点：一是大学教师四级职务资格条件有所提高，选择性增大，体现大学教员来源多样化的制度追求，尤其是强调教师的服务经历，彰显政府对工作经验和应用科学发展的重视。二是教师职务升等的服务年限要求有所延长,讲师4年以上,副教授3年以上,教授2年以上。三是打开了高级中学、科研机构及相关专门行业与大学的师资流通途径。四是突出大学教师资格审查中学术性要素,并以"著作品"作为主要的呈现载体,同样也包含其他"创作或发明"。这与政府在本时期提出"提高学术水准"和"提高教员水准"的政策导向是一致的,其背后隐藏着的是"学术独立"精神。五是大学教师资格之审查权统归教育部,由学术审议委员会具体办理,体现"民主集权制"之倾向。诚然,本《规程》规定的具体的资格条文比《大学教师资格条例》(1927)要完善得多,体现了国民政府在大学教师制度上坚持不懈的努力,这在抗战时期更显得不易。

与本《规程》同时颁布的另一重要法规是《大学及独立学院教员聘任待遇暂行规程》(1940.8)。[①] 本《聘任待遇规程》共17条,首先规定各大学及独立学院(包括专科学校)聘请教员,"应按照教员审查合格之等别聘之",故可将它视之为《大学及独立学院教员资格审查暂行规程》的配套性法规。关于大学教师的聘任,它明文规定如下:

> 第四条 大学及独立学院教员之聘任期间:第一次试聘一年,第二次续聘一年,以后每次续聘为二年,各于聘约载明之。
> 第五条 各校应于每学年开始两个月内,造具教员名册呈报。
> 教育部审核备案名册,应报项目另定之。
> 第六条 在教员聘约有效期间,除违反聘约之规定外,非有重大事故,经呈准教育部者,学校不得解除教员之聘约。
> 第七条 在教员聘约有效期间,教员欲辞职者,须于辞职三个月前提出,经学校同意后,于学年终了时方可解除职务。

从上述聘任之规定,可知大学教师聘任制度仍实行聘期制,但又考虑到大学教师职业特点和大学事业发展之需要而对解聘和辞聘作出明确的规范,特别有意思的是解聘权归属教育部以体现其严肃性,辞聘批准权则归属于学校以体现教师流动的自由性。不过,其主导精神是维持大学教师职

---

① 宋恩荣、章咸:《中华民国教育法规选编》,江苏教育出版社1990年版,第690—691页。

业的稳定性，同时一定程度上默认"学术独立"与"学术自由"在教师制度指导思想上存在的合理性。本《规程》还就大学教师待遇作了详尽的规定，这留给后面章节作专门论述。

　　自国民政府提出促进"科学之独立与发展"方针之后，教育部及各大学都在激发大学教师"学术救国"和履行"学术独立"之"社会责任"上作制度上的设计与实施，集中体现学术上的激励，旨在推进大学的学术研究事业，激励大学和教师"研究高深学术，增进本国之国际学术地位，树立复兴民族之学术基础"。同时，大学由学术研究而延伸的社会服务职能因抗战需要得以大大加强，成为大学发展的一大特征。于是，教育部在1940年之后又陆续颁布了《国立专科以上学校教授休假进修办法》、《政府机关委托大学教授从事研究办法大纲》、《国立专科以上学校教员支给学术研究补助费暂行办法》等大学教师管理法规，旨在鼓励大学教师通过休假研究或进修来提高自身的学术水平，从而承接政府、企业或其他社会组织的研究项目，使之更好地履行为社会服务的职责，同时政府通过学术研究补助费为大学教师从事科研提供基本的条件和保障。这实际上是一种制度设计的内在逻辑，恰恰与"学术救国"的抗战国情相契合。教师进修是"提高学术水准"的根本性措施，它既是大学教师的权利，同时又是一种义务。自近代大学诞生以来，我国一直重视大学教师进修提高制度的制定与施行，并且成为推动"学术独立"进程的"中国元素"。1941年5月，教育部颁布《国立专科以上学校教授休假进修办法》17条，[①] 又一次为我国大学教师进修制度的完善作立法上的努力。本《办法》第二条规定对于连续在校任专任教授满五年以上、成绩卓著者，"应依据《大学及独立学院教员聘任待遇暂行规程》第十五条之规定，予以离校考察或研究一年，经费由教育部拨给之"。次第各条对休假进修的相关手续及要求作了具体规定，其中明确规定申请休假进修者应提缴"服务期间之研究报告或著作"和"进修计划"（第六条）；第九条规定进修计划"应分列考察或研究之题目、程序（即进程）、地点、期限、预期结果"等内容；第十条规定休假进修名额"由教育部按照经费数目及学术需要定之"，第十三条还规定进修教授进修期间之薪给，"由教育部按其原薪发原校转发"；第十条规定"进修教授离校考察或研究所需旅费，得

[①] 《清华大学史料选编》（第三卷·下），清华大学出版社1994年版，第348—349页。

由原校酌予补助"。上述条文明显体现学术激励取向和对教授从事研究的强烈认同，从一个侧面反映中国政府对大学性质的认识之加深。

关于大学教师社会服务的章制规定，较早的是1939年8月由军政、经济、交通、教育部联合颁布的《大学理工学院与经济交通及军备工厂合作办法》，重点解决的是"厂校合作"问题。其合作内容包括大学聘请工厂技术员担任教师、顾问或讲师；大学分发高年级学生到工厂实习，厂方派员指导学生实习；学校应担任工厂各项问题之试验、研究与推广；学校承担工厂特种技术人员培训任务等。此后即1941年4月教育部制定了《农村技术机关与农林教育机关联系与合作办法大纲》，因而1941年9月颁布的《政府机关委托大学教授从事研究办法大纲》可视为上述两个文件的进一步发展，只是这个文件专指大学教授，故成为大学教师制度的核心法规文本。本《办法大纲》共9条，第一条首先明告制定本办法主旨是"为使建国事业与学术研究发生密切联系起见"；第二条规定政府机关委托教授从事研究者的相关手续；第三至六条规定受委托研究之教授应"于规定时间提出工作报告"，"仍在原校服务，并支领原薪"，"得充分利用原校之图书设备"以及"在一定时期内，得免除其全部或一部之教课时间，于必要时得有相当时期在校外工作"等。第七条规定"此项研究必需之研究费及增聘教授费用，由原委托之政府机关补助之"。上述三部关于大学和大学教师服务的法规在抗战中得以很好的贯彻实施，为社会和国防服务成为大学教师"学术救国"的重要途径之一。

第二节　"学术自由"之复归与大学教师制度的完善

李大钊说过："专制不能容于自由。"[①] 在清末，虽有梁启超、严复等引进西方的"自由"和"民主"等概念，但自由归于空谈。中华民国成立以后，新生的"共和政体"为"自由"、"民主"思想的传播扫清了体制上的障碍，但执政军阀天生偏好集权，不过由于忙于应付内战，意外地让"学术自由"思想在中国本土得以扎根、开花并结果。随着"五四"

---

① 转引自胡伟希等《十字街头与塔——中国近代自由主义思潮研究》，上海人民出版社1991年版，第163页。

新文化运动的掀起与深入，"学术自由"以民主与科学为主题得以在大学形成传统，其代表人物是蔡元培、陈独秀、胡适等。南京国民政府成立后，"党国"概念呼之欲出，"学术自由"在官方文件和制度法规中逐渐消退，而转入"民间"，成为大学发展的"学院逻辑"。抗战爆发后，国民党主导的政府"教育行政因战争而变得更加集权"，其表征是政府"对大学的政治控制特别严厉"，加之陈立夫一直主持教育部（1938.1—1944.12），施行激进的以"全国统一"为特征的严格主义教育政策，包括实行全国统一的大学教师资格审查制度、统一的课程体系及教材等，并公开提出要"祛除过去自由思想的错误"。"大多数大学屈从于陈立夫的压力"，[1] 这样使得大学"学术自由"的空间越来越窄。但事不随势，大势所趋的是自1943年开始，国民党政府由于极其专制、腐败和经济政策失控，在知识分子群体中"失去民心"，[2] 随之自由民主思想与运动不断高涨，最显著的变化是"学术自由"之复归。

最先复兴"学术自由"之风的是西南联大。1938年5月，《西南联大教授会大纲》颁布，教授会"以全体教授、副教授组织之"，审议"教学及研究事项改进之方案"，"建议于常务委员会或校务委员会事项"等五项，[3] 从而恢复了《大学组织法》（1929）未曾确认的校内民主体制，并再次确定了教授的治校权力，其表率意义十分显著，正如外国学者所评价的"在极其困难有限的条件下，西南联大的基础科学质量仍旧是很高的"。[4] 浙江大学、复旦大学、中央大学等在抗战初中期都渐渐建起以"学术自由"为宗旨的校内民主管理制度，教授的较高地位得以巩固，从而使"自由"概念从个人转向以"尊重团体的自由"为主。1939年4月，12所基督教大学校长移师香港开会，讨论抗战中的基督教大学态度与对策，并发表会议声明，"认为应当维护基督教的品格、学术自由和对国家的忠诚，为保护这些权利做出任何牺牲都是值得的"。1943年5月，

---

　　[1] ［美］费正清、费维恺：《剑桥中华民国史》（下卷），中国社会科学出版社1993年版，第691页。
　　[2] 关于国民党及其政府到1943年"失去民心"的观点，可参见许纪霖、陈达凯：《中国现代化史》（第一卷），三联出版社1995年版，第522页。
　　[3] 《清华大学史料选编》（第三卷·下），清华大学出版社1994年版，第139页。
　　[4] ［加］许美德、潘乃容：《东西方文化交流与高等教育》，南京师大出版社2003年版，第402页。

中国基督教高等教育委员会在成都开会讨论"基督教大学的未来发展方向",最后大会确立了基督教大学应争取的"五大自由",即(1)选择教员的自由;(2)决定学生入学标准和人数的自由;(3)宪法规定的宗教自由;(4)宪法规定的学术自由;(5)在实验基础上修改政府课程的自由。大会还通过了7项具体决议,其中有基督教大学在制定课程方面应有更多的灵活性、学术自由和中外教职员应待遇一致等内容。[①] 辅仁大学作为天主教大学,由于罗马教廷和天主教圣言会所在的德国与日本的同盟国关系,仍在北平办学,但她联络平津其他国际化教育团体,"共同遵守三原则:(1)行政独立;(2)学术自由;(3)不悬伪旗,以示正义不屈"。[②] 由此可见,随着抗战的全面深入,无论是国立大学,还是教会大学或其他私立大学,都重新确认"学术自由"之论,教师们则以"学术救国"为志去从事与抗战相配合的教育学术事业。1943年之后,许多大学在教师制度上除了恢复教授会之外,纷纷又成立了教师聘任委员会,教师的聘任权重新归属大学校长和教授,从而使"学术自由"有了制度上的保障。中山大学是较早重新成立聘任委员会的国立大学。1943年1月,为落实师资,提高学术,该校组织教师聘任委员会,委员在教授中推定。

"学术自由"与国民党的"统一主义"是相冲突的。在抗战的特殊环境中,"统一主义"或"严格主义"得到一定的民意支持。但到了40年代之后,由于物价高涨,大学教师生活水平不断下降,加之抗战进入相持阶段,从而引发中等阶层和知识分子对国民党政府的"集权"和腐败的不满,这就培植了自由和民主复归之土壤,"独立之精神,自由之思想"再度回归到大学的核心价值领域中来,成为大学制度和大学教师制度的指导思想。与此同时,"学术自由"成为解放区高等教育的基本方针和共产党人抨击与反对国民党政治的一种武器。1942年4月11日,延安鲁迅艺术学院副院长周扬在该院成立四周年纪念晚会上指出鲁艺的"教育精神为学术自由,各学派学者专家均可以在院自由讲学,并进行各种实际艺术活动"。[③] 延安大学于1944年5月颁布了《延安大学教育方针及暂行方

---

① 刘家峰、刘天路:《抗日战争时期的基督教大学》,福建教育出版社2003年版,第214、228页。

② 孙邦华:《身等国宝,志存辅仁——辅仁大学校长陈垣》,山东教育出版社2004年版,第78页。

③ 曲士培:《抗日战争时期解放区高等教育》,北京大学出版社2005年版,第77页。

案》。它强调新的教育方针应为学用一致,与边区各项实际工作相结合,为抗战和边区政治、经济、社会和文化建设服务,其中倡导"在教学上发扬民主精神,教员有讲学研究自由,不同意见可以互相争论,互相批评",因而延安大学教员"享有充分的讲学和研究的自由"。[1] 1945年4月,毛泽东在中共七大上提出了废止国民党"一党专政",建立民主的联合政府的纲领,"要求取消国民党的党化教育,发展民族的科学的大众的文化教育;要求保障教职员生活和学术自由"。[2] 1946年1月16日,中共代表团在重庆召开的政治协商会议上提出《和平建国纲领草案》。关于高等教育方面,《草案》提出"废除党化教育,保障教育自由";"大学采取教授治校制度,不受校外不合理之干涉"等方针。[3] 由此可见,中国共产党对"学术自由"有一种自然的亲近感,并成为反对国民党大学教育政策的一种有效武器。这样,20世纪40年代国统区和解放区的大学都涌动着一股自由与民主的清流,从而重新激活了大学制度和大学教师制度的学术自由与独立之灵魂。客观地说,抗战时期的国民党及其政府对"自由"基本持消极态度,更偏好于"统一",即"政府对于人民之自由,必加以尊重,同时亦必加以约束,使得自由于一定限度之中"。[4] 这种对"自由"既尊重又约束的思想,一定程度上反映国民党及其政府对"自由"的复杂心态,折射到大学教师制度建设上则是"学术自由"的空间既狭窄但又未完全关闭,留有一定的间隙。正是这一小小的间隙,使得"学术自由"借助于"学院逻辑"得以滋生和回归,反过来又影响政府的制度逻辑。1945年5月,国民党"六全大"通过的《本党政纲政策案》中确立本党"民族主义"主张之一是"配合国家建设需要,奖励科学研究,改进留学政策,并积极充实国内学术研究设备,以树立学术独立,发展民族文化",并在"民权主义"方面提出"保障学术研究之自由","改善公教人员待遇,确定健康、保险、退休、养老等办法,以资保障"等。由此可见,在国民党教育与学术政策中,"学术独立"是第一位的,同时对

---

[1] 曲士培:《抗日战争时期解放区高等教育》,北京大学出版社2005年版,第100—101页。
[2] 毛泽东:《论联合政府》,《毛泽东选集》第3卷,第1065页。
[3] 中央教育科学研究所:《中国现代教育大事记》,教育科学出版社1988年版,第562页。
[4] 荣孟源:《中国国民党历次代表大会及中央全会资料》(下册),光明日报出版社1985年版,第469页。

"学术研究之自由"持肯定态度，而对"思想自由"则视为"放任主义"不予支持。这样，20世纪40年代，国民党及其政府把学术研究的推行作为大学和大学教师制度建设的中心内容，并突出"用人"这个制度主题，使相关制度体现鲜明的激励性，而且也厘定了"学术自由"的政府倡导的政策边界。

这一时期最值得重视的大学教师制度法规是1943年10月30日教育部公布的《国立专科以上学校教员支给学术研究补助费暂行办法》。[①] 这一《办法》不但具有中国特色，而且有着显著的有效性，至今台湾地区大学仍实施相类似的制度，证明其长久的生命力。本《办法》共5条，首条规定"国立各专科以上学校教员除原有一切待遇外得支给学术研究补助费"，其用途是"购置图书仪器文具"，以"供参考研究之用"；第二、三条规定学术研究补助费由教育部专款拨付，其补助费应"以专任并经教育部审查合格者为限"，其人数并不得超过该校院编制表规定之名额"，第四条则规定各级教师补助标准：

（一）教授每人月支五百元；
（二）副教授每人月支三百八十元；
（三）讲师每人月支二百五十元；
（四）助教每人月支一百三十元。

由于物价上涨等因素，教育部规定1946年7月起学术研究补助费标准调整为教授五万元，副教授四万元，讲师三万元，助教二万元。在这里，补助金额大小不是问题的实质，其重大意义是享有学术研究补助应为大学教师特殊的待遇和权利，即开展科学研究所需的基本条件应主要由政府提供、学校保障，从而丰富了大学教师的权利内涵，为"学术独立"和"学术自由"奠定了一方面的制度基础，从而使大学教师制度的完善向前推进了一步。在此前后，有一个大学和大学教师制度文本值得关注，即是教育部颁发的《大学及独立学院教员人数暂行规程》，第一次确立了我国大学教师编制的政策框架，为教师聘任和维护从业权利提供了法律基

---

① 宋恩荣、章咸：《中华民国教育法规选编》，江苏教育出版社1990年版，第427页。

础。该《教员人数暂行标准》颁布于1942年7月20日。① 由于当时处于战时状态，其实施时间要稍迟一些，故放在学术研究补助费制度之后论之。《教员人数暂行标准》是我国近代第一部大学教师编制的法规。此前教师聘任人数基本上由学校按照课程开设的需要确定，教育部则是从拨款、教师资格审查和确定教师的一周授课时数间接地加以引导和规范，这样不免出现一定的随意性和不经济性。人员编制管理是学校人事制度中体现人事特征的制度环节之一。教育部颁发此大学"教师编制"标准，无疑是完善大学教师制度和增强大学教师制度"人事性"的重要举措。《大学及独立学院教员人数暂行标准》共11条。这里首先要探讨的是确定大学教师编制的依据问题。本《标准》将教师分为专任教员（指专任教授副教授及讲师），共同必修科专任教员及助教三种分别编制之。第二条指出除医学院外，各科系各专科教员人数"按各该学系必修及选修各分数及实习或实验情形，参酌大学及独立学院聘任待遇暂行规程，规定教授副教授及讲师每周授课时数（九至十二小时）订定之"。由此可见，教师编制依据仍是周课时，即按一个专业课程数、课时量和一个教师的周课时来确定教师编制；而学生数并未直接进入教师编制计量要素（共同必修课有所考虑）。不过，由于课时总量与学生数有必然的关联，学生数仍是教师编制的一个隐性因素。这种教师编制依据的选择，其深层的意义有三：一是课程成为教师编制的原始要素，而课程是大学教育的基本细胞。这样，教师编制依附在大学教育"细胞"上，使之具有天然的合理性，同时又参酌必修、选修等分类，体现教师编制对课程与教学改革的强烈支持；二是周课时成教师编制的核心要素，体现教学是教师的首要责任的思想，从而为教师潜心于人才培养提供了制度保障；三是专业或学科成为教师编制的微调要素，体现分类管理的思想，也为各专业的"个性"发展提供了条件。课程、周课时和专业作为大学教师编制的基本要素或依据，无疑是遵循大学教育规律的体现，当然这种编制法背后隐藏着的是国民政府的"统一主义"教育政策思想，而对学生数这一"市场因素"的考虑有一定程度的忽略。这实际上是一种以课程为中心而非以学生为本位的教师编制标准，或多或少地存在着限制"学的自由"的倾向，这与国民党及其政府倡导"研究的自由"而约束"思想自由"有着内在的相通性。

---

① 中华民国教育部参事室：《教育法令》，中华书局1947年版，第149—152页。

本《标准》第三、四条则分别具体规定文学院、理学院、法学院、师范学院、农学院、工学院、商学院及医学院的教师编制数。第五、六条规定各学院"共同必修之国文、英文、数学、物理学、化学及生物学等科"和"其他共同必修科"专任教员和加聘教员人数。第八条规定各院系助教人数。根据上述规定，以文学院为例，教师编制为：

表7　　　　　　　　　　大学文学院教师编制数

系别	专任教员人数（教授、副教授、讲师）	助教	共同必修课（国文、英文、数理化等）	其他共同必修课
中国文学系	4—5	2—3	①每班学生以30—40人为准。②每学科每周达9—12小时者，得聘专任教员1人，担任教学改卷及指导实验。③如某科每周不及9小时者得与其有关学科合聘专任教员或兼任教员。	
外国文学系	4—5	2—3		
哲学系	4—5	1—2		加聘专任教员1人
历史学系	4—5	1—2		加聘专任教员1—2人

由上表可知，文学院按四系计算，专任教员编制16—20人左右，助教6—10人，加之共同必修和其他共同必修课依据学生数而配的专任教师大约10人以上。这样文学院教师总编制36—40人以上。据1947年1月统计，清华文学院各学系专任教师59人，教师数分别为中国文学系教授5人、教员4人、助教10人，合计19人；外国语文学系教授6人、专任讲师5人、教员12人、助教4人，合计27人；哲学系教授3人、副教授2人、助教1人，合计6人；历史学系教授5人、专任讲师1人、助教1人，合计7人。不难证明部颁教师人数标准在大学中得到了较好的实施，其最大的功效是大学教师"以专任为原则"得到了真正的落实，随之带来的连带作用是大学教师的职业稳定性有了编制上的制度支持，较好地避免了大学教师聘任中的随意性，也为大学教师的职业自由权利加了砝码。

20世纪40年代，国民政府和教育部还颁布了《教育部部聘教授办法》（1941.6.3）、《公教人员久任奖金给予办法》（1942）和一组有关教员退休金与抚恤金的法规，共同构成此时期大学教师制度的系统性和完善性。这在后面小节将予以重点论述。

第三节　战时生活状态与大学教师待遇制度的变化

鲁迅曾说过："自由固不是钱所能买到的，但能够为钱所卖掉。"① 抗战爆发后，随着大学的内迁和政府的抗战建国并进的政策导向，大学教师生活水平虽然有所下降，但仍能维持在一定的水平上，教学与科研"自由度"也有物质上的一定保障。20 世纪 40 年代以后由于物价不断上涨，大学教师开始陷入贫困之境。无疑，待遇问题就成为这一时期教师制度建设的一大难题。固然由于战争的因素，有些制度有着明显的"战时"特征，但毕竟为战争状态下的大学教师生存积累了制度建设的经验。此外，还有一个不可忽视的因素是待遇与自由之间的关系，贫困吞噬着"自由"的能量，但反过来又促进"自由"生命的绽放，这种矛盾性同样带有战时性质。

胡愈之曾说过："学问家应该是贵族阶级，应该受社会的较优的待遇。"② 从近代大学教师制度演进史看，教师薪酬或待遇制度大体上循着年功加薪法、业绩加薪法这两种样式而进行探索。年功加薪法以服务年限长短作为确定薪酬的主要依据，同样与教师聘期制相衔接，以能胜任大学教学为基准。这种加薪法背后的价值取向是基于对大学教师职业特性的认同的，体现着福利主义主导价值思想。业绩加薪法以工作业绩为确定薪酬的基本依据，体现的是效率主义价值观。这两种薪酬模式并非一开始就同时产生的，它经历了一个演进的过程。在近代大学教师制度发展上，涉及教师薪酬或待遇制度的代表性法律文本有 4 部，即《奏拟京师大学堂章程》（1896）、《国立大学教职员任用及薪俸规程》（1917）、《大学教员资格条例》附《大学教员薪俸表》（1927）和《大学及独立学院教员聘任待遇暂行规程》（1940）等。这四部制度文本也从一定程度上反映了近代大学教师待遇制度的演进。1898 年《奏拟京师大学堂章程》③ 第七章"经费"第 2 节首先认为中国官制一直秉持"禄薄"之原则，这与大学教

---

① 转引自陈明远《文化人的经济生活》，文汇出版社 2005 年版，第 208 页。
② 胡愈之：《关于"学术独立"的通信》，《教育杂志》1922 年第 2 期。
③ 《北京大学史料》（第一卷），北京大学出版社 1993 年版，第 85 页。

习职业特性与要求不合，要使其"实心任事"，则"必厚其薪俸，使有以自养"。这种"自养"的教师薪酬制度设计思想，体现着对大学教习高薪制度的认同和与官制相分离的独立性追求。接着所列的"教习薪俸表"（见表5），按总教习、专门学分教习、溥通学分教习头班、溥通学分教习二班，西人分教习头班（西人）和西文分教习二班而确定月薪，实际上是以按所承担的教学之学科和程度高低为依据的，可以说是业绩加薪法的原始形态。由于近代大学刚诞生，教师薪酬制度中尚未有年资的概念。民国初期的《国立大学职员任用及薪俸规程》（1917.5.3）制定的"职员薪俸表"（第二表教员）：

表8　　　　　　　　1917年国立大学教员薪俸表

	正教授	本科教授	预科教授	助教	讲师	外国教员
第一级	400	280	240	120	每小时2元至5元	薪数别以契约定之
第二级	380	260	220	100		
第三级	360	240	200	80		
第四级	340	220	180	70		
第五级	320	200	160	60		
第六级	300	180	140	50		

资料来源：潘懋元、刘海峰：《中国近代教育史资料汇编·高等教育》，上海教育出版社1993年版，第785页。

从上表可知，教师薪俸是分级的，不但职务上分等，而且同一职务薪酬也分为6级，这就产生"进级"的标准问题。本《规程》第十条规定正教授、教授、助教等"非连续任职一年，不能进一级"；第十一条明确教师进级是否"由校长考查其办事成绩及勤惰定之"；第十二条又界定了办事成绩考查的内容，但没有对业绩突出者破格加薪的制度设计。因此说，《国立大学职员任用及薪俸规程》所设计的大学教师薪酬制度是一种年功加薪法，当然还属于制度的初创期，固不尽完善。南京政府颁布的《大学教员资格条例》所附列的《大学教员薪俸表》（1927.6.23）如下：

表9　　　　　　　　　　1927年大学教员薪俸表

	教授	副教授	讲师	助教
一级	500	340	260	180
二级	450	320	240	160
三级	400	300	220	140

资料来源:《大学院公报》第1卷第1期（1928年11月）。

这种四等12级的薪酬标准，仍沿袭年功加薪法，只是将等级简化，每等只分三级，各等教员之间薪俸的差距拉大，同时薪俸标准比《国立大学职员薪俸表》（1917）有大幅的提高，但从制度本身而言只是反映当时大学发展的需要和大学教师待遇的提升，并无实质性的创新内容。不过，在"附注"中有一条值得注意，它提出大学教员之薪俸"得因各大学之经济情形，而酌量增减之，外国教员同"。这实际上赋予大学自主调薪的权力。这一授权，反映了国民政府对大学人事自主权的一个方面的确认。事实上，自民国以来大学在教师薪酬上都有一定的自定权，可以说各大学之间教师薪酬有着一定的差别，或高或低，存有相当的自由度。庄泽宜曾对此问题发表过自己的看法："至于教授的待遇，虽在今日现状之下未必完全划一，而各地生活程度亦有不同，但最低额及最高额必须联合规定，且必须有年功加俸及七年进修的办法。薪额绝不能以钟点来定。"①从近代大学创立时期的业绩加薪制到民国北洋政府时期和南京政府初期的年功加薪制，也反映了近代对大学教师职业特性认识的加深，它趋向于为教师创造一个不受过多竞争和考核的宽松的教育与学术环境。

"七七"事变之后，军事上求胜成为国民政府的根本战略，因而国家财政重心转向满足战事之需，这势必影响大学的财政状况和大学教师的生活状况。抗战初期，大学教师薪酬打折发放，大约减少了原薪酬的二至三成（以50元为基数，余额按七至八成发给），或多或少使大学教师生活水准下降，但总体上还能维持基本的生活水平。1940年以后，情况急转直下，货币贬值，消费品价格开始上涨，大学教师生活处于难以维持的程度，要求改善待遇的呼声此起彼伏。这引起国民政府的重视，教师薪金改

---

① 庄泽宜：《高等教育革命——中国教育改革的出发点》，《革命文献》（第55辑），中央文物社1971年版，第118页。

为全额发放。1940年7月,国民党五届七中全会上行政院提交教育工作报告提出,面对日趋高涨的物价而引起大学教师实际薪酬收入的下降,"究应如何救济教职员,使其不致改就他业,拟请指示"。为此,该全会决议:"各级学校教职员待遇,应由教育部商承行政院妥筹办法,设法提高"。① 于是,国民政府在提高薪金的同时设置了津贴、奖励金等补充性制度。

1940年8月,行政院颁布的《大学及独立学院教员聘任待遇暂行规程》第八条规定了大学教师薪俸标准:

表10　　　　　　　　1940年大学及独立学院教员薪俸表

月薪级别 等别	第一级	第二级	第三级	第四级	第五级	第六级	第七级	第八级	第九级
助　教	160	140	120	110	100	90	80		
讲　师	260	240	220	200	180	160	140		
副教授	360	340	320	300	280	260	240		
教　授	600	560	520	480	440	400	370	340	320

资料来源:宋恩荣、章咸:《中华民国教育法规选编》,江苏教育出版社1990年版,第690—691页。

上表可知,1940年大学教师薪酬标准最高薪比1927年《国立大学教员薪俸表》有明显的提高,而且"等别"恢复1917年的《大学教习薪俸表》细分的思路,分为4等9级,这有利于完善大学内部教师职务升等制度,增大教师待遇的激励作用。本《规程》还规定各校聘请教员时得验其审查合格之证书,初任教员以自最低级起薪为原则,曾任教员或有特殊情形者得酌情自较高级起薪,其任教著有成绩者由学校酌予晋级。这说明本《规程》所构建的大学教师薪酬制度仍是以年功为标准的,与1917年、1927年"大学教员薪俸表"不同的是有对"任教著有成绩者"由学校自定晋级之规定,体现出年功与业绩相结合的政策导向。尤其值得重视

---

① 朱师逖:《历届全代会及中执会对于高等教育的指示》,《高等教育季刊》1942年第4期。

的是本《规程》中对"教员专任原则"再次强调。它明确规定"教员以专任为原则,应于学校办公时间在校服务",并将教授副教授讲师授课时间每周均提高到9—12小时,"不满小时者照兼任待遇"。第十二条还规定"专任教员不得在校外兼课或兼职,但有特殊情形经兼课学校先商得原校同意者,每周至多得兼课四小时。兼课以与原校所授课目性质相同者为限,兼课薪金并得由原校具领支配。"第十三条则规定"专任教员之薪给概以每年十二个月计算,在校内兼任职务者不另兼薪"。这就将教师资格、业绩与其待遇较好地结合起来,尤其是全年包括寒暑假仍支薪的规定,使大学教师的职业特性和优越性得以凸显和维护,同时也有利于促进其职业的稳定性及教学科研积极性之激发。本《规程》第十条修改了1927年《大学教员资格条例》(含《大学教员薪俸表》)对大学自主调薪的赋权,在原有的"经济状况"因素基础上将"学科需要及当地生活程度"作为各校"酌量增减"教师薪俸的依据,使之更加完密和具可操作性。可以说,本《规程》所制定的大学教师薪酬制度已具有相当的系统性和成熟性。为此,教育部不遗余力地严格贯彻实施本规程,多次明令禁止各高校因物价上涨而随意提高教师薪酬的现象,以维护大学教师薪酬标准的客观性和公正性。此后,各大学的教师薪酬逐渐走向统一。

诚然,在抗战中后期大学教师的薪酬有所提高,但在战时通货膨胀的严重冲击下,大学教师单靠薪酬难保生活的安定,相反薪酬提高难以追上生活费用的不断上升,导致其实际收入和实际生活水平不断下降,直至生计难维,沦为赤贫,"营养不良几乎成为普遍现象"。继之,国民政府先后发布了《非常时期改善教职员生活办法》(1941)、《国立学校教职员战时生活补助办法》(1942)、《专科以上学校教员奖助金办法》(1942)、《公教人员久任奖金办法》(1942)等法规,在工资之外构建津贴、补贴、奖金及养老抚恤金等制度,从而形成了一套较为完整的大学教师待遇制度,为大学教师较高的经济、文化、社会地位奠定了法律基础和物质保障。1940年9月,教育部呈准行政院发布的《非常时期改善教职员生活办法》增设了教职员战时"食米代金"、"半价补代金"制度,并规定教职员家属也一并领取。[①] 1942年10月,教育部呈经行政院核准颁发《国

---

① 《国立西北师范学院校务汇报》(第35期)。

立学校教职员战时生活补助办法》。① 该《办法》第二章规定"食米代金"具体报领办法,其标准:"(甲)年在25岁以下者准领6市斗代金;(乙)年在26至30岁者准领8市斗代金;(丙)年在31岁以上者准领1市石代金"。第三章"战时生活补助费"规定"教职员每人每月发给战时生活补助费由行政院根据各地之物价及生活现状核定基本数并得基本数外依其所支薪俸额核定加成发给",并明确薪俸加成办法依据公务员战时生活补助费标准而定,其基本数及薪俸加成数"每半年更改一次"。这里有二点值得注意,一是教职员生活补助参照公务员标准,二是加成是以原有薪俸为基数的,体现职务之间的差别,第四章"其他补贴"包括学校筹设公共食堂且提供燃料、火电、食堂职工工资等间接补贴和筹设合作社以廉价供给必需品减轻教职员生活负担。该《办法》颁布同时废止了1940年非常时期改善教职员生活办法及施行细则,成为抗战时期关于学校教职员生活补助的权威法令。此后,有些临时性修改和增添,但基本原则始终未变,它对改善战时教职员工的生活状况起到了相当大的作用。

大学教师奖励制度萌芽于南京国民政府建立时,即有奖励学术研究之议,但始终未能实施。抗战中后期,教育部为了鼓励大学教师致力于教学科研,设立了各种奖励办法如教员奖助金、久任教员奖励、著作及发明奖励等。1942年8月,《教育部设置专科以上学校教员奖助金办法》② 规定"奖助金"分为甲乙两种,"甲种以奖励具有价值之研究报告、专科译著、短篇论文之教员为主旨",采取给研究著作者稿费的方法。"乙种以奖助家境特别困难,或生活上有特殊需要之教员为主旨",采取补助与借贷两种方式,其中补助,"凡专科以上学校服务有成绩者,在校外未兼任其他有给服务之教授副教授,除本身外,其必需由本人赡养之直系亲属在五口以上,而家境困难,不能维持生活者","由教育部按本人经济及家庭需要情形,每月补贴200—400元",并规定每校获受"奖助金"对象不得超过本校教授副教授总人数的1/8。借贷之规定为"凡专科以上学校教员因疾病而医药费超过500元以上不能负担者",由教育部贷给全额或半额医药费,贷金由本人于抗战结束后五年内照原贷数分期还清。从1943年

---

① 《行政院公报》第五卷第20期(1942)。
② 转引自姜良芹《抗战时期高校教师工资制度及生活状况初探》,《南京师大学报》(社科版)1999年第3期。

起，教育部在 1940 年《教员服务奖励规则》基础上又增发专科以上学校久任教员奖励金，以激励其长期从教"从事教育人才与科学研究"。具体奖励办法是：任教满 10 年以上在职者奖 1500 元；满 20 年以上在职者奖 3000 元；在一校任职达 30 年以上在职者，由教育部特予奖励金 2 万元。据统计，到 1942 年教师节，获奖中任职满 10 年以上者共 1300 余人；任职满 20 年以上者 150 余人；任职满 30 年以上者共 2 人，分别是交通大学贵州分校罗安忱教授与武汉大学张延教授；发给奖金数超过 200 万元。[①] 1944 年之后，此项久任教员奖金列入国家教育文化预算。此外，教育部分别于 1940 年 7 月、1944 年 6 月对学校教职员养老金及抚恤金条例进行两次修订（1948 年 4 月又作修改），证明其条例已在实施中。自此，国民政府完成对大学教师待遇制度的整体设计和立法进程。

第四节 "部聘教授"与大学教师职业稳定性的制度支持

自近代大学诞生以来，我国大学教师基本上属于自由择业者，其制度安排是聘期制（或任期制），其根本特征是"非聘即走"和"来去自由"。这样，就遇到一个问题即如何解决教师流动与职业稳定之间的关系。北大的蔡元培时代曾尝试"终身制"。《国立大学职员任用及薪俸规程》中也提出过"长期契约"之概念。《国立广东大学规程》（1924）规定教授"续聘至四年者任期无限"。但这些仅仅是个案而已，并未形成全国性的制度纲要。事实上，大学教师自由流动制度始终是我国近代大学教师制度中的核心部位，且最具中国特色。当然，这并不意味着我国近代忽视对大学教师职业稳定性的制度探索，因为一支稳定的高水平的师资队伍是大学发展和强大的根本保证，这也是中国近代大学的主管部门和校长、师生所具有的共识。同时，南京国民政府成立之后对高等教育质量的重视，促使大学教师制度建设转向对骨干教师尤其是学科带头人的稳定上来。抗战中所采取的久任教员奖励、学术研究补助金、著作及美术品奖励等均属于此方面的制度安排。然而，最具有真正探索意义的制度文本是《教育部设置部聘教授办法》。

---

① 《高等教育季刊》第 3 卷第 3 期（1943.9.30）。

1941年6月3日，为了"奖励学术文化之研究，即予优良教授以保障"，行政院通过了《教育部设置部聘教授办法》。① 此前已颁布了《大学及独立学院教员资格审查暂行规程》及"施行细则"。这样，教育部实际上掌控大学、独立学院及专科学校的教师聘任权中的资格审查权这一核心部位，因而"部聘教授"制度出现成为一种必然。当然，不可否认的是这一制度具有的前瞻性和标杆作用，也为院士制度的产生"试水"和夯实基础。《教育部设置部聘教授办法》共10条，对部聘教授的条件、评审程序、待遇及使用等均作明确的规定。其第二条规定教育部"部聘教授须具备下列条件：一、在国立大学或独立学院任教十年以上者；二、教学确有成绩声誉卓著者；三、对于所任学科有专门著作且有特殊贡献者"。这就意味着"部聘教授"条件覆盖任教年限、教学业绩和研究成果三大方面，其中对任教年限规定在10年以上，旨在鼓励长久从教和阅历丰富，对教学与科研业绩的高要求，体现着精英导向和对大学教授职责和学科带头人标准的国家认同。第四条规定"部聘教授"候选人由教育部直接提出，或国立大学及独立学院提出及经教育部备案之具有全国性之学术团体提出之。第五条规定"部聘教授"任期5年，期满后经评审可续聘，第七条"部聘教授"待遇以1940年"大学及独立学院教员聘任待遇暂行规程第八条规定之专任教员薪俸表教授月薪第三级为最低薪，由教育部拨款指定服务之学校转发"。本《办法》还明确规定"部聘教授"由教育部学术审议委员会评审，得出席会议委员会三分之二以上可决后方可聘请，并定名额30人，"部聘教授"聘任之后在"公立及已立案之私立专科以上学校特设讲座，从事于讲学及研究"。无疑，"部聘教授"是国家级的高校学科带头人或学术大师。这种全国性的选拔制度对教师队伍促进作用是十分显著的，因此可推荐或聘请的国立大学及独立学院或经教育部备案之学术团体均高度重视，积极推荐，极力延揽，且将"部聘教授"人数作为一个大学师资队伍强弱和学术水平高低的标志性指标。1942年经教育部学术审议委员会审议，在73名有效候选人中产生了杨树达、黎锦熙、吴宓、陈寅恪、萧一山、汤用彤、孟宪承、苏步青、吴有训、饶毓泰、曾昭抡、王琎、张景钺、艾伟、胡焕庸、李四光、周鲠生、胡元义、

---

① 宋恩荣、章咸：《中华民国教育法规选编》，江苏教育出版社1990年版，第692—693页。

杨端六、孙本文、吴耕民、梁希、茅以升、庄前鼎、余谦六、何杰、洪式间、蔡翘等28人为"部聘教授"。1943年，教育部又特聘胡光玮、楼光来、柳诒徵、冯友兰、常道直、何鲁、胡刚复、高济宇、萧公权、戴修瓒、刘秉麟、邓植仪、刘仙舟、梁伯强、徐悲鸿等15人为"部聘教授"。① 这43人名单，可谓极全国之选，个个都是学术或艺术大师，代表了我国学术艺术界的最高水平。这些"部聘教授"自然成为所聘请的大学的"国宝"，不但会长期聘任，而且还会创造各种条件以发挥其作用。1948年，由中央研究院设立的院士制度，可以说在"部聘教授"之上又增设了一个竞争性平台，使学科带头人有了更高的奋斗目标。从某种程度上说，"部聘教授"和院士制度是大学教师"终身制"在最高层次上的实现和运用。因为这些著名教授绝无解聘之忧，而且也是各大学争聘的对象，其职业稳定性坚如磐石。同时，"部聘教授"和院士作为学术界的最高荣誉，自然极大地激励受聘者的学术创造力，并由此推动大学教师乃至整个学术界为中国学术进步而奋斗，从而加快我国学术与世界学术接轨的进程。

当然，"部聘教授"和院士数量极少，对大学教师表率作用是卓越的，但它并不能代替对大学教师队伍稳定性的整体建立。在上二节已论的教育部关于久任教员奖励、学术研究补助等制度性构件设计之外，教育行政机关和各大学纷纷在稳定教师队伍上创设制度和措施包括制定了解聘辞聘、聘期延长、提供学术假与国内外进修等规定和养老金与抚恤金条例修订，并形成一种倡导与施行之风气。教育部公布的《大学及独立学院教员聘任待遇暂行规程》（1940）对教师聘任作了明确规定，其中在"解聘"上规定"在教员聘约有效期间，除违反聘约之规定外，非有重大事故，经呈准教育部者，学校不得解除教员之聘约"。这是近代对大学教师解聘最明确而又规范的条规，有利于维护聘约的严肃性和解聘的严格性，从很大程度上保护了大学教师的职业权利和"学术自由"的权利。事实上，当时的我国大学虽然采取"自由流动"机制，但对教师的聘约是十分规范的，不随意更改聘约和辞聘教师，除非有充分之理由，这样使大学教师在自由流动机制下仍享有较充分的职业权利，优良教师不愁"饭碗"，担心的是教学科研成绩是否卓著。

---

① 陈东原：《第二次中国教育年鉴》（第六编），商务印书馆1948年版，第873页。

在"部聘教授"制度施行之后，各大学纷纷提出应对之策，一是努力争取本校教授获得"部聘教授"，二是仿"部聘教授"之法设置本校的教授特聘岗位，如"特约教授"、"讲座教授"等。这样，就形成了"部聘教授"与校设特聘教授相得益彰的局面。1942年之后，中山大学设立了特约教授席位，首批特聘著名历史学家陈寅恪为研究院文科研究所特约教授等。[①] 根据规定"部聘教授"在全国公立大学范围内于每一学科遴选一位资历深、名望重、学问大的教授，作为私立大学，金陵大学虽无资格参与竞争，但也不甘雌伏，参仿"部聘教授"标准及评选办法设置"讲座教授"。《金陵大学聘任讲座教授办法》[②] 规定校聘任讲座委员会审定讲座教授候选人资格时"得参照部聘教授办法第二条规定办理"，这就意味着"讲座教授"与"部聘教授"在评审条件上完全一样，体现卓著为选的原则。其后的各条款与"部聘"在程序、待遇等方面大体一致，略有变动的是采用"同行评议"，第五条规定"审定讲座资格涉及专门著作，须经审查者经商请校内外专家审查"；另将聘期改为2年，名额暂定5名。当时，邻近的中央大学1942年有5位"部聘教授"，金陵大学并不示弱，与中央大学相比拼，故定名额5人。金陵大学"讲座教授"制度得到了校友的赞同与支持。1942年5月，金大同学会重庆分会率先捐赠母校讲座21席，每席年薪11000元（每月1000元，假期一个月不发），并且推定讲座人选，文、理、农三院各有7人，其中文学院有蔡乐生、倪青原、徐益棠、林蔚人、王绳祖、刘平侯和陈竹君，理学院有戴安邦、余光烺、陈纳逊、戴运轨、杨简初、裘家奎和张济华，农学院有孙文郁、郝钦铭、胡昌炽、焦启源、单寿父、魏景超和黄瑞采。[③] 他们都是各学科的一流专家，真可谓极一时之选。金大与中央大学在师资队伍建设上的"攀比"举措，从一个侧面说明当时大学之间的竞争激烈程度和积极向上的风气。与此类同的还有中华教育文化基金董事会、中英庚款董事会等向各大学提供的"科学研究教席"、"讲座教席"，其目的是"要把有科学成就或有成功希望的一类人，都给以相当长久或者竟是终身的补助，使他们一心一

---

① 黄义祥：《中山大学史稿》，中山大学出版社1999年版，第353页。

② 《南大百年实录》（中卷·金陵大学史料选），南京大学出版社2002年版，第198—199页。

③ 王运来：《诚其勤仁 光裕金陵——金陵大学校长陈裕光》，山东教育出版社2004年版，第312—313页。

意，无忧无虑，终身为学术而努力，有助于全国的发展"。①

　　大学教师职业稳定性的一个基础性条件是要做到人老无忧、衣食保障，这样建立适应教师特点的养老和遗族抚恤制度成为大学教师制度的重要"人事"部位。我国教师（包括中小学和大学教师）的养老金和抚恤金制度最早出现于1926年11—12月，由广东国民政府颁布《学校职教员养老金及抚恤金条例》17条及《施行细则》，但未很好地实施。1928年《大学院公报》再次刊布此条例，说明国民政府对此认可和继续实施的意愿。抗战以来，国民政府先后三次修正该《条例》，使之逐步完善和可操作。1940年7月公布的修正《学校教职员养老金及恤金条例》，②将条文增至23条，除对原有的条文有歧义部分做了改动，增加法规的严密性外，新增了与当时的现实环境相对应的内容，尤其是第八条规定教职员在职死亡抚恤金领取的对象及条件；第十四条规定私立学校教职员养老金或抚恤金"由该校按其经费情形酌量支给"。第十八条还规定停发养老金的四种情事。本次修正案，主要条文未作变动，而修改的主要是在具体施行过程中出现问题的那部分内容，这说明这次修改是应对施行之举。1944年6月，国民政府再次修正，首先将条例分为《学校教职员退休条例》和《学校教职员恤金条例》两部独立的单行法规。③《学校教职员退休条例》22条，其主要修正和增加的内容是：①延长退休年龄至65岁，并有"变通"，即到达退休年龄"如尚堪任职务者，学校得依事实之需要，报请主管教育行政机关延长之"。②将退休金分为"年退休金"和"一次性退休金"两种，前者退休后按月发放，直至死亡之日。③退休金计算办法改为以退休时月薪为基数按比例计算。这些修正使之现代性大大增高，基本做法至今仍在沿用。《学校教职员抚恤条例》作为单行法规在近代制度史上还是第一次。本《条例》有20条，对教职员死亡后遗族的抚恤金发放种类（分为年抚恤金、一次性抚恤金）、发放顺序及领受权确认及丧葬补助费等均作了明确而又具体之规定。1948年4月，国民政府又一次对学校教职员"退休条例"和"恤金条例"作了修订并公布法规修正文本，

---

① 中国第二历史档案馆：《中华民国史档案资料选编》[第五辑第二编·教育（一）]，江苏古籍出版社1997年版，第278—279页。
② 《教育部公报》第12卷第14期（1940）。
③ 中华民国审计部：《审计法令汇编》，商务印书馆1948年版，第264—266页。

这是对这一制度实施中所反映出来的问题及时回答与制度修正。到此时，我国学校教职员退休金和抚恤金制度已经相当完整而具操作性，也标志着我国近代大学教师职业保障体系构建完善，从而为其稳定性夯实了最后一块基石。

第五节 "第一流大学"与近代大学教师制度建设的"最后一幕"

当近代历史进入尾声时，我国大学继20世纪20年代之后又一次掀起学术反思运动，并闪现出理想主义的光芒。谢康在《抗战时代我国大学教育改造之原则》一文中检讨现行的大学制度："我国过去乃至现代的大学教育制度，多间接地采取美国制度的外形"，"仅得其形式和皮毛，而没有学到人家的精神和长处"。在抗战非常时期，大学教育的使命"首先在于民族文化的光大、传播和提高；民族自信心的陶熔、阐扬和发展；民族意识的培养、深刻化和普遍化"，因而要努力"提高大学在学术上的地位"，以至于"希望在世界学术上逐渐可以独立，脱离英、法、美、德诸先进国学术界附属和追随的地位"。[①] 1941年4月，姜琦撰文指出："所谓'思想自由'与所谓'学术独立'系互相为因同时互相为果；设使中国学术不尊重本国国情有所发明与创造，单只以舶来品为摹本，便失其学术独立之资格；独立之资格一经丧失，则吾人思想之自由焉能保全？不啻受外国文化之侵略而有所屈服矣。三民主义上之所谓'思想自由'与所谓'学术独立'，亦必须与所谓'求国际上、政治上及经济上之平等自由'一词相互串通并打成一片而行动，决不能视思想作用与社会环境相脱离，亦不能视学术地位与政治问题相排斥而高唱无民族性之思想自由与无国际性之学术独立。"[②] 在这里，姜琦提出有"民族性之思想自由"和有"国际性之学术独立"，体现了民国以来中西文化"会通"主潮在"学术自由"与"学术独立"之关系上的深刻印痕。同时，他对"思想自由"

---

① 杜元载：《抗战时期之高等教育》，《革命文献》（第60辑），中央文物供应社1972年版，第5、7、9页。

② 杜元载：《抗战时期之高等教育》，《革命文献》（第60辑），中央文物供应社1972年版，第83页。

（或"学术自由"）与"学术独立"互为因果关系的阐述，确实反映20世纪40年代大学制度和大学教师制度的精神融合和灵魂塑就之特征。

在此时期，"学术自由"与"学术独立"思想在大学制度和大学教师制度上的融合度有所提高，表明我国近代大学已完成了现代转型，高水平的具有国际水准的大学师资队伍正在形成之中。1946年8月13日，教育部部长朱家骅（1893—1963）在部内讨论高等教育工作计划时指出："对大学设备，应订定标准，应规定在中国现状之下最低限度"，"够标准者，要扶助使发展为国内第一流大学。国内第一流大学要发展为世界第一流大学，如中山、中正、英士各大学，更应特别充实"。① 此时，教育部长提出建设"国内第一流大学"乃至"世界第一流大学"的目标并非一时之念，而是我国近代大学发展的必然逻辑。因为到1937年前后，我国有些大学的师资水平和人才培养质量已接近国际水平，如西南联大、中央大学、浙江大学、燕京大学及圣约翰大学等，而且"在中国建立堪与西方国家一流学校相比的学术机构，是大多数这些学术带头人共有的理想"。② 到了40年代，抗战之胜利的曙光已初显，抗战中大学依然蓬勃发展，这大大激发了我国大学界建设"第一流大学"的信心。

正是在这样的背景下，北京大学校长胡适提出"争取学术独立的十年计划"。胡适是我国近代自由主义的代表人物之一。他主张"学术自由"和"科学研究是以大学为中心"。1947年9月18日，胡适在"九·一八"纪念日撰写了他的经典文论《争取学术独立的十年计划》（又名《十年高等教育发展计划》），并于同年9月28日发表在《中央日报》上。③ 本文开篇明告其指出"十年计划"之起因和目的，"我很深切的感觉中国的高等教育应该有一个自觉的十年计划，其目的是要在十年之内建立起中国学术独立的基础"。他认为，"学术独立"并非守旧、孤立的意思，而是民族性与国际性相结合的，做到中国大学能承担现代学术的基本训练，大学教师能做专门的科学研究，较好地解决本国工业、医药、国防等科学问题，并同时能与世界学人共同承担起人类学术进展的责任。接

---

① 中国第二历史档案馆：《中华民国档案史料资料汇编》[第五辑第三编·教育（一）]，江苏古籍出版社1997年版，第251页。
② [美]费正清、费惟恺：《剑桥中华民国史》（下卷），中国社会科学出版社1993年版，第465页。
③ 姜义华：《胡适学术文集·教育》，中华书局1998年版，第165—169页。

着,他提议"中国此时应该有一个大学教育的十年计划,在十年之内,集中国家的最大力量,培植五个到十个成绩最好的大学,使他们尽力发展他们的研究工作,使他们成为第一流的学术中心,使他们成为国家学术独立的根据地"。这"十年计划",按他的建议分为两期,第一个五年先培植起五个大学,后五年再增加五个大学,最终发展为"第一流的大学"。他特别指出"十年计划"应该"包括整个大学教育制度的革新,也应该包括'大学'的观念的根本改换","今后中国的大学教育应该朝着研究院的方向发展","从这个新的'大学'观念出发,现行的大学制度应该及早修正,多多减除行政衙门的干涉,多多增加学术机关的自由与责任"。在胡适眼中,"凡能训练研究工作的人才的,凡有教授与研究生做独立的科学研究的,才是真正的大学",而要成为真正的一流的大学,"人才是第一要件,我们必然集中第一流的人才,替他们造成最适应的工作条件,使他们可以自己做研究,使他们可以替全国训练将来的师资与工作人员"。他还深信,"只有这样集中人才,集中设备,只有这一办法可以使我国这个国家走上学术独立的路"。胡适的"争取学术独立之十年计划",无疑是当时中国学术界"共同的理想"强烈表达,也是对"学术独立"定义的经典阐述。

我国近代大学从诞生之日起,就承载着与民族独立相呼应的"学术独立"之思想和理想,同时也自然地成为近代大学教师制度的基本精神或灵魂。经过半个世纪的曲折发展,大学教师制度演进的精神主线依然是"学术独立",只是这种"独立"不是封闭的单一的概念,而是与"自由"相融合的综合概念,就如胡适"十年计划"中所强调的学术的"自由"与"责任"之统一和姜琦所论的有"民族性的思想自由"和"国际性的学术独立"一样。

诚然,"学术独立"是以"学术自由"为前提的,同时,"学术自由"也只有在"学术独立"基础之上才能真正达成。这样,只有两者实现结合或融合,中国大学和师资队伍才能自立自强,最终列于世界学术之林和世界一流大学之列。胡适的"争取学术独立的十年计划"正是这种"融合论"的产物,也是我国近代大学理想之光。尤其是在内战激烈之际,有此前瞻之论,实乃可贵。在这种主流思潮的影响下,我国大学教师制度在完成了作为人事制度的转换和系统化、规范化之后,又在国际化上作了积极的努力,为近代大学教师制度演进划上最后一道彩虹。

师资队伍的国际化是我国近代大学创世时就显露的教师制度特征之一。那时的教师来源以外国传教士和技术人员为主体，新教育制度和教师制度也以教会学校和外国大学为摹本，体现着鲜明的国际化。但这种"国际化"带有一定的被迫性和殖民性。因此，晚清政府和民国北洋政府将师资队伍的本土化作为大学教师制度的核心目标，与此相配套是建立了留学制度和教育官员出国考察制度，其动机不在国际化而是尽早用中国人替代外国人而成为大学教师的主体，以真正掌握大学教育的国家主权。与些并行的另一路径是教会大学，却努力使师资队伍脱去"洋气"而走向"中国化"，但其始终保留着与生俱来的国际化特征。到了南京国民政府时期，由于初步完成了民族独立之进程，因而中西文化交流已从冲突走向融合乃至会通，这在大学教师制度建设上则逐步形成本土性与国际性的汇合之势。抗战初期，这种汇合趋势由于在民族生存独立上遭遇严峻威胁而有所停滞，但到四十年代中后期，它又成"滔滔之江流汇大海"，国际化再次成为大学教师制度之完善的关键部位。

1940年5月，清华大学金希武、华罗庚、陈省身等49名教授为恢复教授休假制度致梅贻琦校长信中指出："优许教授出国研究，籍资广益，在学术独立之努力中，兼不忘他山之砥砾，此我校之大计，亦即我校之特色。"[①] 这一见解与姜琦同年提出的有"国际性的学术独立"之论是一致的，强调的是"学术独立"道路的选择必须是民族性与国际性相统一的，要在与世界学术交流与对话中谋求中国的学术独立。而当时"国际性的学术独立"思想在大学教师制度上主要体现在教师出国留学、进修与讲学和聘请外籍人员来华任教或讲学，并且将大学师资队伍国际化作为建设国内乃至世界"第一流大学"的重要措施。为此，1944年4月、1945年11月教育部先后颁发《大学教授副教授自费出国进修办法》、《专科以上学校教员应约出国讲学或研究办法》2部专门法规。[②]《大学教授副教授自费出国进修办法》规定任职满5年以上的经教育部资格审查认可的大学教授副教授根据所教授或研究之学科之需要可准予自费出国进修，进修年限以2年为限，并要求如期返国服务。《专科以上学校教员应约出国讲

---

① 《清华大学史料选编》（第三卷·上），清华大学出版社1994年版，第285页。
② 宋恩荣、章咸：《中华民国教育法规选编》，江苏教育出版社1990年版，第661、665页。

学或研究办法》首先规定应约出国讲学人员和研究人员的条件，其中讲学人员"须任审查合格教授或副教授五年以上，并有专门著述，在学术上有重要贡献者"，研究人员"须任审查合格讲师二年或助教五年以上，有成绩者"。其次规定"各校每年应约出国讲学人员，不得逾全校教员人数百分之二，应约出国研究人员不得逾全校人员人数百分之四"；其三规定"应约讲学科目，以有关本国文化或足以沟通中外学术者为主，应约研究科目，以经教育部审核为确有需要者为限"；其四规定"应约出国讲学期间，以一年为限；研究期间，以一年以上二年以下为限"。上述两部单行法规，具体规范了大学教师出国进修、讲学和研究的相关要求、审批程序及基本待遇，使教师"走出去"纳入制度化的轨道。这里值得注意的是这两部法规都体现"学术独立"之立场，将大学教师出国选送的重点放在服务年限5年以上且在学术上卓有成绩的教授、副教授这一高层群体上，不难发现它是作为学科带头人培养的措施而设计的，体现强烈的国家、社会和学术发展需求导向。

1947年2月，教育部还颁布了《国立学校及学术机关聘用外籍人员规程》[①]。这部单行法规有着一种总结性的制度生成特征。自近代大学诞生以来，聘请外籍人员是师资管理上的一项常规性工作，常常以聘约即"聘用合同"形式加以规范，一直未颁布过专门的聘用外籍人员的相关法规。这部《规程》问世，无疑反映出政府对近代以来外籍人员聘用工作的总结性思考和系统性规范。本《规程》共七条，对聘用外籍人员的种类、审批程序、经费、年限、待遇、生活等诸方面均作具体规定。第二条将聘用外籍人员分为讲座、教授及研究员、教员及研究人员和兼职人员四种，其中"讲座"聘用对象多为"学术权威声望卓著特聘来华讲学者"；"教授及研究员"对象应为"具有专门学识经验或技术并为本国学术界所稀有，特聘来华担任教学研究及指导工作者"；"教员及研究人员"对象为"学识经验合于副教授、副研究员以下各级教员及研究人员之标准，特聘来华担任相当工作者"。前三种基本上属于外国专家层次。第三条规定"聘用外籍人员由学校或机关自行洽聘，呈报教育部备查"，体现用人自主和根据需要聘用的思想，同时规定聘用外籍专家（前三种人员）需由部补助经费者，应先呈报教育部核准之后再行聘用手续。第四、五多规

---

① 中华民国教育部参事室：《教育法令》，中华书局1947年版，第554—555页。

定聘用前三种外籍人员期限以三年为准，其薪俸"比照国内同级人员支给之，必要时得酌量情形给予外汇津贴"，另提供相应的往返旅费和休假费，是相当周全的制度安排。这部《规程》与上两部《办法》共同构建了我国大学教师"走出去"和"请进来"的基本通道和政策体系，为大学教师队伍国际化"量身定衣"，其效应是积极的。

抗战胜利后，我国大学曾出现了一度的复兴与繁荣。到1946年11月，专科以上学校达182所，其中大学53所，独立学院62所，专科学校67所，比1937年108所增多74所，增加率达70%。随着学校数的增多，教师数也呈不断上升趋势，而且博士学位者在大学教师队伍中也逐渐成为主体。1947年教育部教育座谈会"关于改进大学教育要点建议"明确提出"大学校长为对外代表，应以领导学术为主要任务"（第一条）；"大学设教员聘任委员会，各级教员由各院系主任提名，经聘任委员会通过校长聘任（大学教员，不可将留学资格过分重视，应注重著作与学术上之成就）"（第六条）。还提高了大学教授薪俸标准，以500—800元为标准分为9级。[①] 同时，时任教育部长朱家骅也提出建设"国内第一流大学"乃至"世界第一流大学"的宏伟设想。但是，由于蒋介石反共而使"和平建国"化为泡影，随之而来的国内战争又使复兴中的中国高等教育遭受战火和腐败双重箝制。国民党及其政府的极度腐败和对解放区的围剿，使我国经济和社会陷入停滞和混乱，从而激发了民主自由运动的高涨。"学术自由"在战火中反而绽放出绚丽的花朵，其突出的制度体现是教授会的恢复或成立。1947年5月，由王文光、季陶达、何泽宝等教授发起，成立了山西大学教授会，并通电全国各大学教授会倡议组织全国教授会联合会。同年，全国教授会联合会在首都南京成立。1947年10月，《国立南开大学教授会会章》确定教授会宗旨"以促进教学效率，协助学校发展并与学术界作应有之联系"，并规定"专任教授和副教授均为本会会员"。[②] 同年5月，修正的《国立清华大学规程》则全面恢复了评议会和教授会组织，同时明确规定教授、副教授、讲师"由校长得聘任委员会之同意后聘任之"，教员、助教则"由各系主任商承校长、教务长、院长

---

① 中国第二历史档案馆：《中华民国史档案资料汇编》[第五辑第三编·教育（一）]，江苏古籍出版社1997年版，第196页。

② 王文俊等：《南开大学校史资料选编》，南开大学出版社1989年版，第163页。

同意后聘任之"，① 从而构建了大学和大学教师管理的民主体制，为"学术自由"奠定了制度框架。同年10月，交通大学颁布的《教授会简章》同样为教授会立法，并明确"本会为本校最高评议机构"。② 1947年7月，中央大学校长吴有训在学生大会训词中坦言"本人一向希望中大成为民主自由的学校"，并公开声明"如果为党派的利益而牺牲中央大学的利益，就是中央大学的罪人"。③ 1947年12月，中国教育学会第九届年会的提案中关于高等教育方面有"试行教授治校，以建立大学教育之健全基础案"。该提案如下：

甲：理由

1. 现行大学制度，权责集中校长，人事派系纷繁，以致校务不能积极进行。

2. 现行教授处于超然地位，大多与学校行政不发生关系，因此多消极指责，少积极建树。

乙：办法

1. 教授会议为全校行政最高会议，凡教授之聘任，经费之预决算，学校设施之方策，均由此会主持决定之。

2. 教员以常任为原则，进退均有教授会组织聘任委员会公开决定之。

3. 学校行政各部门负责人，由校长提请教授会议通过，或径由教授会议中产生。④

本提案所设计的"教授治校"制度体现着强烈的"学术自由"和由"学术独立"延伸出来的自由精神，赋予教授以管理大学的实质性权力即人事权力和其他行政权力。它与上海教授联谊会高等教育制度研究委员会1949年4月1日第一次座谈会所讨论的学校行政制度的主体力量是一脉而承的，即讨论"教授如何治校"，认为"教授对学校行政处建议地位，

---

① 《清华大学史料选编》（第四卷），清华大学出版社1994年版，第169—170页。
② 《交通大学校史资料选》（第二卷），西安交通大学出版社1986年版，第677页。
③ 《南大百年实录》（上卷），南京大学出版社2002年版，第504—505页。
④ 中国第二历史档案馆：《中华民国史档案资料选编》[第五辑第三编·教育（二）]，江苏古籍出版社1997年版，第532页。

遇有重大措施宜与教授会商讨决定"。① 上述证之,"教授治校"作为"学术自由"的体制体现在20世纪40年代中后期的中国大学中得到普遍的认可和确立。这一方面是由于国民党及其政府虽然反对"思想自由"但对"研究的自由"留有一定的制度空隙,另一方面国民政府由于腐败和对经济管制的失控,民怨沸腾,从而从根本上失却对大学和大学教师的掌控,促使各大学"自治性"增强,"学术自由"作为"学院逻辑"得以迅速滋长。1944年12月,朱家骅出任教育部长。这位留德博士,有着自由主义的秉性,两度出任教育部长均能遵循大学教育的自由主义原则,为"学术自由"设置制度保障。1948年1月12日,由他主持起草且由国民政府颁布在大陆的最后一部教育法律的《大学法》为大学教师的"学术自由"留有一定的制度空间。② 它在第十二条规定"大学教员分教授、副教授、讲师、助教四种,由院长系主任商请校长聘任之",这里院长系主任根据何种方法确定推荐人选并未作明确规定,这实际上为教授参与推荐工作留下了制度空间。实际上,大多数大学采用"合议制",由教授组织考察与遴选。第十九条则规定校务会议,除校长、教务长、训导长、总务长、各学院院长、各学系主任为成员,应有教授代表,"教授代表之人数,不得超过前项其他人员之一倍,亦不得少于前项其他人员之总数",虽然没有评议会这样的教授议政机构但也或多或少体现一定的民主性。当然,它与大学所实际运作的教师制度在民主程度上仍有相当大的距离。

从抗战到国内战争止的11年中,我国大学教师制度在血与火的环境中依旧艰难前行,不断追求完善,令世人惊叹。教育部为1946年1月联合国教科文组织举行的第一届大会撰写的报告书《一九三七年以来的中国教育》中写道:"高等教育在战时不仅能照常发展,并渐入轨道。如学校组织之厘订、课程之整理、师资之审查、学术研究之提倡等,均足以形成完美之制度"。③ 大学教师制度是"完美之制度"之一种,而且有着标杆意义,也是中国近代大学制度建设中最有成效之一。它极大地促进了大学师资队伍建设,同时也为大学教师发挥作用创造了条件。邢公畹在

---

① 《交通大学校史资料选编》(第二卷),西安交通大学出版社1986年版,第647页。
② 宋恩荣、章咸:《中华民国教育法规选编》,江苏教育出版社1990年版,第429—432页。
③ 中国第二历史档案馆:《中华民国史档案资料汇编》[第五辑第二编·教育(一)],江苏古籍出版社1997年版,第299页。

《风雨如晦,鸡鸣不已——抗战时期的南开大学边疆人文研究室》记叙当时大学教师从事科研的情景:"夜很静,窗外是茫茫无尽的黑夜,我自己点的灯,它照着我是怎样踏出同样茫茫无尽的科学研究的道路的"。[①] 这一描写在当时具有典型性,是大学教师群体的一个真实写照,从一个侧面反映当时大学教师的"学术救国"的精神状态,也间接地证明那时期大学教师制度的激励作用和进步程度。有外国学者评价道:抗战时期"尽管资金缺乏,中国的科学研究还是在艰难中进行,并初具规模","它证明:中国人在某些领域是有能力创造自己的办法,取得成绩,继而又对外国的研究发生影响的"。[②] 还特别指出:"令人吃惊的是尽管这一时期一直处于战争状态,但中国的许多高校仍有坚持不懈地保持了各自的特色,这大概是得益于蔡元培以前所提倡的大学自治和学术自由的思想。"[③]

---

① 王文俊、梁吉生等:《南开大学校史资料选》,南开大学出版社1989年版,第419页。
② [加]许美德、[法]巴斯蒂:《中外比较教育史》,上海人民出版社1990年版,第21页。
③ [加]许美德:《中国大学(1985—1995):一个文化冲突的世纪》,教育科学出版社2000年版,第83页。

第八章
我国近代大学教师制度的整体概貌和基本经验

我国近代大学教师制度从京师同文馆创办开始孕育,至戊戌"京师大学堂章程"颁布昭示其萌芽,其后经历了初立、发展、成熟乃至完善几个时期,终于构筑了大学教师制度的巍峨大厦。从京师同文馆创办算起长达80余年,从京师大学堂创办至1948年止亦有50年,作为一项微观制度建设来说,似乎显得有点漫长,但从制度文明的规律看,她又显得年轻而又充满活力。无疑,近代大学教师制度是我国近代大学制度建设中最有成效的部分,其标志是一组完善的制度文本和大学师资队伍的整体崛起,使中国大学不断成长和壮大,从而使北大、清华等一批著名大学有了向世界先进大学看齐的勇气和基础。近代大学教师制度的优良,其根本因素是坚持不懈、持之以恒,像接力赛一样进行着制度建设工作,无论是朝代交替还是政府换届,总将大学教师制度的推进列入议事日程,就连北洋政府时期仍有《大学令》、《国立大学职员任用及薪俸规程》、《国立大学校条例》等法律文本颁布,并成为经典文本。正因为制度建设的连续性,使之逐渐超越微观制度的事务性而达成普适性。1948年《大学法》颁布,是一个时间的结点,以此为近代大学教师制度完善的定格时间,那么它给我们展示的是一个什么样的整体概貌呢?它又为我们提供什么样的大学教师制度建设的"近代经验"呢?在前面六章的基础上,本章将做重点探讨。

第一节 我国近代大学教师制度的规则体系及演进轨迹

制度是一个体系,由一组规则构成。规则是制度各要素的法律和规章的呈现体。近代大学教师制度是以大学教师管理作为规范对象的，因而以管理过程中的相关环节作为制度构件的原点势成必然。大学教师管理包括职务、资格、聘任、晋升、培养与进修、考核与奖惩、待遇与退休等环节，以此构成了大学教师制度的规则体系。以1948年的《大学法》为标界，我国近代大学教师制度的规则体系即整体概貌可作如下勾勒：

（一）大学教师职务分为教授、副教授、讲师、助教四等，专兼职教师均按四等分级。"部聘教授"是大学教师职务中的特设等级或荣誉职位，是国家层次的学科带头人或学术大师，按学科分类遴选，数量极少。（制度文本：《大学法》，1948；《教育部设置部聘教授办法》，1941）

（二）大学教师资格按职务四等设置，其基线除学术上有特殊贡献又无文凭等特例外，大学毕业是大学教师资格的首要条件。其中助教资格二者选一，即"国内外大学毕业，得有学士学位而成绩优良"或"专科学校或同等学校毕业，曾在学术机关研究或服务二年以上著有成绩者"。讲师资格为四者选一，即"得有硕士或博士学位或同等学历证书而成绩优良"；或"任助教四年以上，著有成绩，并有专门著作者"；或"曾任高级中学或其他同等学校教员五年以上，对于所授学科确有研究，并有专门著作"；或"对于国学有特殊研究及专门著作"。副教授资格为三条择一，即有博士学位或同等学力且成绩优良，并有"有价值之著作"；或任讲师3年以上著有成绩，并有专门著作；或具有博士或硕士学位的讲师继续研究或执行专门职业4年以上，对于所习学科有特殊成绩，在学术上有相当贡献。教授资格为二者选一，即任副教授3年以上著有成绩，并有重要著作；或具有博士学位或同等学历且有学术成果的副教授继续研究或执行专科职业4年以上，有创造或发明，在学术上有贡献。上述规定为常规，但设一特例为凡在学术上有特殊贡献而其资格不合于本规程恒定副教授、教授资格条件者，经教育部学术审议委员会出席委员四分之三以上表决通过，可得以晋升。（制度文本：《大学及独立学院教员资格审查暂行规程》，1940）

（三）大学教师以专任为原则，按助教、讲师、副教授、教授四等职务聘任，其职务须经教育部学术审议会审查合格而确定等别，其中未经审查核定者可先试聘一年，同时办理审查手续。大学教师聘任试行聘期制，"第一次试聘一年，第二次续聘一年，以后每次续聘二年"。教授副教授讲师授课时间每周9—12小时，助教不定课时，以教学助手为职。大学教师聘任"由院长商请校长聘任",在校长决定聘任事项之前一般经过由教授代表组成的聘任委员会进行人事议决。聘书是聘任的法定证明,由大学校长签发。在聘约有效期内,各校除违反聘约之规定外不得解除教师之聘约,若有重大事故要解约,须报教育部批准。(制度文本:《大学法》,1948;《大学及独立学院教员聘任待遇暂行规程》,1940)

(四)大学教师职务晋升按台阶论,从助教至讲师至副教授,最后晋升为教授。教授是大学教师最高职务,而"部聘教授"属于特设岗位,荣誉性质。助教晋升讲师履职时间须4年以上,讲师升副教授为3年以上,副教授升教授亦为3年以上。"部聘教授"须"在国立大学或独立学院任教十年以上"。所有大学教师职务晋升由学校呈请教育部进行升等之审查,并提交履历表、毕业证书或学位证书、著作品、服务证明书及其他足资证明资格之文件。教部审查合格后,发给职务等级证书,作为各大学职务升等的重要凭证。(制度文本:《大学及独立学院教员资格审查暂行规程》、《大学及独立学院教员聘任待遇暂行规程》,1940;《教育部设置部聘教授办法》,1941)

(五)大学教师培养与进修方式分为出国留学或进修、学术假和在职攻读研究生等。出国留学或进修分为攻读博士或硕士学位、研究、考察三种,选派种类分为公费、自费两种。出国留学或进修主要对象是教授副教授,并须"任职满五年以上,所教授或研究之学科确有出国进修之必要"。出国留学或进修期限以两年为上限,半年、一年或二年均视需要而定。"学术假"一般由教授申请和享受,凡国立专科以上学校对于连续在校任专任教授满7年以上、成绩卓著者,予以离校国内或国外考察或研究半年或一年之机会;获准休假进修者应事先提交进修计划、事后提交考察或研究结果报告;"学术假"期间教授薪金照发,学校酌情提供旅费补助。助教可在职攻读研究生。(制度文本:《大学教授副教授自费出国进修办法》,1944;《国立专科以上学校教授休假进修办法》,1941;《修正大学研究院暂行组织规程》,1939)

(六)大学教师考核与奖惩由学校和教育部分别负责。大学对教师的考核常常结合聘任和晋升这两个重要工作环节而进行,年度只是填写履职表之类。教育部主要在大学教师资格审查和教师奖励上承担相应的职责,其中有久任教员奖金、教员奖助金等项目。教师违反校纪校规方面的惩处,除请假制度由教育部颁布外,其余均有各校酌定。(制度文本:《大学及独立学院教员资格审查暂行规程》，1940；《教员服务奖励规则》，1940；《教育部设置专科以上学校教员奖助金办法》，1942；《公教人员久任奖金给予办法》，1947）

（七）大学教师待遇包括薪金、津贴及住房补贴等内容。大学教师薪金即工资实行年功加薪法，以任职年限长短及教学合格与否确定薪级。工资分四等30级，其中教授分9级，9级月薪320元，1级为600元；副教授、讲师、助教均分为7级，起薪分别为240、140、80元，最高薪分别为360、260、160元。初任教员以自最低级起薪为原则，曾任教员或有特殊情形者可酌情自较高级起薪，其中任教成绩突出者可由学校酌予晋级。同时，大学教师薪金实行差别化政策，"各校得斟酌学科及当地生活程度与本校经济状况，酌量增减"。津贴由教育部统制的有学术研究补助费、久任教员奖金等，以业绩为主要计算标准。住房补贴、生活困难补贴等由各校自行决定，全国没有一个统一标准，只是在抗战这一特殊时期教育部才有相关的规章颁布，也仅是权宜之计。（制度文本：《大学及独立学院教员聘任待遇暂行规程》，1940；《国立专科以上学校教员支给学术研究补助费暂行办法》，1943）

（八）教师退休制度以养老金为主体内容，辅之以抚恤金。大学教师满65岁可退休，退休金或养老金发放分年退休金、一次性退休金两种。年退休金发放对象为年龄已满65岁，服务15年以上者，一次性退休金发放对象为服务5年以上15年未满，年龄已满60岁者。年退休金按该教师退休时之月薪额按比例计算，最高为65%，从退休次月起按月发给，直至死亡为止。一次性退休金按教师最后在职时月薪参照服务年限长短而定。抚恤金给予服务15年以上病故或因公死亡的教师之遗族办理丧葬，及未成年人抚养等补助，也分为年抚恤金、一次性抚恤金两种。（制度文本：《学校教职员退休条例》、《学校教职员抚恤条例》，1948）

此外，还有人员编制、出国讲学及外籍人员聘用等人事方面的规定。它们共同构成我国近代大学教师制度的规则体系，并达成了规范化、科学化的制度水平。这组规则始终围绕着聘任与培养两大主线而展开，其中聘任规则是"绳头"。聘任工作涉及职务分等、资格、晋升、考核与奖惩、待遇与退休等规则及聘任本身的法律规定，这样聘任这一主线就将其制度的主要规则都牵引在一起而形成一个规则群。培养（包括进修）是大学教师职业发展的根本性措施，自然也是大学教师制度的核心部位，培养规则与聘任、考核、奖励紧密相连，是聘任、考核及晋升的基础性条件，而且在职培养既是教师业务水平提高的主要途径，又是使用好教师的舞台。这样，聘任与培养这两条主线可以将整个规则体系编织成互相依存、互相支持的制度之网，抓住了聘任与培养两个环节也就抓住了大学教师制度建设的核心。因而，近代大学教师制度最为完善的部位是聘任与资格、培养与进修，尤其是由聘任制所生发的自由流动机制和由培养所推进的教师自我发展机制成为其最光亮的部分。

大学教师制度规则体系如何体现受用主体的权利与责任，是国民政府和近代大学教育界共同所关注和解决的问题。这也是西方权利义务对等的立法思想传播于近代中国的一个印证。从上述制度要素规则的勾勒中可知，我国近代大学教师由法律法规和学校规章赋予职务晋升、受聘、辞聘、进修提高、待遇享受和退休等诸多权利，同时在不同时期享受程度不同的教授治校和学术自由的权力或权利。这些权利或权力只有在民国成立以后才逐步实现，并不断由高等教育法律法规及规章予以确认与推进。与此同时，近代大学教师要承担在"学术独立"思想指导下的教学、科研等学术责任，满足政府和学校的考核要求，分担大学为国家民族独立与复兴的相关责任。这种责任规定始于清末，伴随近代大学诞生和发展而生而长，到20世纪30、40年代已经变得十分清晰而又成效卓然。大学教师的权利与责任的统一，是近代大学教师制度建设进入尾声时的最突出的特征，是该制度完善的标志，也是其得以发挥作用的关键所在。当然，这种统一性是基于大学教师制度的规则功能和实施取向的。近代大学教师制度在规则系统构建中逐渐注意到作为人事政策的主体构成，其约束性、激励性和自律性三者必须达成较高程度的平衡和协调。作为制度首要的是约束或规范大学教师的行为，使之能按照政府、学校、社会和个人的意愿履行好相关工作职责。这种约束性在资格、聘任、晋升、考核等制度上有重要的体现，而且这种约束大体上又以不损害大学教师从事教学和科研所应有的基本自由（主要指民国时期）为底线。激励性是近代大学教师制度进入发展期以后较为鲜明的制度特征。这种激励性渗透在相关法律法规和规章之中，可谓润物无声。它包括大学教师职务分等设计及内部晋升、培养与进修、奖励与学术研究等，尤为重要的是近代大学教授拥有参与学校管理的权力，形成"教授治校"体制。这是近代大学教师制度中最有激励性的部分，至今仍为吾辈神往，可见其激励性超越时空达成普适。近代大学教师制度的自律性主要是体现"自由职业者"和公教人员双重身份定位、对教师"私德"的包容和考核制度的粗略甚至不详等方面。这种自律性是建立在对自由流动机制下所聘任的教师的信任和尊敬基点之上的，因而是内发性的，并且特别有效。不可否认，到1948年《大学法》这一国民政府最后一部教育法律颁布时，近代大学教师制度已从规则体系到制度所确定的教师权利与责任，以致制度中所隐着的约束性、激励性和自律性相统一上，都已达到"相当完善之程度"。

我国近代大学教师制度的完善和成效不俗，从前六章论述中可知，它经历了从孕育到萌芽，从初立到发展，从成熟到完善的六个阶段，漫长而又曲折，其中经过了政体巨变和政权多次更替，可以说是在外侵、内战和灾难交织中一路走来的。这说明制度文明的艰难性和绵延性，同时也证明一项制度发展必然是时势和环境的产物。我国近代大学教师制度各个要素规则的产生、修订甚至废止，时间起止并不完全相同，但有一共同点是渐进的逐步完善的，有的甚至出现进退相伴的局面，也有制度规定与各校实施分离或不一致或相冲突的现象，这也许是制度演进中难以避免的问题，尤其在近代中国这一多灾多难的环境中。近代大学教师制度的演进，同样也是各个制度规则互相作用的结果，其中聘任制度对整个大学教师制度的牵引和支持最大最有效，培养制度的支持力也不可忽视。因此，对各个制度要素的演进轨迹进行逐一分析，就显得十分必要了。

（一）大学教师职务制度

我国近代大学教师职务制度经历了从粗分到细分的过程，最后定格在四级分等上，并沿用至今。清政府颁布的《奏拟京师大学堂章程》（1898）第五章"聘用教习例"规定大学堂教师分为总教习、分教习二级，其中总教习以教务管理为主，属于教师与官员兼任性质。这种粗略的职务分等与京师同文馆的教习、副教习职务分等处于同一水平线，说明创办时的仓促和缺乏制度先例。《钦定京师大学堂章程》（1902）第六章"聘用教习"中将教习职务分为总教习、副总教习、教习、副教习，其中副教习为外国教习所配的辅导或翻译性职位。从任教角度看，教习、副教习是真正意义上的教师职务，因此可视为二级分等。《奏定任用教员章程》及其他"癸卯学制"文件（1904）规定教师职务分为正教员、副教员二级，而且覆盖大学堂、高等学堂、优级师范学堂和高等实业学堂教习职务任命。用"教员"替代"教习"显然是一大进步，使大学教师职务名称趋向近代。《奏定学务纲要》还明确规定大学教习"宜列作职官"，即国家官员之一种，类似于现代的公务员。清末三部高等教育法律中均采用大学教习职务二级分等法和国家官员身份定位，明显有移植日本早期大学的教师职务模式。

民国以后，大学教师职务制度近代化进程加快，但也时而出现反复。《大学令》（1912）将大学教师职务分为教授、助教授及讲师，其中讲师为兼职职务。"教授"第一次出现在大学教师的职务名称中，说明共和政体的现代意识和国际视野，并使大学教师职务洋溢着浓烈的现代性和国际性，从一个侧面预示中国近代大学开始加快走向世界的步伐。可惜的是在袁世凯的复古主义教育思想影响下，1914年颁布了具有集权趋向的《直辖专门以上学校职员任务暂行办法》及任用、薪俸暂行规程三种法规，其中最大的变化是取消教授、助教授及讲师之称谓将大学教师职务改为"教员"一种，并分为专任、兼任二类。这无疑是教师职务制度建设的一大倒退。该组法规颁布三年即被《国立大学职员任用及薪俸规程》（1917）所取代。这三年的倒退换来了教师职务制度的进步，历史真是时势所造。该规程规定国立大学教师职务分为正教授、本科教授、预科教授、助教、讲师和外国教员。本科及预科教授实为一种，"外国教员"并不是一种职务，讲师为兼职，因而这里出现三等职务法，第一次有了"助教"这一职务等级，但这种职务分等比较杂乱，缺乏必要的逻辑序列，而且"正教授"一级"事实上并未沿用"。[①] 到1924年，《国立大学校条例》颁布，同时废止了《大学令》及《修正大学令》等，又将大学教师职务修正为正教授、教授及讲师三级，取消了"助教"职务，不过比较有新意的是讲师可列席各科教授会。1912—1927年间，我国大学教师职务始终在三级分等上徘徊，其中"教授"、"讲师"、"助教"的现代职务名称出现和施行，是最大的进步。

值得重视的是南京国民政府一成立，旋即颁布了一部具有划时代意义的大学教师法规《大学教员资格条例》，第一次将教师职务定为教授、副教授、讲师、助教四等。自此"讲师"作为大学教师专任职务序列之一级，"为重大之变易"。这一四等分级制，被《大学组织法》（1929）和

---

① 陈东原：《我国大学教员之资格标准及聘任制度》，《高等教育季刊》（创刊号）1941年第1期。

《大学法》（1948）得以再次确立，而成为国家法律规定。自此，我国大学教师职务制度完成了所有的立法进程，并与国际接轨，达至成熟，从而至今未改。

（二）大学教师资格制度

我国近代大学教师资格制度起始于清末，其核心法律文本是《奏定任用教员章程》（1904）。此前，《奏拟京师大学堂章程》已提出"文凭"概念。《奏定任用教员章程》首次建立了大学教师资格的量化性指标即毕业文凭之要求。它规定大学堂正教员以将来国内大学研究生毕业和外国留学毕业文凭为基本条件，副教员以将来大学优等毕业生或留学毕业中、优等为选。事实上，当时国内无一所大学堂培养研究生，甚至分科大学到1910年才开办。这就意味"癸卯学制"所设计的大学教师资格制度是理想化的，从中可看出抄袭日本大学教员规章的明显痕迹。不过，"文凭"的列入是其最大的创新处。当然，立法者设计了"过渡性"条款，即暂时由外国教师和有各科学程度相当之华员充选，也可证明其明白事理。

进入民国，大学的发展有较大的加快，这样对大学教师资格的制定也格外受政府重视。民国第一部大学法规《大学令》并未涉及大学教师资格问题，《私立大学规程》（1913）却对教师资格作了探索性的规定。为何会出现这一现象，除《大学令》立法侧重面所限以外，很大程度上是当时大学发展快对师资需求的大量增加，而国内大学师资资源又相当贫乏，因而从私立大学先作教师资格规范的尝试，这也许是一种现实主义的路线。《私立大学规程》对教师资格要求明显地比《奏定任用教员章程》所规定的要低，只要有国内外大学毕业即可，但有一条非常有创见，即"有精深之著述经中央学会评定"也可聘为教员。这里有三点突破，一是研究成果进入资格条件；二是同行评议的方法；三是教师职务可以破格。《直辖专门以上学校职员任用暂行规程》第十条则规定大学教员"非专门以上学校毕业不得充任"，并明确"非由学校毕业而于某门学问具有专长者，亦得充之"。这一条文既简略又门槛设置较低。此后的《国立大学职员任用及薪俸规程》等均未涉及教师资格的内容。1927年6月颁布的《大学教员资格条例》第一次将大学教师资格作明确而又突破性的规定。首先是"学位"概念首次进入法规，表明其与国际通行的学位制度相衔接，第二是按照四级分等这一现代职务层次设计相关资格条件。就学位而言，助教、讲师、副教授及教授与学士、硕士、博士学位相对应。就业绩来说，助教要求"有相当成绩"或"于国学上有研究"；讲师要求"任助教一年以上且有特别成绩"或"国学上有贡献"；副教授要求讲师任满一年以上，而"有特别成绩"或"于国学上有特殊之贡献"；教授则要求任满副教授二年以上，且有特别成绩。这样，四级职务资格要求由低至高，界限较为分明，而且以任职年限作为内部升等的主要依据，并突出了教师的业绩贡献，尤其是教学与科研上的贡献，是该法规的最精华部分，这证明学术水平已成为大学教师资格的主体性内容。这一法规同样具有一定的超前性，而且比较严格。孟宪承对此指出"中国大学至少国立大学，教员的资格已经是相当得严"。[①] 不过，由于大学发展的阶段性所致，除少数大学外，"实际奉行者殊少"。[②] 当然，不可否认《大学教师资格条例》颁布标志着我国近代大学教师资格制度已基本确立。此后并未有大的变化，到1940年《大学及独立学院教员资格审查暂行规程》也只有评审方法的变化，资格条件也没做大的修改，只是各级职务晋升所需的任教年限过短，与国外大学相比有差距，故做了延长之处理。

（三）大学教师聘任制度

洋务学堂以京师同文馆、福建船政学堂为代表对外国教习实行聘任制，订立聘用合同，而对本国教师只采取调遣文书办法，属于官员任用制。《奏定大学堂章程》（1904）首次将总理学务大臣与大学堂总监督分设，这意味着我国近代大学管理走向自主，而且规定大学总监督总管大学堂各分科大学事务，统率全学人员，可视为校长负责制之滥觞。"癸卯学制"对大学教师制度的最大贡献是《奏定学务纲要》用国家法律形式确定大学教师实行任期制，即大学教员任期一般为2或3年，或"视该学堂毕业之期为一任"。这寥寥数语，但对之后的大学教师聘任制度影响深远。自此，我国近代大学一直不改教师聘任制，教师脱去了"官帽"成为学术职业人，并渐渐形成颇具中国特色的自由流动机制，极大地推进我国大学教师队伍学术水平的不断提升。

民国初期的《大学令》沿用清末的做法，施行大学校长负责制，但未明确教师聘任权之归属，从大学校长"总辖大学全部事务"规定看大

---

① 孟宪承：《大学教育》，商务印书馆1933年版，第97页。
② 陈东原：《论我国大学教员之资格标准及聘任制度》，《高等教育季刊》（创刊号）1941年第1期。

抵属于校长，对教师聘期也同时未作规定，只能说明民初仍沿用清末旧例。《直辖专门以上学校职员任用暂行规程》（1914）倒明确"凡直辖专门以上学校之专任教员，均由校长延聘相当之人充之"，不过加上"须开具详细履历，详经教育总长认可"。这样，大学教员聘任权最终隶属教育总长，校长只有建议权，这明显印上袁记的集权倾向，是历史的倒退。1917年颁布的《国立大学职员任用及薪俸规程》则修正为教师"由校长聘任之，并呈报教育总长"，删去了"认可"二字说明这种呈报制度体现一定的放权倾向。这样，大学教师聘任权可以回到校长手中。本《规程》第四条还规定正教授、助教授初次聘任先试教一年，"期满若双方同意，得设立长期契约"。这是"终身制"的最初构想，事实上本条文只停留在文字上，从未完全实施过。《国立大学校条例》（1924）第十二条规定国立大学正教授、教授和讲师"由校长聘任之"，连呈报教育总长备案内容也删去了。这样，教师聘任开始成为大学内部事务。1919年，北大率先成立聘任委员会，开教师聘任合议制之先河。到1924年"条例"颁布前后，北高师、交大、广东大学、东南大学等纷纷成立聘任委员会，并逐渐形成系科主任和教授会提出人选，校聘任委员会审议，最后由校长签发聘书的教师聘任程序。

　　南京国民政府成立后颁布的第一部大学教师法规《大学教员资格条例》正式确定大学教师分为教授、副教授、讲师、助教四等，并规定大学评议会是审查教员资格之机关，不过加上"审查时由中央教育行政机关派代表一人列席"，这也许为后来建立全国统一的大学教师资格审查制度埋下了伏笔。正如陈东原所指出的"该条例之唯一精神，尤在于教员资格之审查"。[1] 不过，这一条例提出的校长与评议会（教授代表）"分享"教职员的聘任权之规，无疑是颇有创见的，是政府首次对评议会赋予教师聘任审查权。在第四章"附则"中特别规定"大学教员以专任为原则"，也是教师聘任制的构成内容，值得一提。1929年的《大学组织法》则提出大学实行学院制，各学院教师"由院长商请校长聘任之"，但未提评议会，其原因是《国立大学校条例》（1924）在评议会上加设董事会，并取代了评议会的主要职能，评议会降为议事性机构。这样，校长与

---

[1] 陈东原：《论我国大学教员之资格标准及聘任制度》，《高等教育季刊》（创刊号）1941年第1期。

院长分权于教师聘任,也就再自然不过了,也隐含着校长专权的某种危险。这与南京国民政府在教育上实施"严格主义"的统制政策直接有关。这一趋向随着国民政府的政权逐渐巩固而大大强化。抗战爆发之后,国民党和国民政府趁战争之需加快了教育统制之步伐。1940年开始实现全国统一的大学教师资格审查制度,并严明大学聘请教员"应按照教员审查合格之等别聘任之"。《大学及独立学院教员聘任待遇暂行规程》(1940)第四条明确规定教师聘任规定,即试聘为一年,第二次续聘为一年,以后每次续聘为二年,并载明聘约。这实际上是国民政府第一次以法规形式确认大学教师聘任制度。第六、七条则规定解聘与辞聘之程序和要求,解聘程序很严,一般要呈准教育部,而教师辞聘,只要"于辞职三月前提出",经学校同意即可于该学期末办理。这种一严一松的政策规定,表明政府对教师聘任制和自由流动机制的强烈认同和支持。至此,我国大学教师聘任制得以真正确立,教师有了"自由职业者"和公教人员双重身份。《大学法》(1948)再次确认教师"由院长商请校长聘任之",教师聘任权又回归校长和大学。

(四) 大学教师职务晋升制度

教师职务晋升制度相当于现在的职称评审制度,与上节所论的教师职务制度并非同一回事。教师职务制度重点在于职务等级的设计,而晋升制侧重于内部升等。后者在教师制度中具有特别重要的意义,因而单列一条来论述其演进轨迹。大学教师职务晋升制度产生较晚,但萌芽却不迟,尤其是教会大学在20世纪初即建立了职务晋升制度。当然,作为政府法规中的教师职务晋升制度第一次出现是在《大学教员资格条例》(1927)之中。该条例第二章"资格"设计了助教1年以上可申请晋升讲师,讲师1年以上可申请晋升副教授,副教授2年以上可申请晋升教授之制度内容。这一规定的粗略是显而易见的,任职年限又太短,不利于大学教师业务上的磨炼和发展。1940年教育部公布《大学及独立学院教员资格审查暂行规程》将教师职务晋升等审查权归属教育部,并将助教升讲师任职年限改为4年,讲师升副教授任职年限改为3年,副教授升教授任职年限改为3年,这虽然延长了任职年限,但比国外大学教师晋升相关职务任职年限仍要短些,这不能不说是一个缺陷。

(五) 大学教师进修制度

我国近代教师进修制度萌芽于洋务学堂,当时采取从在校优秀学生中选作副教习或派遣出国留学方式,以加速培养中国教师队伍,是民族独立思想在新教育中的体现。近代大学诞生以后,中外教师数量上倒置,加之待遇悬殊,深深刺痛中国大学办学者的心,因而"学术独立"思想开始成为近代大学教师制度的基本精神,加快培养中国教师便成为题中之义。1899年总理衙门拟定的《出洋学生肄业实学章程》,首先提出将留学作为教习培养的主要办法。《钦定京师大学堂章程》(1902)提出"拟酌派数十人赴欧美日本诸邦学习教育之法,俟二三年后卒业回华,为各处学堂教习"之要求。之后,又组织教习参加译书和翻译等活动来提高其教学水平,不过法规上鲜见相关规定。

民国以后,教师进修的法规呈现增加之趋势,教育部公布《管理留学日本自费生暂行规程》(1914)将中学以上各校教员列入自费留学日本学生资格之一。[①] 1916年教育部公布《选派留学外国学生规程》进一步明确曾在大学任教授或助教2年以上者列入选派留学生范围,并强调必须"留学外国之学术技艺",并可免留学考试之全部或一部。[②]《国立大学教员任用及薪俸规程》(1917)第十三条首次提出"凡校长、学长、正教授每连续任职五年以上,得赴外国考查一次,以一年为限,除仍支原薪外,并酌支往返川资"。这是后来的"学术假"最初样式。当然,限于当时的军阀内战和教育经费短缺等原因,这一"学术假"除北大等校外大多没有施行,但从制度建设看仍不失其深远意义。上述法规大多将大学教师进修指向出国留学进修,随着1922年北大首创研究所招收研究生以后,本国知名大学自我培养研究生能力有所增强,起初未将助教列入研究生招生范围,1934年颁布的《大学研究院暂行组织规程》修改了先前之法,助教可在职读研究生,这又开辟了一条大学教师进修的新途径。

抗战爆发后,一度暂停了大学教师的"学术假",到1940年以后先由西南联大等校率先恢复,之后各大学纷纷效行。不过,对"学术假"申请者的条件主要是任职年限,各校长短不一。为了统一起见,1940年教育部在《大学及独立学院教员聘任待遇暂行规程》第十五条将1917年

---

① 中国第二历史档案馆:《中华民国史档案资料汇编》(第三辑·教育),江苏古籍出版社1991年版,第581页。

② 中国第二历史档案馆:《中华民国史档案资料汇编》(第三辑·教育),江苏古籍出版社1991年版,第599页。

规定的教授连续在校服务5年改为7年，并增加"成绩卓著"这一定性条件，还将"学术假"时间改为半年或1年，考察或研究地点不再专指国外，也包括国内。这明显增强可操作性，也是大学成长的一个侧面。同年同月，教育部还公布了《教授离校考察或研究方法》，进一步细化了上一《规程》关于"学术假"的规定，可谓是实施细则。次年又颁发《国立专科以上学校教授休假进修办法》。至此，我国大学教师"学术假"制度已建立起来了，并且对教师队伍成长产生了积极而又显著的影响。

抗战胜利前后，我国大学有了一个短暂的恢复与发展时期。大学教师制度建设重点关注师资国际化问题。1944年4月教育部出台了《大学教授副教授自费出国办法》，次年又颁布《专科以上学校教员应约出国讲学或研究方法》，对大学教师出国考察、研究和讲学均作了较为详尽的规定，并与上一时期确定的策略相同，突出大学教师研究水平的提高。应该说，它是我国近代大学教师进修制度卓有成效的关键因素。

(六) 大学教师考核制度

我国近代大学教师考核制度有着与职务、资格、聘任、晋升等制度不同的特色。清末政府特别重视教师考核，并侧重于从严，"管制"色彩较浓。民国成立以来独立的大学教师考核制度几乎不见踪影，隐遁于教师资格聘任、晋升等制度要素之中。这是何因呢？晚清政府是一个风雨飘摇的朝廷，当西潮汹涌而来，除了竭力守护清廷大厦之外，便是被迫应对外敌入侵和外交困境。"新政"启动之后，朝廷仍陷于守成与变革的矛盾之中，这也影响到大学教师制度的变革路径。《钦定京师大学堂章程·聘用教习》（1902）对教习考核仍着眼于"严"。第九节规定教习辞退权归属管学大臣，"如有教课不勤，及任意紊乱课程之规约等事，无论中外教习、年满与否"均可辞退；第九节则规定总教习负责教习的考核，"教课勤惰，均由总教习按照章程严密稽察，年终出具考语，报明管学大臣查核"。这样就形成当时大学教习考核制度的基本框架，即教习考核由管学大臣总负责，总教习具体负责，考核与任用相结合，并有年度考核之规。《奏定大学堂章程》（1904）对"钦定大学堂章程"作了较大修改，将正教员、副教员的考核权分别授予分科大学监督（即院长）、本科监督（即学科主任）及教务提调（即教务处长），教师考核内部化，并设计教员会议这一全新制度。不过，对教师从严考核与监督的基调大体上未变。

民国共和政体一建立，新教育制度随之革故鼎新。《大学令》（1912）

创立了一个民主自由的大学管理体制，评议会和教授会成为大学管理的核心机构。《直辖专门以上学校职员任务暂行规程》（1914）提出学长或教务主任"应审查教员之成绩具报校长"，明确教师考核由学长与教务主任"合作"进行。同日公布的《直辖专门以上学校职员薪俸暂行规程》则规定了专任教员每周授课时间 10 小时以上，这是为教师考核定量化标准。《国立大学职员任用及薪俸规程》（1917）第一次规定新教师有一年的试教期，这是对新教师的一种观察与考核，同时结合"年功进级"薪金制的推行，提出教师及职员"进级与否"，由校长"考察其办事成绩及勤惰定之"，进而明确考查的内容为教学成绩、年授课时数、课程性质、著述与发明和社会声望。今天看来，这种考核体系仍符合大学教师的职业特点，尤其是教学与研究成果成为教师考核的主体构成，加之"社会声望"的引入，使之具有鲜明的时代性。《大学教员资格条例》（1927）规定教师晋升高一级职称的审查内容，即履历、毕业文凭、著作品、服务证书四项，这一内容与1940年《大学及独立学院教员资格审查暂行规程》大体一样，后者只增加了第五个内容即"其他足资证明资格之文件"。从上述法规看，大学教师考核制度既简略又精要，并且与新教师试教、职务晋升和年功进级加薪结合起来。查遍现有的文献，尚未发现政府和大学对大学教师考核更为详尽的法规和规章，近代大学教师考核制度几乎"停止"生长，这确实令人深思。是政府或大学忽略，还是有意为之？前一情况不可能存在，后一情况大抵可信。联系近代大学一直坚持的教师自由流动机制，也许不难理解，从尊重大学教师的职业特性出发，对教师考核应前置于"准入"阶段和职务、工资晋升环节，日常的考核可以简又而简，这实际上构成一种自律机制。这对我国当前大学教师考核不断走向体系化和数量化是一种提醒。

（七）大学教师工资制度

我国近代大学教师工资制度以年功加薪为主要模式，但由于大学教师"自由职业者"的身份和市场化的自由流动机制，使得近代大学教师工资制度的"年功"特色减淡，"按质论价"反而成为最鲜明的特征。洋务学堂时期，教习薪俸循官制，没有独立的教师工资制度，且一校一制。《奏拟京师大学堂章程》（1898）提出我国近代第一份大学教师工资表。它明确提出"中国官制向患禄薄"，不完全适合大学堂，因而认为"必厚其薪俸，使有以自养"，促使教师"实心任事"。这样，中国教习薪俸制度从传统官禄制度中分离出来，同时又规定"必择中国通人，学贯中西"充任总教习，宜"取品学兼优通晓中外者"为分教习。这样，学业程度就成为教习薪俸的高低标准。该《薪俸表》设计总教习月薪300两、分教习（中国人）50两或30两，这比清代书院中长年收入350两和一般塾师年收入30—150两要高得多，[①] 体现优薪于师的基本精神。民国成立之后，大学教师薪酬制度发生了微妙的变化。《直辖专门以上学校职员薪俸暂行规程》(1914) 以教师专任为原则，第一次规定了大学专任教员月支180—280元和周授课时10小时以上，并有"年功"之义。本《规程》第11—17条分别就校长、分科学长、大学学监主任、大学专任教员等"服务五年以上、确有成绩者"得给全年津贴400—600元不等。《国立大学职员任用及薪俸规程》(1917) 首先提出了"年功进级加薪"办法，将正教授、本科教授、预科教授、助教均分为六级，凡连续任教一年，校长考查合格者可进一级，如本科教授从六级月薪300元可逐步升至一级月薪400元。这种"年功加薪法"应该说是基于大学教师职业特性而设计的，具有先进性，故其理论沿用至今。这里应特别指出的是"年功加薪法"并不是只看年资，还要结合业绩考核而定，尤其是考核以教学科研业绩为主，确实相当系统而又前瞻。到《大学教员资格条例》所附的《大学教员薪俸表》，"年功加薪法"得以保持，并提出各大学教员薪俸"得因各大学之经济情况，而酌量增减之，外国教员同"。这一规定可谓是居"开天辟地"之功。政府在教师薪酬上给大学授权，使之富有较大的制度弹性，为大学教师薪酬的差别化提供了法理基础。同样，也是政府对北大、东南大学等校教师薪酬制度上"按质论价"实践经验的总结和提升。1940年8月，《大学及独立学院教员聘任待遇暂行规程》对1927年给大学微调教师薪酬赋权作了进一步完善，加上"学科需要"及"当地生活程度"之内容。这样，各大学的教师工资可根据学科需要，所在地生活程度和本校经济状况的不同情况作适度的调整。事实上，这一制度在近代大学施行得相当顺利，大学与大学、教师与教师之间工资标准是动态的、不同的，甚至同级教师中工资差距也很大，而最重要的因素是执教的学科课程和本人的学术水平。如胡适1917年受聘北大教授时，年仅28岁，可他一到校即领本科教授的最高月薪280元。此后，胡适在新文化运动的突

[①] 商丽浩：《晚清中国教习在新式高等教育机构的薪酬》，《近代史研究》2007年第2期。

出表现和教学与研究的丰硕成果，足以证明首次聘任时破格定为本科教授最高级是有理的，且颇具标杆意义。诚然，民国时期大学教师工资在社会各阶层上不是最高，但处于中上水平，因而在社会上享有较高的职业声望和地位。正如著名教育学家孟宪承所评论的民国大学教师的"待遇更是十分的厚了"。[1] 1940年以后，由于国民党经济政策的失败，致使通货膨胀加剧，使大学教师工资名义上涨了，实际上贬值至20%左右，最后引起汹涌全国的"反饥饿、反内战"的民主运动，这也值得令人注意。

其他如奖惩制度、退休制度、人员编制制度，前面有关章节已有论述，故不再复述。从上述对大学教师制度的各个子制度或制度构件论述中可知，我国近代大学教师制度经历了80余年或50年的演进，确实构建了互相依存、互相支持的制度体系，尤其是自由流动机制、"按质论价"的工资制度和以研究为导向的教师进修制度等均闪烁着时代的光芒，而且相当"中国化"，是"国产化教育制度"。无疑，它创造了近代大学制度建设中的一个成功案例。

第二节 我国大学教师制度的"近代经验"

近代大学教师制度演进史，是一部从"由疏入密"和"由模仿至创造"的制度历史。它经过从单项规划到系统化，又从重点突破至定型化的过程，前后构成了一个大体未曾中断过的制度建设链，尤其是由办学理念引入进而生发的制度精神，孕育了其时代的生命之魂，同时它始终坚持从办学实践中感悟和摸索大学教师制度的要素和规则边界，又将制度规定在实施中加以验证和修订，从而形成具有中国特色和国际视野相结合、政府主导和大学自主相平衡的近代大学教师制度。加拿大学者许美德认为："在共和时期，中国的大学已逐渐发展成熟，它在保持中国的传统特色和与世界大学制度互相接轨这两者之间已经成功地找到平衡点。"[2] 我想，许美德所指的同样包含着近代中国大学教师制度。美国学者也认为，在

---

[1] 孟宪承：《大学教育》，商务印书馆1933年版，第97页。
[2] ［加］许美德：《中国大学（1895—1995）：一个文化冲突的世纪》，教育科学出版社2000年版，第99页。

20世纪30和40年代中国科技方面"出现了一支高水准的专家队伍"。① 本国学者陈明远认为,"30年代我国已经形成了具有世界水平的教授、讲师队伍,而且迅速地跟西方大学接轨"。② 陈平原也引据说:"有校友回忆,说当年联大在数理知识的传播上,已是非常地接近世界先进水平了"。③ 杨东平同样指出正是由于我国近代实行教育家长校、教授治校的大学制度,"20世纪20年代出现了'大师辈出、风云际会'的文化高峰现象"。④ 总而言之,近代大学教师制度是一份丰厚的制度遗产,其"近代经验"无疑具有超越历史的带着某种普适性的意义。

一 "学术独立"与"学术自由":近代大学教师制度之灵魂

良好的制度是形式与精神的结合体。形式可以移植和模仿,但精神尤其是活的精神必须与民族文化相容或从民族文化"溢"出来。正如有的学者所说,"大学以精神为最上,有精神,则自成气象,自有人才"。⑤ 大学精神以理想或理念的形式呈现,因而大学制度是大学精神理念的外在表现。我国近代大学从孕育到诞生就显得特别有沧桑感,是在外侮内患的历史情境中艰难地吐露出嫩芽来的。近代大学的幼年期实际上已渐渐地萌发着社会和新教育的"基本价值",进而不断内在化,"通过实践和体验深深地渗入了人们的灵魂,它们常常在无明确反应的情况下发挥影响"。⑥ 京师同文馆创办,是以自强为目的。那时,民族生存独立是洋务派反复思考的时代主题。"中体西用"的指导思想,与列强的军事优势和文化殖民形成"二律背反",加之偌大中国找寻不到能担当西文西艺教学的师资人才,多重困境深深威压着开明官僚和绅士的心。创办新教育的过程,也是洋务派尤其是洋务知识分子心灵煎熬和奋起的过程。甲午之败,国人猛醒,京师大学堂以"戊戌大学"面貌问世。严复、梁启超等传播西方的

---

① [美]吉尔伯特·罗兹曼:《中国的现代化》,江苏人民出版社1998年版,第543页。
② 陈明远:《文化人的经济生活》,文汇出版社2005年版,第125页。
③ 陈平原:《大学有精神》,北京大学出版社2009年版,第109页。
④ 杨东平:《北大的人事改革:重建现代大学制度和大学精神》,《新民周刊》2003年版,第7、22页。
⑤ 陈平原:《大学何为》,北京大学出版社2006年版,封底。
⑥ [德]柯武刚、史漫飞:《制度经济学:社会秩序与公共政策》,商务印书馆2002年版,第89页。

"民主"、"自由"、"民权"思想,王国维则提出了惊世之论"学问之自由独立"。此时,我国近代大学教师制度已经开始"安装"着一个非常"传统"而又鲜活的灵魂——"学术独立"精神。它包含着中国人应成为中国大学的办学和师资主体,用民族的学术力量来复兴中华学术,从而实现中国学术列入世界学术之林的目标。"学术独立"精神是在国家主义或民族主义语境下形成的,因而有一种天然的合法性和共同价值基础,同时被政府、社会和大学知识界所认同和遵从。这也印证了蔡元培所说的大学教育中应"欧美之长"与"孔墨教授之精神"相结合[1]和梅贻琦所论的"今日中国之大学教育,溯其源流,实自西洋移植而来,顾制度为一事,而精神又为一事",是十分有道理的。[2] 当民国共和取代封建君主政体之后,"民主"和"自由"的思想开始在中国大地上公开和强烈的传播。"五四"新文化运动的掀起和蔡元培的北大改革,使以科学民主为核心的"学术自由"迅速成为大学和知识分子的"共同信仰"。这样,民初《大学令》所构划的以评议会和教授会为框架的"教授治校"体制回归和重拾到大学制度领域,尤其是大学教师制度建设之中。西方"学术自由"思想被蔡元培改造为"思想自由"、"兼容并包"的中国式话语,更为国人所认同。"五四"前后,我国大学教师制度开始搏动着新的灵魂——"学术自由",其制度体现主要有"教授治校"体制和对科学研究事业的推进。那么,"学术独立"与"学术自由"之间如何相容呢?王国维曾将"自由"与"独立"置于一个词汇中即"学问之自由独立",这说明他已意识到这两者之间有兼容性,即民族性与国际性之结合,但"五四"的否定传统之风,又加剧两者之间的一定程度的冲突。北洋政府偏向于"学术独立"之立场上,故反反复复地在法规中将评议会、教授会写入或取消或保一删一。不过,军阀政府忙于内战而无暇顾及这一深层次的问题,故也没有彻底封杀"学术自由"这一大学原则和理念,而且大学教师制度出人意料地进步着。

南京国民政府成立后,实现了国家的基本统一,并解决了国家主权问题。在这种历史语境下,"学术独立"精神开始褪去偏狭的民族主义色彩,民族自信意识大大增强,这样就有了"学术独立"的自由主义使命

---

[1] 高平叔:《蔡元培教育论著选》,人民教育出版社1991年版,第346页。
[2] 梅贻琦:《大学一解》,《清华学报》(第13卷1期)1941年第4期。

的生长，同时也为"学术自由"与"学术独立"融合创造了极佳的机会。当然，历史常常不按人们意志所转移。国民政府在建设"新中国"的口号下，开始施行严格主义的教育政策，其实质就是"统制"。于是，政府的法律法规中大学行政化的思想占据制度的高点，"校长治校"和"党化教育"渗透在字里行间。当然，国民政府处于"新生"时代，在一定程度上默认和容忍"五四"所形成的大学的自由主义传统，从而有空间让以基于大学内在发展需要，以"学术自由"为价值导向，以教授为决策主体的"学院逻辑"得以暗长。有幸的是近代大学校长是一个教育家群体，他们在政府与教授之间筑建了一个缓冲带，"学术自由"和"学术独立"开启了融合之路。国立清华大学的成立标志着这一融合的实现。曹云祥、罗家伦、梅贻琦三位校长组成一个接力棒，将"学术独立"的自由主义使命得以张扬，"教授治校"得以制度性确立，从而达成与"学术自由"的有机结合，使清华大学一跃成为国内乃至世界的著名大学，其典范意义有力地推动我国大学教师制度的发展。到抗战时期，尽管国民政府教育政策更加趋向"统制"，但由于大学的"学术自由"理念已深深植入大学制度有机体中，加之战争的环境，我国大学教师制度得以较为健康地发展，形成了一个完整的制度规则体系，并达至完善。教授成了大学的主人，潜心于教学科研成为大学教师尤其是教授服务于国家和贡献于民族的途径和载体。抗战胜利后，继后内战爆发，"学术独立"和"学术自由"理念再次在战火中燃烧，映红了中国的整个大学界。胡适的"争取学术独立的十年计划"再次提出"学术独立"之时代责任，"教授治校"与学术振兴有机相连成为时代的强音。此时，大学教师制度的灵魂依然生生不息，光芒四射。这很大程度上是靠大学自身的力量而非政府力量所凝聚而成的，尤值得我们记起。

二 从移植到创造：近代大学教师制度的文化理路

制度是文化的哺育之物，同时又是文化的主体构成。制度演进的内在动力是文化之精神，而这种文化精神的本质特征之一是开放性。有学者指出"开放与制度变迁，制度创新有着相互促进的关系。"[1] 我国最早的近代大学和大学制度无疑是移植于西方的，有的如教会大学甚至是西方大学

---

[1] 卢现祥：《西方新制度经济学》，中国发展出版社2003年版，第14页。

的直接样式，这是清朝在外敌强迫下开放国门的结果。被迫的开放，自然会扭曲开放的思想之花，但毕竟使古老封闭的中国教育进入了新的彻底变革的时期。正如有学者所论"外因往往在大学制度变革过程的启动阶段起着决定性作用"。[①]《奏拟京师大学堂章程》（1898）所设计的教师制度框架隐隐约约地透露出"移植"泰西尤其日本大学制度的信息。第五章"聘用教习例"中将大学堂教师分为总教习、分教习两类，沿用洋务学堂之名，但教习职务分等的理路却是十分"西化"的。尤其是"不论官阶，不论年龄，务以得人为主"的用人原则几乎与日本明治维新时期的大学聘师理念完全一致。此外，管学大臣负责教习聘用，教习为国家官吏，也与日本和德国做法一致。《奏定大学堂章程》用"教员"代替"教习"，用词更加近代，值得注意的是提出设立教员会议所，可以说是直接移植于日本东京帝国大学的。清末专制未变，教育"新政"往往遮遮掩掩，与"泰西"接轨的步伐也同样显得蹒跚，这是不难理解的。民国共和政体建立伊始，《大学令》便以崭新的面貌公布于世。它对教师职务的设置即教授、助教授和讲师，与近代日本大学的教师职务和德国医科大学的教师种类完全相同，而且日本大学的讲师亦是非正式教师。

无疑，《大学令》关于教师职务之条款是"移植"于日本大学的。当时参与民初学制起草的蒋维乔回忆道，初时拟将欧美之长与本国情形相结合，但后觉"欧美制终不适于国情，结果仍采取日本制"，其中"对于专门大学规程缺乏经验，不过将日本学制整个抄袭"。[②]当然，说"抄袭"有点言过其实，但话"移植"是切合实际的。《大学令》最出彩的部分是设计大学评议会和教授会这一中国自古全无的民主管理体制，而这恰恰又是从日本和德国大学模仿来的。"五四"之后，我国大学制度和教师制度"移植"对象从日本转向美国，其标志是1922年新学制（即"壬戌学制"）。《国立大学校条例》（1924）首先在大学管理体制上设置"董事会"与"评议会"、"教授会"三位一体，不难看出"董事会"是借鉴于美国的。其实，美国的影响并不是"五四"之后才发生的。我国新教育始于洋务运动，当时教会学院（或书院）多数是由美国和英国新教传教

[①] 胡建华等：《大学制度改革论》，南京师大出版社2006年版，第35页。
[②] 蒋维乔：《清末民初教育史料（节录）》，《中国近代教育史资料汇编·学制演变》，1991年版，第1073、1074页。

士创办的。洋务学堂模仿和借鉴本土制度资源主要是传播西学的教会学院，因而那时美、英两国已对新教育产生影响了，只是新教育发展缺乏整体计划和国家政策，这样美国的影响力也比较有限。"五四"之后，自由主义教育思潮已在中国生根开花，又鉴于美国实用主义教育思想与中国传统文化"致用"理性有着某种契合度，这样美国的影响便势不可挡"遍袭"中国。诚然，中国大学也随之得到快速发展，自由主义也渐被国家主义和实用主义所同化，而使之带有某种工具理性。

南京国民政府教育行政委员会颁布了第一部大学教师法规《大学教员资格条例》是一个起点，自此我国大学教师制度进入吸收消化与自我创造的时期，当然欧美的影响并未全部消失。本《条例》对大学教师职务四等分级法是比较中西结合的，对教员资格"特例"的设计更是从中国国情出发的，因而颇具创造性。此外，评议会列为审查教员资格之机关和政府对各大学微调教师工资的授权都是创新之举。此后的大学教师学术资助与奖励制度，"部聘教授"制度以及运行越来越常态的自由流动机制等，应该说都是"国产化"的制度。这里值得注意的一个问题是，我国近代大学创办初期总是尽力培养中国教师（以留学为佳），以中国人成为大学师资主体作为追求目标，而到20世纪40年代我国一些著名大学的师资队伍接近世界大学先进水平时却反其道而行之，政府和大学纷纷出台政策和措施，鼓励大学教师出国留学或进修，大力聘请外籍学者来华执教或讲学。这说明开放性永远是大学教师制度发展的动力源和外部环境要素。

三　政府主导与大学自主：近代大学教师制度演进的外部动因

我国近代大学教师制度建设是政府主导型的。政府所颁发的法律法规几乎覆盖了全部的大学教师规则体系，有趣的是除清末民初外，民国的多数时期政府与大学的关系总体上是处于相对合作的状态。换言之，没有政府与大学之间的合作，我国近代大学和大学教师制度发展不可能接近世界大学先进水平之程度。除合作之外，以下两种情况都不可设想会取得成功：一是政府说了算，大学甘当附庸；二是大学说了算，政府放任不管。事实上，我国近代大学教师制度演进史是政府与大学从冲突到磨合，从合作又到冲突的历史，但合作是主流，政府主导与大学自主构成近代大学教师制度发展的外部动因或规律。

清末的大学没有独立办学权，只是政府的附设机构（包括教会的附设机构），从监督到提调乃至教师均由朝廷任命和派遣，因而大学发展比较缓慢，至 1910 年才有分科大学。民元以后，大学获得了自主办学权。政府开始将工作重点转向教师法律法规的制定与颁行，从学校微观管理领域撤退。据统计，清末教育立法总有 70 多件，而 1912—1927 年北京政府和教育部颁布了约 340 件重要教育法规，1927—1937 年南京国民政府与教育部教育立法增至 510 多件，1937—1948 年教育立法高达 690 多件。[①] 民国政府教育立法以教育部为主，由参事室具体承担，但"灵魂"人物应该是教育总长（或部长）。而大学内规章制度的制定由相关行政部门负责，评议会、教授会从中起到一定的讨论和议决的作用，但核心人物无疑是校长。这样，政府与大学在教师制度建设上的互相作用常常在总长（部长）与校长之间摆谱。从现有文献，我们很难能找到部长对大学教师法律法规的具体指导的行为记录，因而只能从民国时期代表性的大学教师管理法律法规中寻找教育总长（部长）的思想和态度。

表 11　　民国时期重要大学教师管理法规与教育部长（总长）对照表

法律法规	颁布时间	在任教育部长（总长）
《大学令》	1912.10	蔡元培、范源濂
《国立大学职员任用及薪俸规程》	1917.5	范源濂
《大学教员资格条例》	1927.6	蔡元培
《大学组织法》	1929.7	蒋梦麟
《教员服务奖励规则》	1940.4	陈立夫
《大学及独立学院教员资格审查暂行规程》	1940.8	陈立夫
《大学及独立学院教员聘任待遇暂行规程》	1940.8	陈立夫
《国立专科以上学校教授休假进修办法》	1941.5	陈立夫
《教育部设置部聘教授办法》	1941.5	陈立夫
《国立专科以上学校教员支给学术研究补助费暂行办法》	1943.10	陈立夫
《专科以上学校教员应约出国讲学或研究办法》	1945.11	朱家骅
《国立学校及学术机关聘用外籍人员规程》	1947.2	朱家骅
《大学法》	1948.1	朱家骅

（注：本表自制）

---

① 李露：《中国近代教育立法研究》，广西师大出版社 2001 年版，第 17、26、40、55、70 页。

从上表可知，主持这些重要的大学教师管理法规制定施行的教育部长（总长）是蔡元培、范源濂、蒋梦麟、陈立夫、朱家骅等。客观地说，除陈立夫外，其余应该说都是当时公认的教育家。

蔡元培（1868—1940），中国现代著名教育家，22岁中进士。1907—1911年留学德国，在莱比锡大学研究哲学、心理学和美学。1912年1—7月任中华民国首任临时教育总长。1917—1927年任北京大学校长。1927年又再次担任大学院院长。

范源濂（1877—1928），中国现代教育家。1898年入长沙时务学堂，后留学日本。1905年任北京政法学堂主事。1910年任学部参事。1912年7月任教育总长。继后，1916、1920、1921年三次出任教育总长。1923年冬任北京师范大学首任校长。

蒋梦麟（1886—1964），中国现代教育家。1904年入上海南洋公学。1908年赴美留学，于1917年获哥伦比亚大学哲学博士。回国后曾任商务印书馆编辑，给孙中山当过秘书。1919年受蔡元培校长委托到北京大学代理校务。1927年任第三中山大学校长（后改为浙江大学）。1928年底任教育部长。1930年正式出任北京大学校长。

朱家骅（1893—1963），中国现代教育家。1909年入同济德文医学校。1914年留学德国矿科大学。1917年受聘北大教德文。1918年再度留学德国，1922年获得柏林大学地质学博士。1927年任浙江省教育厅长和中山大学副校长。1930年起任中山大学校长。不久调任国立中央大学主持校务。1931年12月任教育部长。1944年12月再度担任教育部长。

这些教育家担任教育部长，由于任职前有留学背景，担任过大学的教师或校长，有较为丰富的教育经历和教育行政管理经验，作风民主，政治倾向趋于中立或中偏右，因而他们执掌教育部期间所颁布的法规（包括大学教师管理）大多比较注意法规遵循教育发展的内在需要，给政策留有相当的弹性，并尽量在政府与大学之间担当"中间人"或"和事佬"之角色，同时又与政府最高首脑和行政院保持着较为密切的关系。

《大学令》[①]是民国时期第一部具有开创意义的大学法规，其体现的民主化教育思想和所构建的以评议会和教授会为结构的"教授治校"这

[①]《大学令》由蔡元培任临时教育总长时起草，并由他主持的全国临时教育会议审定，最后由继任教育总长范源濂签发公布。

一民主管理体制，与蔡元培是紧紧相连的，可谓无蔡氏亦无《大学令》。《大学令》确认大学实行校长负责制，校长"总辖大学全部事务"，而且所设的评议会由校长担任议长，各科教授会由学长担任议长，同时由教授组成的评议会和教授会又可积极参与学校管理事务，形成民主管理的框架。这样，大学管理事务均属大学内部事务，这为"大学自主"设置了有利的外部环境。《大学教员资格条例》是近代大学教师制度定型的标志。本《资格条例》是在广州国民政府教育行政委员会《关于大学教授资格条例之规定》基础上修改而成的。南京国民政府成立后，教育行政委员会（履行教育部职能）稍作修改后于1927年6月15日正式颁布。蔡元培担任该委员会常委，实际主持工作，后又任大学院院长。《资格条例》对大学有充分的授权，其主要有两条：一是确定大学评议会为审查教员资格之机关；二是"凡于学术有特别研究而无学位者，经大学之评议会决议，可充大学助教或讲师"。这样，大学教师职务晋升就定性为内部事项，校长和教授作为同行拥有独立的决定权，同时又设特例，为不拘一格选聘大学教师提供了法规支持。当然，蔡元培也有顺从时局的考虑，如评议会开会审查教员资格时，"由中央教育行政机关派代表一人列席"。总之，蔡元培任总长和大学院院长期间与大学校长保持着良好的合作关系，其最主要的是他锐意改革的精神和尊重大学自主办学权所致，可谓"是其虎乃有风"。

范源濂任上颁布的《国立大学职员任用及薪俸规程》和《国立大学校条例》这两部重要大学法规，也是近代大学教师制度建设的"标志性事件"。前一部规程将大学教师工资"年功进级"授予校长是不凡之举，当时主要法规都规定大总统为教育行政的最高决定者，包括直接任命大学校长，连学长任用也要呈报大总统，教育部能将教师工资晋级权归于校长，这与范源濂所秉持的民主主义教育思想是分不开的。蒋梦麟任教育部长时间较短。任上所颁的《大学组织法》是以国民政府名义发布，是近代第一部真正的大学教育法律。当然，这肯定不是蒋氏一人之功，但作为该法的起草部门，作为部长的他也不会毫无作用。《大学组织法》将大学教师的聘任权完全归于校长和院长，以校务会议代行评议会的基本职能，并以各种委员会来具体咨询和决议学校行政事宜。本法明确体现南京国民政府"统制"的教育政策导向，但教育部长坚持大学事务由校长负责的原则值得肯定，这是符合蒋梦麟一贯的思想和作风。

朱家骅任上所颁布的几部关涉大学教师管理法规除《大学法》外，其余大多是教师管理具体环节的内容。他提出了建设"国内一流大学"和"世界一流大学"的奋斗目标，因而对大学师资队伍国际化尤为重视，故出台了关于大学教师出国留学或进修以及聘请外籍教师的规定。《大学法》是民国政府在大陆颁布的最后一部教育法律。朱家骅是国民党员，教育上主张从严管理，因而比较赞同国民政府教育"统制"政策，并在立法上保持同一步调，但朱家骅本质上是一位学者，因而也熟悉和尊重教育规律。《大学法》基本上保持《大学组织法》的基调，同样规定大学最高决策机关为校务会议，由校长、"三长"（教务长、训导长、总务长）、院长、系主任和教授代表组成，"教授代表之人数，不得超过前项其他人员之一倍，亦不得少于前项其他人员之总数"。这样校务会议至少行政人员与教授代表保持1∶1，况且校长、院长、系主任作为行政教务负责人，但大多是教授。这种决策结构实际上仍隐藏着"教授治校"的若干要素。

　　蔡元培、范源濂、蒋梦麟、朱家骅作为教育家出任教育部长（总长），较大程度上体现出教育家治校的明显优势和民主化特征。在这种情况下，政府与大学总体上保持着合作的关系，大学也得到较快发展，大学教师制度建设也渐渐进入正常的轨道。相反，政府和教育部长若专权治校，那么与大学校长甚至教授的关系就会紧张。蔡元培担任北大校长的十年中有过8次请辞，大多为政治性原因所致。正如有的学者所论"他的辞职并非轻率之举，而是对大学与政治的关系之间可能与不可能，应为与不应为的审慎考虑"。[1] 北洋政府在1912—1927年期间先后任命教育总长达30人次之多，平均1年换二任，有时2月或数月，甚至数天交易权柄。"政治的纷乱、政局的动荡，军事斗争导致教育行政纷乱"。[2] 教育总长中对教育理论、教育管理有所研究者实不多见，只有蔡元培、范源濂、马叙伦等为教育家。其他教育总长大多行政品性突出，无独立的教育思想，处理事务较专断，导致《大学令》所设计的民主管理体制在法规中或取消或删改，加之办学经费又不能保障，引发了政府与大学之间一度紧张的关系。蔡元培的辞职是这种紧张关系的一个体现。事实上，蔡元培改革北大

---

[1] 应星：《塑造中国大学精神的现代实践——以蔡元培1917—1923年对北京大学改造为中心》，http：//www.acriticism.com/article.asp? Newsid=5015，2004—5—30。

[2] 熊贤君：《中国教育行政史》，华中理工大学出版社1996年版，第373页。

在校内外均遇到很大的阻力。据北大教授沈尹默回忆："蔡先生到北大后，尽管我们帮他的忙，但教育部袁希涛（为次长）对蔡很不好，遇事掣肘"。[①] 南京国民政府成立之后，教育部与大学之间关系渐得改观，大学校长大多持与政府基本合作之态度。这样，大学发展水平不断提升，大学教师制度也逐渐走向成熟和完善。

陈立夫任教育部长，应该说是一个特例。在抗战这个特殊的环境中，需要果断和拥有实权的人出任教育部长。陈立夫作为"CC派"头目和国民党中核心人物，在国难危急时刻主长教育行政大局也许是蒋介石的有意为之。他的教育行政之专断和激进令许多大学校长和教授不满，"教育界进步人士尤其是梅贻琦、张伯苓、蒋梦麟、李蒸、陆志韦等大学校长，本来就瞧不起陈立夫，重庆大学校长马寅初，中央大学校长吴有训、浙江大学校长竺可桢反对尤力"。[②] 这样，教育部与校长之间关系不会太密切。不过，抗战中大学内迁，各置一方，民族独立高于一切，这样部长与校长之间仍能维持一般的合作关系，同时具备留学背景的陈立夫也给予大学一定的自主权。正是这一境况，陈立夫7年的教育部长也有建树，尤其是在维持大学的生命和推进大学制度、大学教师制度建设上成绩可圈可点。当然，建立国家统一的大学教员审查制度，也非陈立夫而不为之。从陈立夫的教育行政经历中，也进一步证明教育行政当局在大学制度和大学教师制度建设上坚持政府主导与大学自主相结合的原则是何等重要。正由于政府不放弃主导大学教师制度立法的同时给各大学以较大程度的自主权，因而使得近代大学在教师制度建设上呈现多样化和个性化的格局。教师职务制度是大学教师制度的核心内容，1927年教育部颁发的《大学教员资格条例》已规定大学教师职务分为教授、副教授、讲师和助教四等，此后没作变动，但各大学遵循"大处遵循小处灵活"的原则，从各校实际和惯例出发，实际施行上各有差别，可谓是五彩缤纷。这种不统一能被教育部所容忍，足以说明当时政府主导与大学自主两者之间的平衡，首先是以政府的妥协为要。不过，各校坚持本校惯例是最大的因素。这说明当时的大学校长和教授组织挺有主见和力量的；另一方面也可见政府对此基本持包容之态度，没有发表强制执行部令的条文。教育部派观察员督查大学的主

---

① 沈尹默：《我和北大》，《过去的大学》，长沙文艺出版社2005年版，第31页。
② 熊贤君：《中国教育行政史》，华中理工大学出版社1996年版，第436页。

要也是教员专任制和教学状况、实验条件等内容，未涉及教师聘任本身。当然，这种各校自行其是的做法，也有弊端，主要是易导致用人上"重主观信息"和"党同伐异"之不良现象。教育部对此格外重视，到1940年又颁布法规实行全国统一的大学教师资格审查制度，从而使各校在教师职务名称与资格上渐趋相同。这说明政府与大学在重大制度建设上需要有一定的磨合期。正如有学者所论的，"就公共政策而言，着眼于长远，并在一定程度上容忍短期冲突，有助于避免冲突并更好地实现人们的愿望"。①

四 "校长负责"与"教授治校"：我国近代大学教师制度演进的内在动力

在大学教师制度演进中，校长与教授的关系显得特别重要。近代大学发展经验证明，一所大学或某时期校长与教授关系良好，大学就发展，反之就矛盾多，甚至引发学校的动荡。这里关键的问题是校长如何看待校长的角色和教授的地位与作用。近代大学教师制度之所以颇有成效，很大程度上取决于校长与教授关系的基本协调，这也是教师制度演进的内部因素或动力。

我国近代大学很有幸，是因为蔡元培开了一个"新机运"。首先他给当时酷似衙门的北大塑造了一个新的灵魂即"思想自由"、"兼容并包"。其二他对大学校长身份作了一个崭新的定位，即校长不是"官"，应由教授公举，大学管理实行"教授治校"和"合议制"。其三他为建设高水平的教师队伍提供先进的理念和诸多的经验，如以学诣为主的聘人原则和"教育事业完全交与教育家办"思想深度地影响那个时代，破格录用梁漱溟，大胆起用陈独秀，百分器重胡适及"外籍教师"解聘风波等事例，至今仍被人传颂和演绎。清华大学校长梅贻琦公开宣称自己对于校局"追随蔡孑民先生兼容并包之态度，以克尽学术自由之使命"。② 从精神而言，梅贻琦对校长角色的定位，与蔡元培是一脉相承的，但所表达的话语体系却各有特色。1940年9月，在昆明西南联大，清华昆明同学会自发

---

① ［德］柯武刚、史漫飞：《制度经济学：社会秩序与公共政策》，商务印书馆2002年版，第88页。

② 刘述礼、黄延复：《梅贻琦教育论著选》，人民教育出版社1993年版，第132页。

为校长梅贻琦服务清华25年举行公祝会。梅贻琦作了一个情真意切的答辞。他在答辞中将大学校长角色比作"王帽",说:"清华近些年之进展,不是而亦不能是一个人的原故,是因为清华还有这许多位老同事,同心合力的去做,才有今日。现在给诸位说一个比喻,诸位大概都喜欢看京戏,京戏角里有一个角色,叫'王帽'的,他每出场总是王冠齐整,仪仗森严,文武将官,前呼后拥,'像煞有介事'。其实会看戏的绝不注意这正中端坐的'王帽'。因为好戏——除了很少数的几出,如《打金枝》、《上天台》——并不要他唱,他因为运气好,搭起一个好班子里,那么人家对这台戏叫好时,他亦觉得'余有荣焉'而已。"接着,话语一转,他讲道:"不过在这风雨飘摇之秋,清华正好像一个船,飘流在惊涛骇浪之中,有人正赶上负驾驶他的责任,此人必不应退却,必不应退缩,只有鼓起勇气坚忍前进,虽然此时使人有长夜漫漫之感,但我们相信不久就要天明风停,到那时我们把返船好好地驶开回清华园,到那时他才能向清华的同人校友'敢告无罪'。"[①] 梅贻琦把校长喻作"王帽"和"船长",正是展示那个时代作为教育家的校长的博大胸襟和强烈的使命感。

当时,教育理论界曾对校长与教授(或教师)的地位作过分析,大多倾向于应重视教师的地位。陈东原撰文认为:"通常总以为学校校长所处的地位最为重要。其实现在的校长,事实上只是学校中最高的行政人员,学校中发号施令总揽一切的固然是他,但是握着学校中实际质素的往往不是他。假如只有校长而没有教员和学生,非但这学校的优劣无从表现,这学校也就开设不成。所以校长的地位,只能说是最高,却不能说是最要。"他特别强调"**在大学,教员实居于最重要的地位**"。[②] 此文发表时间为1941年。此时,我国近代大学发展已比较成熟,对大学教师与校长的关系尤其是地位之认识,已达到相对一致的程度,教师重要地位在制度中也处于较稳定状态。事实上,大学校长与教授的地位与作用谁高谁低并非一个简单问题,其间有着漫长的演变过程,时而反复,时而进退,但总的趋向是校长逐渐从高位上走下来,教授反之逐渐成为大学的主人。在清末,近代大学诞生之后,校长(监督)与教师之间是上下级关系,学校

[①] 刘述礼等:《梅贻琦教育论著选》,人民教育出版社1993年版,第91—92页。
[②] 陈东原:《论我国大学教员之资格标准及聘任制度》,《高等教育季刊》(创刊号)1941年第1期。

与教师之间是一种雇佣关系或任用关系。民元以后,《大学令》(1912)虽然构建了以评议会和教授会为组织构架的"教授治校"体制,但显然没有真正实施,之后相关法规不断修改或取消"评议会"和"教授会",到《国立大学校条例》(1924)却形成"董事会"、"评议会"和"教授会"三者结合,以董事会为中心的大学行政管理体制,但因北大教授的反对与抵制,校董事会成立的大学并不多见。当然,政府法令总体上并未完全否认"教授治校"体制,只是不能完全放心作些矫正而已。五四新文化运动的思想启蒙和民主科学精神的传扬,以北大为代表的大学逐渐形成了"学术自由"这一自由主义传统,并深深地扎下了中国大学的土壤。随之,教授就是大学的主人,校长则是教授的代表的思想成为大学教师制度建设(尤其是内部规章)的主导思想,"教授治校"在20世纪20年代基本上得到确认。南京国民政府成立之后,大学政策发生了一些变化,以"统制"为特征的"严格主义"成为大学和大学教师制度的指导思想,随之校长与教授关系也出现新质。《大学组织法》(1929)是一个"转折性"标志。作为民国第一部以"法"形式颁布的大学教育法律,第一次将"校务会议"作为大学最高决策机构。其成员除校长、院长、学系主任外,从全体教授、副教授选出若干代表参加,校长为会议主席。同时规定"校务会议得设委员会",而委员会如财务、聘任等,从各校实际情况看委员会成员几乎都是教授。法律上讲,政府立法旨意是"校长治校",但由于校务会议及下设各种委员会中教授占主体,也可以说在一定程度上默认"教授治校"的现实存在,这样就构建了校长与教授"共治"的局面。正是由于法律所留下的空间,此后大学的管理体制呈现多样化。北大自蒋梦麟任校长之后,便奉行"校长治校、教授治学"的原则,但由于北大的自由主义传统影响,实际运行的是校长与教授"共治"体制,不过两者之间偏重于校长。清华大学乃至抗战中的西南联大较忠实地继承蔡元培所开创的"学术自由"和"教授治校"体制,但总体上还是"共治"体制,只是两者之间偏重于教授而已,这是与北大有所不同的。浙江大学、复旦大学、金陵大学、燕京大学、武汉大学等近似于清华的体制,而中央大学、中山大学、南开大学、厦门大学等则近似于北大的体制,而就全国一般大学而言,"校长治校"色彩明显些,但教授参与学校管理的权力并未完全丧失。当然,这种划分也只是求同存异,一个大学的管理随着校长的替换,实质上在发生或多或少的变化,如北大到1940年代末期胡适任校长后,"教授治校"的体制又焕发了活力便是一个例证。不过,校长与教授"共治"体制是较为普遍的,也是符合当时大学的实际情形的。正如有学者所指出的"从形式上看,国民政府时期的大学内部行政管理,是以校长负责,专家治校为原则的"。[1]

这种校长与教授"共治"内部体制,从法理上看矛盾的主要方面还在校长这一方。事实上,校长与教授之间关系的处理上,主动权也在校长手上。换言之,大学管理体制是"教授治校"还是"校长治校"或"共治",仅仅法律规章规定是不够的,更重要的是校长的办学理念、人生经历和个性风格。值得欣慰的是民国时期一些著名大学校长大多是学贯中西、民族情怀和国际视野相结合的现代教育家,而且组成接力棒承前启后地推动大学的民主管理体制的建设。如北京大学 1917 年之后有蔡元培、蒋梦麟、胡适前后相接;清华改大学后有曹云祥、罗家伦和梅贻琦相承相继;又如浙江大学校长竺可桢,复旦大学校长李登辉,东南大学校长郭秉文,南开大学校长张伯苓,中山大学校长邹鲁,北洋大学校长刘仙洲,岭南大学校长钟荣光,辅仁大学校长陈垣,金陵大学校长陈裕光,沪江大学校长刘湛恩,金陵女子大学校长吴贻芳,武汉大学校长王星拱,燕京大学校长陆志韦,暨南大学校长何炳松,厦门大学校长萨本栋,云南大学校长熊庆来,中央大学校长吴有训,台湾大学校长傅斯年等,真是灿若星辰,共同组就我国近代大学教育家校长群体。他们大多有留学经历,具有宽大的国际视野和丰富的教育经验,同时又对中国传统文化充满敬意,在办学实践中始终不忘民族文化之根,体现出民主、科学和"教育救国"的教育家精神,因而他们大多与教授保持着良好的关系,使校长与教授在治校上达成适度的平衡和协调。

在民国时期的大学,校长与教授之间由于校长的优选和校长对教授的尊重和遵从,大多处于良好的关系状态。清华大学校长梅贻琦是个典型案例。在梅氏长校之前,清华发生了"三赶校长"风波。1930 年 5 月的"驱罗"运动由师生共同发起,其主要原因是罗家伦推行"党化教育"、激进的改革措施以及个人作风上的专断独行,"始终与清华师生的传统理念格格不入"。[2] 罗家伦走后不久,军阀阎锡山插手清华事务,任命乔万

---

[1] 于述胜:《中国教育制度通史》(第七卷),山东教育出版社 2000 年版,第 185 页。
[2] 黄延复:《梅贻琦教育思想研究》,辽宁教育出版社 1994 年版,第 77 页。

选为校长，自然招致清华师生反对，乔氏被拒之门外。1931年3月，国民政府任命国民党"CC派"的吴南轩为校长。吴到校后，首先抛弃"教授治校"的制度，完全否认先由教授选择院长候选人2人，再由校长择聘1人为院长的惯例，而坚持由校长自行聘任院长；当聘任为院长的教授自认为此举有悖于"教授治校"之例而拒不就任时，吴南轩则一意孤行，不开校务会议和评议会进行"合议"，反而设法通过教育部和蒋介石修改了《国立清华大学规程》，并从此解散了聘任委员会，不发给教授聘书，企图使教授会压服。吴氏这些伎俩，引起了全校教授们和同学们的公愤，教授会与学生会组成"联盟"共同反对之，由此引发"赶吴"风潮。吴执掌清华二月多，便被师生赶出清华园。1931年10月，得到清华师生一致拥护的年轻的梅贻琦到任。梅贻琦是位谦谦君子。他深知校长与教授关系之重要，尊重教授，遵从教授，不但继续巩固"教授治校"体制，而且学校校务以教授意志为意志。他谈及校务时常说"吾从众"，这个"众"就是教授。曹云祥校长主持重修的《清华学校组织规程》（1926）设计评议会与教授会的"教授治校"体制，之后政府立法规定大学最高决策机关是校务会议。清华大学一方面执行政府的法令，另一方面又保持其传统，这样就形成教授会、评议会和校务会议共同存在的组织基础。从理论上，教授会、评议会、校务会议、校长四者之间会有矛盾，但梅贻琦长校时期却未曾发生过裂痕。这关键是梅校长的"吾从众"的管理思想，使清华教授享有别的学校难有的"学术自由"和"教授治校"的权利或权力。校长与教授之间关系最重要的部位是教师聘任。我国近代大学一直施行以"自由流动"机制和"按质论价"工资制度为主要特征的教师聘任制。谁来选教授，谁来聘教授，既是聘任工作的核心制度性环节，同时又是校长与教授权力划分的焦点，甚至也是政府关注和立法的重点之一。在这个问题上，常常引发校长与教授、大学与政府之间的矛盾、冲突。近代大学常常采取"同行推荐"和校长考察的办法选拔教师，又以聘任委员会（由选举产生的教授代表组成，一般在个位数）来承担教授资格审议任务。这种选聘方法，其理论基础是大学"权力渊源于学科或专业知识"，知识的占有量决定权力的配置比例。当然，"同行推荐"在中国这样的人情社会里难免会被熟人社会所影响，这就要求校长持公正和学术至上的态度，形成教授"合议"的严格程序，用制度来加以规范，否则就会引发学校的诸多矛盾甚至动荡。平心而论，我国近代大学在教师选聘上是比较成功的，虽然有的大学也出现过派系争夺的问题，但并不占主流，这也证明校长与教授在"共治"基础上建立了良好的信任关系。如清华大学从1930年11月至1937年5月的六年多时间里，聘任委员会共开会近30次，研究审定了数百人次的教员聘任及资格议题。抗战中的西南联大从1938年11月至1946年5月，聘任委员会也开会30多次，有效地解决了在战争年代的师资选聘，使联大聚集了一大批优秀学者，并"保持相当高的教学质量和学术研究水准"。[1] 当然，也有另外个案，主要是校长解聘教授缺乏足够的理据和实据，而遭到教授会的质疑和反对。如1924年，厦门大学9位教师和200多位学生，因不满校长林文庆"无故解聘教师"的决定，集体离校出走，在上海成立了大夏大学，使当时的厦大元气大伤。此类的例子还可举出几个。这说明我国近代大学教师制度也是在风风雨雨中渐行渐善的，其复杂性非文字所能尽数描述的。

从大学发展史看，"校长治校"与"教授治校"孰优孰劣，也许是个难断之论。折中式的"共治"体制同样有利弊，这关键要看大学人的智慧。我国民国以来的大学基本上是沿着"共治"方式行进的，时而以"教授治校"为重，时而以"校长治校"为主，但主线是教授为大学之中坚，决策之主体，教授由学校非是校长一人聘请，教师择业自主自由流动，"非聘即走"或"来去自由"，只要有学术水平，无文凭、无留学经历均可堂堂正正当大学教授，工资也可依据教授学术水平高低"按质论价"协商确定。这就是我国近代大学人的智慧。中央大学校长顾毓琇（1944.9）说得好："学校行政方面，应以教授为第一，尊重教授地位及其学术上之成就，以避免学术机关变为行政机关。校长院长系主任等，不过是民主政治中国家之公仆负责处理公务而已。致教授则为学术权威，享有最高荣誉。"[2] 无疑，它是对近代大学人的"智慧"的解密。这种"智慧"是教育家思想和教育家精神的结合体，这一点尤值得赞赏。

---

[1] 刘明：《论民国时期的大学教员聘任》（http://www.acriticism.com/article.asp? Newsid =5015.2006—7—28）。

[2] 《南大百年实录·中央大学史料选》（上卷），南京大学出版社2002年版，第442页。

结束语

"古往今来，人类社会可以说没有一个制度是完美无缺的。人类的智慧在于懂得去选择相对最优的制度"。[1] 我国近代大学教师制度总体上是成功的，但其演进中的矛盾、冲突和不一致性、多义性和复杂性是相生相伴的，因而评价也是不很一致的。有一个现象倒很有意思，"同时代人"[2]与当代人对近代大学教师制度的评价颇有差别，当代人评价比"同时代人"要高些，后者的批评声不少。这是由于同时代人"只缘身在此山中"之故，还是当代人寻找精神家园所致呢？笔者认为，这是制度评价的常有现象。"同时代人"感同身受，有的本身就是制度的建设者，于情于理都会强化主观评价。当代人由于历史的距离感，可以较为理性地审视历史，但又因现实制度的某种缺失，反而会增强对过去优良制度的神往和想象，主观性也不可避免地滋生。当然，作为史论而言，应尽量降低主观性判断而以客观评价为求。

与制度演进相伴的"同时代人"对近代大学教师制度的评价以20世纪20年代末为分界线，此前对教师制度的批评主要是指"模仿"、"移植"西方大学制度过甚和立法重形式轻实施、制度杂乱等问题。有人评论道："教育行政制度虽有如许的变迁，但从实际上，始终不脱模仿的毛病——最明显的是模仿日本、法国；无形的是模仿德国、美国。因为这个缘故，竟置本国的经济状况、社会背景、政治现状于不顾……结果，总不能把新制度安立上去，积极的施行有效。"[3] 程湘帆指出：清末民初"教员资格虽有法律规定，而事实上都未严格遵行。"[4] 北大校长胡仁源则于

---

[1] 张维迎：《大学的逻辑》，北京大学出版社2004年版，第72页。
[2] 指与近代大学教师制度演进同时代的大学人和与大学有关的人，包括理论界。
[3] 古楳：《现代中国及其教育》，中华书局1934年版，第384页。
[4] 程湘帆：《中国教育行政》，商务印书馆原版（1947），福建教育出版社重排2008年版，第255页。

1914年9月感慨地说:"我国创立大学垂十年余,前后教员无虑百数,而其能以专门学业表现于天下者,殊无人焉。不可谓非国家之耻矣。"① 这种评论,总体上讲有客观性一面,但也有主观性因素。其主因是那时的社会和知识界都对"学术独立"和"教育救国"抱着急切的心理,期望大学发展快些又快些,易使人们对制度演进的复杂性认识不足,从而评价过急过严也是情理之中。不过,大学制度和教师制度发展中确有众多问题,关键需要有"向前看"式的宽容。姜书阁之论(1933)比较公允,他认为:"在事实上,中国是以30年的工夫办欧美三世纪所办的教育,成绩不佳,自在意中;而制度之杂乱,亦不可免的。"② 20世纪30年代初以后,"同时代人"对大学教师制度的批评,主要转为统一性与多样性之间的失衡,实施不力以及对"教授治校"的争议等。最著名的批评是1929年国民党"三全大"政治报告决议案中所指出的教育制度"六滥"之一的"师资滥"。③ 这无疑是政治论评价,缘于对前一期自由主义传统的不满。陈东原于1941年撰文评价大学教师资格制度和聘任制度时指出:我国近代大学教师资格及聘任制度存在着"忽视师资之培养","缺乏明确的意义","宽严无一致标准"等问题,说明"聘任制度有流弊",④ 此论颇有道理。朱希亮教授也批评道:"我国大学教授之任用,相沿旧习,采一种聘任方式,在表面颇似尊师重道,但察其内情,实雇佣之不若也。党同伐异,教授每随校长而进退。此去彼来,明争暗斗,为近年国立各大学极普通之现象。若校长得人,当能广采声誉,罗致人才;若校长不得其人,则任用私人,援引同类,所延聘者多非士林上选。"⑤ 朱希亮之评,实乃一家之言,只能说明大学教师制度有缺点,但笔者认为并非十分公允之论。有的如多样化制度实施方法倒不是缺点而是优点,正如在杜威1919年来华讲学所说的"齐一制度,弊害甚多"。诚然,我国近代大学教

---

① 《北京大学计划书(1914.9)》,转引自刘克选、方明东《北大与清华》(上册),国家行政学院出版社1998年版,第35页。

② 姜书阁:《中国近代教育制度史》,商务印书馆1933年版,第1页。

③ 荣孟源:《中国国民党历次代表大会及中央全会资料》,光明日报出版社1985年版,第644页。

④ 陈东原:《论我国大学教员之资格标准及聘任制度》,《高等教育季刊》(创刊号)1941年第1期。

⑤ 朱希亮:《国立大学教授应由政府统一聘任之建议》,《教育通讯》第五卷第19期。

师制度存在一定的缺陷，概括起来有三，一是在自由流动中没能完全避免"大起大落"和"党同伐异"现象，出现诸如厦大、中山大学教师群体"出走"之事件。二是制度的过度模仿导致与国情和校情脱节，尤其是在制度成长的初期和中期，致使制度若干内容成为一纸空文。三是政府与大学教授之间在大学教师制度上存在着诸多分歧，如"教授治校"、"思想自由"等，有时甚至产生严重对立，以致大学教授与国民政府越走越远，从而影响制度的实施和效果。至于当代人尤其是时下的大学界对近代大学教师制度评价颇高，这在前面章节已有援引，这里不再多论。总之，近代大学教师制度是近代大学制度建设中最出彩的篇章，其实效总体上是较好的，当然有制度之缺陷存在，但不失其整体上的优良。

今天，笔者对近代大学教师制度从孕育与萌芽，至确立与发展，直至成熟与完善这一长长的演进过程进行梳理与评价，一个强烈的动机是想给当代中国大学人事制度改革和发展提供一份历史的参照。我们无意贬低当代的大学教师制度，也不隐讳近代大学教师制度确有当代大学人品味之处，但愿我的善良愿望为人们所理解。

2010年8月10日一稿撰毕于浙西"天目山庄"
2010年12月16日二稿改定于浙东宁波东钱湖
2011年3月20日三稿改定于宁波北高教园区

主要参考文献*

一 史料类

1. 舒新城：《中国近代教育史资料》（上、中、下册），人民教育出版社1961年版。
2. 杜元载：《革命文献》（第五十三至六十辑），中央文物供应社1972年版。
3. 陈学恂：《中国近代教育大事记》，上海教育出版社1981年版。
4. ［美］约翰·司徒雷登：《在华五十年——司徒雷登回忆录》，程宗家译，北京出版社1982年版。
5. 陈学恂：《中国近代教育文选》，人民教育出版社1983年版。
6. 朱有瓛：《中国近代学制史料》（一至四辑），华东师范大学出版社1983、1986、1987、1989、1990、1993年版。
7. 梁寒冰：《中国现代史大事记》，黑龙江人民出版社1984年版。
8. 荣孟源：《中国国民党历次代表大会及中央全会资料》（上、下册），光明日报出版社1985年版。
9. 交通大学校史撰写组：《交通大学校史资料选编》（第一卷），西安交通大学出版社1986年版。
10. 张楚材：《帝国主义侵华教育史资料——教会教育》，教育科学出版社1986、1987年版。
11. 厦门大学校史编委会：《厦大校史资料》（第一辑：1921—1937，第二辑：1937—1949），厦门大学出版社1987年版。
12. 陈学恂：《中国近代教育史教学参考资料》（上、中、下册），人民教育出版社1987年版。

---

* 以出版、发表时间先后排序。

13. 浙江大学教育研究室:《浙大教育文选》,浙江大学出版社1987年版。
14. 滕星:《中外教育名人辞典》,中央民族学院出版社1988年版。
15. 华东师范大学教育系:《中国近代教育文选》,人民教育出版社1989年版。
16. 王文俊、梁吉生等:《南开大学校史资料选(1919—1949)》,南开大学出版社1989年版。
17. 左森:《回忆北洋大学》,天津大学出版社1989年版。
18. 宋恩荣、章威:《中华民国教育法规选编》,江苏教育出版社1990年版。
19. 燕大文史资料编委会:《燕大文史资料》(第三辑),北京大学出版社1990年版。
20. 璩鑫圭:《中国近代教育史资料汇编·鸦片战争时期教育》,上海教育出版社1990年版。
21. 北洋大学—天津大学校史编辑室:《北洋大学——天津大学校史资料选编》(一、二),天津大学出版社1991、1996年版。
22. 清华大学校史研究室:《清华大学史料选编》(第一、二、三、四卷),清华大学出版社1991年版。
23. 璩鑫圭、唐良炎:《中国近代教育史资料汇编·学制演变》,上海教育出版社1991年版。
24. 陈学恂、田正平:《中国近代教育史资料汇编·留学教育》,上海教育出版社1991年版。
25. 中国第二历史档案馆:《中华民国史档案资料汇编》(第三、四、五辑·教育),江苏古籍出版社1991、1994—1997年版。
26. 吴惠龄:《北京高等教育史料》(第一集),北京师范学院出版社1992年版。
27. 高时良:《中国近代教育史资料汇编·洋务运动时期教育》,上海教育出版社1992年版。
28. 北京大学校史研究室:《北京大学史料》(第一、二、三卷),北京大学出版社1993年版。
29. 潘懋元、刘海峰:《中国近代教育史资料汇编·高等教育》,上海教育出版社1993年版。
30. 朱有瓛、戚名琇等:《中国近代教育史资料汇编·教育行政机构及教育团体》，上海教育出版社1993年版。

31. 汤志钧、陈祖恩：《中国近代教育史资料汇编·戊戌时期教育》，上海教育出版社1993年版。

32. 璩鑫圭、童富勇、张守智：《中国近代教育史资料汇编·实业教育师范教育》，上海教育出版社1994年版。

33. 北京理工大学校史丛书编写小组：《中法大学史料》，北京理工大学出版社1995年版。

34. 李强、安阳：《永远的情怀——中法大学建校八十周年纪念》，北京理工大学出版社1995年版。

35. 黄延复：《梅贻琦先生纪念集》，吉林文史出版社1995年版。

36. 璩鑫圭、童富勇：《中国近代教育史资料汇编·教育思想》，上海教育出版社1997年版。

37. 胡适：《四十自述》，海南出版社1997年版。

38. 陈谷嘉、邓洪波：《中国书院史资料》（下册），浙江教育出版社1998年版。

39. 陈平原、夏晓虹：《北大旧事》，生活·读书·新知三联书店1998年版。

40. 陈平原：《老北大的故事》，江苏文艺出版社1998年版。

41. 北京大学等编：《国立西南联合大学史料》（第一至六卷），云南教育出版社1998年版。

42. 高平叔：《蔡元培年谱长编》，人民教育出版社1998年版。

43. 清华校友总会：《校友文稿资料选编》（第七辑），清华大学出版社2001年版。

44. 刘源俊：《东吴大学校史手册》，台湾东吴大学出版社2001年版。

45. 梅贻琦：《梅贻琦日记》，黄延复、王小宁整理，清华大学出版社2001年版。

46. 左惟、袁久红等：《大学之道——东南大学的一个世纪》，东南大学出版社2002年版。

47. 南大百年实录编辑组：《南大百年实录》（上、中、下卷），南京大学出版社2002年版。

48. 杨东平：《大学之道》，文汇出版社2003年版。

49. 夏新华、胡旭晟等：《近代中国宪政历程：史料荟萃》，中国政法大学出版社 2004 年版。

50. 罗尔纲:《师门五年记·胡适琐记》(增补本),生活·读书·新知三联书店 2006 年版。
51. 复旦大学档案馆:《抗战时期复旦大学校史史料选编》,复旦大学出版社 2008 年版。
52. 李友芝、李春年等:《中国近现代师范教育史资料》(一册至四册),内部资料,1983 年。

二 著作类

1. 中国基督教教育调查团:《中国基督教教育事业》,商务印务馆 1922 年版。
2. 余家菊、李璜:《国家主义的教育》(第一集),中华书局 1923 年版。
3. 余家菊:《国家主义教育学》,中华书局 1925 年版。
4. 孟宪承:《大学教育》,商务印书馆 1933 年版。
5. 姜书阁:《中国近代教育制度》,商务印书馆 1933 年版。
6. 国联教育考察团:《中国教育之改进》,国立编译馆 1933 年版。
7. 董渭川:《中国教育民主化之路》,中华书局 1949 年版。
8. 汪一驹:《中国知识分子与西方——留学生与近代中国(1872—1949)》,梅寅生译,枫城出版社 1978 年版。
9. 李国祁等:《近代中国思想人物论:民族主义》,时报文化出版公司 1980 年版。
10. 史华慈等:《近代中国思想人物论:自由主义》,时报文化出版公司 1980 年版。
11. 陈景磐:《中国近代教育史》,人民教育出版社 1983 年版。
12. [美]费正清、刘广京:《剑桥中国晚清史:1800—1911》(上、下卷),中国社会科学院历史研究所编译室译,中国社会科学出版社 1985 年版。
13. 交通大学校史编写组:《交通大学校史(1896—1949)》,上海教育出版社 1986 年版。
14. 梁漱溟:《中国文化要义》,学林出版社 1987 年版。
15. [美]杰西·格·卢茨:《中国教会大学史(1850—1950)》,曾钜生译,浙江教育出版社 1987 年版。

16. 毛礼锐、沈灌群：《中国教育通史》（第四、五卷），山东教育出版社 1988 年版。
17. 冯天瑜：《东方的黎明——中国文化走向近代的历程》，巴蜀书社 1988 年版。
18. 汪向荣：《日本教习》，生活·读书·新知三联书店 1988 年版。
19. 白莉民：《西学东渐与明清之际教育思潮》，教育科学出版社 1989 年版。
20. 吕林：《北京大学》，湖南教育出版社 1989 年版。
21. 陆润林：《兰州大学校史》，兰州大学出版社 1990 年版。
22. 丁钢：《文化的传递与嬗变——中国文化与教育》，上海教育出版社 1990 年版。
23. 洪永宏：《厦门大学校史》（第一卷），厦门大学出版社 1990 年版。
24. 北洋大学—天津大学校史编辑室：《北洋大学——天津大学校史》（第一、二卷），天津大学出版社 1990、1995 年版。
25. 胡伟希、高瑞泉等：《十字街头与塔——中国近代自由主义思潮研究》，上海人民出版社 1991 年版。
26. 容闳：《我在美国和在中国生活的追忆》，王蓁译，中华书局 1991 年版。
27. 高平叔编：《蔡元培教育论著选》，人民教育出版社 1991 年版。
28. 陈旭麓：《近代中国社会的新陈代谢》，上海人民出版社 1992 年版。
29. 陈友松编：《雷沛鸿教育论著选》，人民教育出版社 1992 年版。
30. 高奇：《中国高等教育思想史》，人民教育出版社 1992 年版。
31. 南京大学校史编写组：《南京大学史》，南京大学出版社 1992 年版。
32. 刘虹：《中国选士制度史》，湖南教育出版社 1992 年版。
33. ［美］毕乃德：《洋务学堂》，曾钜生译，杭州大学出版社 1993 年版。
34. 李长莉：《先觉者的悲剧——洋务知识分子研究》，学林出版社 1993 年版。
35. 吴洪成：《中国近代教育思潮研究》，西南师范大学出版社 1993 年版。
36. 刘述礼、黄延复编：《梅贻琦教育论著选》，辽宁教育出版社 1993 年版。
37. 曲士培：《中国大学教育发展史》，山西教育出版社 1993 年版。
38. 龚友明：《中国古代教育法制》，文化艺术出版社 1993 年版。

39. 熊月之：《西学东渐与晚清社会》，上海人民出版社1994年版。
40. 蔡振生：《张之洞教育思想研究》，辽宁教育出版社1994年版。
41. 张斌贤、褚宏启：《西方教育思想史》，四川教育出版社1994年版。
42. 白吉庵、刘燕云编：《胡适教育论著选》，人民教育出版社1994年版。
43. 黄书光：《胡适教育思想研究》，辽宁教育出版社1994年版。
44. 宋恩荣：《近代中国教育改革》，教育科学出版社1994年版。
45. 周川、黄旭：《百年之功——中国近代大学校长的教育家精神》，福建教育出版社1994年版。
46. 黄延复：《梅贻琦教育思想研究》，辽宁教育出版社1994年版。
47. 金林祥：《蔡元培教育思想研究》，辽宁教育出版社1994年版。
48. 陈学恂、高奇：《中国教育史研究》（现代分卷），华东师范大学出版社1994年版。
49. 郑登云：《中国高等教育史》，华东师范大学出版社1994年版。
50. 高时良：《中国教会学校史》，湖南教育出版社1994年版。
51. 梁吉生：《张伯苓与南开大学》，山西教育出版社1995年版。
52. 丁伟志、陈崧：《中西体用之间》，中国社会科学出版社1995年版。
53. 黄延复：《梅贻琦与清华大学》，山西教育出版社1995年版。
54. 桑兵：《清末新知识界的社团与活动》，生活·读书·新知三联书店1995年版。
55. 江崇廓、刘文渊：《清华大学》，湖南教育出版社1995年版。
56. 胡先骕：《胡先骕文存》（上卷），江西高校出版社1995年版。
57. 曲士培编：《蒋梦麟教育论著选》，人民教育出版社1995年版。
58. 戴知贤、李良志：《抗战时期的文化教育》，北京出版社1995年版。
59. 黄敏兰：《学术救国——知识分子历史观与中国政治》，河南人民出版社1995年版。
60. 许纪霖、陈达凯：《中国现代化史》（第一卷·1900—1949），生活·读书·新知三联书店1995年版。
61. 中国交通大学校史编委会：《交通大学校史》，高等教育出版社1996年版。
62. ［加］露丝、海荷：《东西方大学与文化》，赵曙明译，中国社会科学出版社1996年版。
63. 西南联合大学北京校友会：《国立西南联合大学校史——1937年至

1946 年的北大、清华、南开》，北京大学出版社 1996 年版。

64. 浙江大学校史编写组：《浙江大学简史》（第一、二卷），浙江大学出版社 1996 年版。

65. 蔡振生、刘立德编：《陈宝泉教育论著选》，人民教育出版社 1996 年版。

66. 段治文：《中国近代科技文化史论》，浙江大学出版社 1996 年版。

67. 田正平：《留学生与中国教育近代化》，广东教育出版社 1996 年版。

68. 黄新宪：《基督教教育与中国社会变迁》，福建教育出版社 1996 年版。

69. 夏晓红编：《梁启超学术文化随笔》，中国青年出版社 1996 年版。

70. 梁柱：《蔡元培与北京大学》（修订本），北京大学出版社 1996 年版。

71. 佛雏编：《王国维学术文化随笔》，中国青年出版社 1996 年版。

72. 董宝良、周洪宇：《中国近现代教育思潮与流派》，人民教育出版社 1996 年版。

73. 李才栋、谭佛佑等：《中国教育管理制度史》，江西教育出版社 1996 年版。

74. 周谷平、赵卫平编：《孟宪承教育论著选》，人民教育出版社 1996 年版。

75. 章开沅：《文化传播与教会大学》，湖北教育出版社 1996 年版。

76. 欧阳哲生编：《胡适学术文化随笔》，中国青年出版社 1996 年版。

77. 周谷平：《近代西方教育理论在中国的传播》，广东教育出版社 1996 年版。

78. 马勇：《蒋梦麟教育思想研究》，辽宁教育出版社 1997 年版。

79. 萧公权：《问学谏往录——萧公权治学漫忆》，学林出版社 1997 年版。

80. 涂又光：《中国高等教育史论》，湖北教育出版社 1997 年版。

81. 马亮宽：《傅斯年教育思想研究》，辽宁教育出版社 1997 年版。

82. 罗家伦：《历史的先见——罗家伦文化随笔》，学林出版社 1997 年版。

83. 蒋梦麟：《现代世界中的中国——蒋梦麟社会文谈》，学林出版社 1997 年版。

84. 徐洪兴编：《求善·求美·求真——王国维文选》，上海远东出版社 1997 年版。

85. 郝平：《北京大学创办史实考源》，北京大学出版社 1998 年版。

86. 史静寰、王立新：《基督教教育与中国知识分子》，福建教育出版社

1998年版。

87. 萧超然：《巍巍上庠百年星辰：名人与北大》，北京大学出版社 1998 年版。

88. 康有为：《大同书》，中州古籍出版社 1998 年版。

89. 贺国庆：《德国和美国大学发达史》，人民教育出版社 1998 年版。

90. ［美］吉尔伯特·罗茨曼：《中国的现代化》，段小光、计秋枫等译，江苏人民出版社 1998 年版。

91. 姜义华编：《胡适学术文集·教育》，中华书局 1998 年版。

92. ［美］魏定熙：《北京大学与中国政治文化》，金平安等译，北京大学出版社 1998 年版。

93. 汤一介：《北大校长与中国文化》，北京大学出版社 1998 年版。

94. 梁启超：《新民说》，中州古籍出版社 1998 年版。

95. 卫道治：《中外教育交流史》，湖南教育出版社 1998 年版。

96. ［美］费正清、费维恺：《剑桥中华民国史》（上、下卷），杨品泉等译，中国社会科学出版社 1993 年版。

97. 钱理群：《学魂重铸》，文汇出版社 1999 年版。

98. 樊洪生、段异兵编：《竺可桢文录》，浙江文艺出版社 1999 年版。

99. ［加］许美德：《中国大学 1895—1995：一个文化冲突的世纪》，许洁英译，教育科学出版社 1999 年版。

100. 杨东平：《大学精神》，辽海出版社 1999 年版。

101. 张应强：《文化视野中的高等教育》，南京师范大学出版社 1999 年版。

102. 霍益萍：《近代中国的高等教育》，华东师范大学出版社 1999 年版。

103. 谢泳：《大学旧踪》，江西教育出版社 1999 年版。

104. 程方平、刘民：《中国教育制度沿革》，吉林人民出版社 1999 年版。

105. 劳凯声等：《规矩方圆：教育管理与法律》，中国铁道出版社 1999 年版。

106. 史革新：《中国文化通史》（晚清卷），中共中央党校出版社 1999 年版。

107. 黄兴涛：《中国文化通史》（民国卷），中共中央党校出版社 1999 年版。

108. 黄义祥：《中山大学史稿》（1924—1949），中山大学出版社 1999

年版。

109. 高恒文：《京派文人：学院派的风采》，上海教育出版社 2000 年版。
110. 陈平原：《北大精神及其他》，上海文艺出版社 2000 年版。
111. 赵新林、张国龙：《西南联大：战火的洗礼》，上海教育出版社 2000 年版。
112. 于述胜：《中国教育制度通史》（第七卷），山东教育出版社 2000 年版。
113. 山东大学百年史编委会：《山东大学百年史：1901—2001》，山东大学出版社 2001 年版。
114. 胡建华：《战后日本大学史》，南京大学出版社 2001 年版。
115. 苏云峰：《从清华学堂到清华大学 1928—1937：近代中国高等教育研究》，生活·读书·新知三联书店 2001 年版。
116. 吴梓明：《基督教大学华人校长研究》，福建教育出版社 2001 年版。
117. 苏云峰：《从清华学堂到清华大学 1911—1929：近代中国高等教育研究》，生活·读书·新知三联书店 2001 年版。
118. 田正平：《中国教育史研究》（近代分卷），华东师范大学出版社 2001 年版。
119. 潘乃谷、潘乃和编：《潘光旦教育文存》，人民教育出版社 2001 年版。
120. 李露：《中国近代教育立法研究》，广西师范大学出版社 2001 年版。
121. 苏云峰：《三（两）江师范学堂：南京大学的前身，1903—1911》，南京大学出版社 2002 年版。
122. 李义丹、王杰等：《天津大学（北洋大学）简史》，天津大学出版社 2002 年版。
123. 孙敦恒：《清华国学研究院史话》，清华大学出版社 2002 年版。
124. 尚小明：《留日学生与清末新政》，江西教育出版社 2002 年版。
125. 陈平原：《中国大学十讲》，复旦大学出版社 2002 年版。
126. 陈以爱：《中国现代学术研究机构的兴起——以北大研究所国学门为中心的探讨》，江西教育出版社 2002 年版。
127. 刘婕、谢维和：《栅栏内外：中国高等师范教育百年省思》，北京师范大学出版社 2002 年版。
128. 薛玉琴、刘正伟：《马相伯》，河北教育出版社 2002 年版。

129. 张宪文：《金陵大学史》，南京大学出版社 2002 年版。
130. 山西大学校史编纂委员会：《山西大学百年校史》，中华书局 2002 年版。
131. 王德滋：《南京大学百年史》，南京大学出版社 2002 年版。
132. 马敏、汪文汉：《百年校史（1903—2003）》，华中师范大学出版社 2003 年版。
133. 王运来：《诚真勤仁 光裕金陵——金陵大学校长陈裕光》，山东教育出版社 2003 年版。
134. 黄延复：《清华的校长们》，中国经济出版社 2003 年版。
135. 程斯辉、孙海英：《厚生务实 巾帼楷模——金陵女子大学校长吴贻芳》，山东教育出版社 2003 年版。
136. 马嘶：《百年冷暖：20 世纪中国知识分子生活状况》，北京图书馆出版社 2003 年版。
137. 钱理群、高远东：《中国大学的问题与改革》，天津人民出版社 2003 年版。
138. 刘家峰、刘天路：《抗日战争时期的基督教大学》，福建教育出版社 2003 年版。
139. 杨东平：《艰难的日出——中国现代教育的 20 世纪》，文汇出版社 2003 年版。
140. [美] 柯约翰：《华中大学》，马敏等译，华中师范大学出版社 2003 年版。
141. 宋秋荣：《近代中国私立大学研究》，天津人民出版社 2003 年版。
142. 孙邦华：《身等国宝 志存辅仁——辅仁大学校长陈垣》，山东教育出版社 2003 年版。
143. 康永久：《教育制度的生成与变革——新制度教育学论纲》，教育科学出版社 2003 年版。
144. 王国平：《博习天赐庄——东吴大学》，河北教育出版社 2003 年版。
145. 孙邦华：《会友贝勒府——辅仁大学》，河北教育出版社 2003 年版。
146. 黄济、郭齐家：《中国教育传统与教育现代化基本问题研究》，北京师范大学出版社 2003 年版。
147. 史贵全：《中国近代高等工程教育研究》，上海交通大学出版社 2004 年版。

148. 黄书光：《国家之光　人类之瑞——复旦公学校长马相伯》，山东教育出版社 2004 年版。

149. 孙善根：《走出象牙塔——蒋梦麟传》，杭州出版社 2004 年版。

150. 张俊宗：《现代大学制度：高等教育改革与发展的时代回应》，中国社会科学出版社 2004 年版。

151. 章清：《"胡适派学人群"与现代中国自由主义》，上海古籍出版社 2004 年版。

152. 钱穆：《文化与教育》，广西师范大学出版社 2004 年版。

153. 杨晓：《中国近代教育关系史》，人民教育出版社 2004 年版。

154. 张亚群：《科举革废与近代中国高等教育的转型》，华中师范大学出版社 2005 年版。

155. 陈明远：《文化人的经济生活》，文汇出版社 2005 年版。

156. 王东杰：《国家与学术的地方互动：四川大学国立化进程（1925—1939）》，生活·读书·新知三联书店 2005 年版。

157. 程新国：《庚款留学百年》，东方出版中心，2005 年版。

158. 王保星：《美国现代教育制度的确立》，河北教育出版社 2005 年版。

159. 钟叔河、朱纯：《过去的大学》，长江文艺出版社 2005 年版。

160. 郑师渠：《思潮与学派：中国近代思想文化研究》，北京师范大学出版社 2005 年版。

161. 赵立彬：《民族立场与现代追求：20 世纪 20—40 年代的全盘西化思潮》，生活·读书·新知三联书店 2005 年版。

162. 谢必震：《香飘魏崎村——福建协和大学》，河北教育出版社 2005 年版。

163. 张丽萍：《相思华西坝——华西协和大学》，河北教育出版社 2005 年版。

164. 罗义贤：《司徒雷登与燕京大学》，贵州人民出版社 2005 年版。

165. 张斌贤、李子江：《大学：自由、自治与控制》，北京师范大学出版社 2005 年版。

166. 张晓辉：《百年暨南史（1906—2006）》，暨南大学出版社 2006 年版。

167. 王全林：《精神式微与复归——"知识分子"视角下的大学教师研究》，南京师范大学出版社 2006 年版。

168. 张雪蓉：《美国影响与中国大学变革（1915—1927）——以国立东南

大学为研究中心》，华龄出版社2006年版。
169. 蒋廷黻：《中国近代史大纲》，江苏教育出版社2006年版。
170. 陈平原：《大学何为》，北京大学出版社2006年版。
171. 纪宝成：《中国大学学科专业设置研究》，中国人民大学出版社2006年版。
172. 胡建华、王建华等：《大学制度改革论》，南京师范大学出版社2006年版。
173. 方增泉：《近代中国大学（1898—1937）与社会现代化》，北京师范大学出版社2006年版。
174. 田正平、商丽浩等：《中国高等教育百年史论——制度变迁、财政运作与教师流动》，人民教育出版社2006年版。
175. 王美秀、段琦等：《基督教史》，江苏人民出版社2006年版。
176. 四川大学校史稿编审委员会：《四川大学史稿》（第一、二卷），四川大学出版社2006年版。
177. 熊月之、周武等：《圣约翰大学史》，上海人民出版社2007年版。
178. 黄启兵：《中国高校设置变迁的制度分析》，福建教育出版社2007年版。
179. 周予同：《中国现代教育史》，福建教育出版社2007年版。
180. 高桂娟：《现代大学制度演进的文化逻辑》，中国海洋大学出版社2007年版。
181. 沈卫威：《"学衡派"谱系：历史与叙事》，江西教育出版社2007年版。
182. 沈岩：《船政学堂》，科学出版社2007年版。
183. 王立新：《美国传教士与晚清中国现代化》，天津人民出版社2007年版。
184. 舒新城：《近代中国教育思想史》，福建教育出版社2007年版。
185. 刘少雪：《中国大学教育史》，山西教育出版社2007年版。
186. 翁智远、屠听泉等：《同济大学史》（第一卷），同济大学出版社2007年版。
187. 中央上海市委党史研究室：《上海教师运动史（1919—1949）》，中央党史出版社2007年版。
188. 李理：《清代官制与服饰》，辽宁民族出版社2008年版。

189. 周勇：《大师的教学生活》，华东师范大学出版社 2008 年版。
190. 徐海宁：《中国近代教会女子大学办学研究——以金陵女子大学为个案》，南京师范大学出版社 2008 年版。
191. 张雁：《西方大学理念在近代中国的传入与影响》，浙江大学出版社 2009 年版。

三　报刊论文类

1. 陈独秀：《随感录：学术独立》，《新青年》1918 年 5 卷第 1 期，见《独秀文存》安徽人民出版社 1987 年版。
2. 许崇清：《欧美大学之今昔与中国大学之将来》，《学艺》1920 年第 2 卷第 3 期。
3. ［美］Charles W. Eliot：《美国大学教员团》，何炳松译，《新教育》1920 年第 3 期。
4. 李石岑：《关于"学术独立"的通信》，《教育杂志》1922 年第 1—5 期。
5. 林砺儒：《教员待遇问题》，《〈晨报〉副刊〈社会〉》第 12 号，1925 年。
6. 邰爽秋：《教师之权利与义务》，《中华教育界》1930 年第 5 期。
7. 傅斯年：《改革高等教育中几个问题》，《独立评论》第 14 号，1932 年。
8. 李建勋：《关于大学教育的问题》，《北平师范大学校务汇报》1936 年第 147、153 期。
9. 黄溥：《我国基督教大学今后应采之政策》，《教育季刊》1939 年第 15 卷第 4 期。
10. 陈东原：《论我国大学教员之资格标准及聘任制度》，《高等教育季刊》（创刊号）1941 年第 1 期。
11. 萧孝嵘：《大学中之人事问题》，《高等教育季刊》1941 年第 2 期。
12. 雷沛鸿：《什么是构成大学大的特性》，《教育导报》1946 年第 9 期。
13. 董渭川：《我国教育政策应如何转变》，《中华教育界》1947 年第 5 期。
14. 冯友兰：《论大学教育》，《展望》1948 年第 2 卷第 9 期。
15. 欧元怀：《战后两年来的中国大学教育》，《中华教育界》1948 年第

7 期。

16. 刘来泉等：《我国教师工资待遇的历史（1909—1949）》，《教育研究》1993 年第 4 期。

17. 慈鸿飞：《二三十年代教师、公务员工资及生活状况考》，《近代史研究》1994 年第 3 期。

18. 史静寰：《教会学校与近代中国的师资培养》，《高等师范教育研究》1995 年第 1 期。

19. 俞启定：《论中国古代的师道观》，《高等师范教育研究》1995 年第 3 期。

20. 刘剑虹：《试论蔡元培和梅贻琦的大学教师观》，《华东师范大学学报》（教育科学版）1998 年第 1 期。

21. 朱苏力：《制度是如何形成的——关于马歇尔诉麦迪逊案的故事》，《比较法研究》1998 年第 1 期。

22. 姜良芹：《抗战时期高校教师工资制度及其生活状况初探》，《南京师大学报》（社会科学版）1999 年第 3 期。

23. 邓小林：《民初至抗战前夕国立大学教师的聘任问题》，《史学月刊》2004 年第 10 期。

24. 李春萍：《学术独立：现代性与民族性的双重吁求》，《高等教育研究》2005 年第 5 期。

25. 田正平、吴民祥：《近代中国大学教师的资格检定与聘任》，《教育研究》2005 年第 10 期。

26. 傅凤：《日本大学的教师任用制度探析》，《黑龙江高教研究》2006 年第 5 期。

27. 钟景迅：《宋代书院的学术自由特色及其启示》，《现代教育科学》2006 年第 2 期。

28. 牛凤蕊、周作宇：《蔡元培教师聘任思想探析》，《现代大学教育》2006 年第 2 期。

29. 宋旭红、沈红：《20 世纪 20、30 年代中国大学的学术独立之路》，《现代大学教育》2006 年第 5 期。

30. 党跃武：《四川大学早期的外籍教师及其管理》，《光明日报》2006 年 8 月 5 日第 7 版。

31. 肖雄：《近代学人的"学术独立"观念》，《云南民族大学学报》（哲学社会科学版）2006 年第 3 期。

32. 黄和平：《从民国教育法规看民国的大学自治》，《大学教育科学》2006 年第 2 期。

33. 钟伟良：《近代大学"学术自由"的形成、发展与新思考》，《高等农业教育》2007 年第 4 期。

34. 邓小林：《近代国外大学教师聘任对中国早期大学的影响》，《西南交通大学学报》（社会科学版）2007 年第 5 期。

35. 柯文进：《现代大学制度之大学学术自由制度研究》，《北京教育》（高教）2007 年第 1 期。

36. 陈卓：《近代中国学术自由成因史窥》，《煤炭高等教育》2007 年第 3 期。

37. 高天明：《学术自由与近代中国大学精神》，《中国地质大学学报》（社会科学版）2007 年第 1 期。

38. 郝秉键：《晚清民间知识分子的西学观——以上海格致书院为例》，《中国近代史》2007 年第 3 期。

39. 胡志国：《清末新政的困境——以财政危机为中心》，《井冈山学院学报》（哲学社会科学）2007 年第 9 期。

40. 尹清：《中国近代自由职业群体研究述评》，《近代史研究》2007 年第 6 期。

41. 朱英：《自由职业者：近代中国社会群体研究的新领域》，《华中师大学报》（人文社科版）2007 年第 4 期。

42. 商丽浩：《晚清中国教习在新式高等教育机构的薪酬》，《近代史研究》2007 年第 2 期。

43. 张正峰：《中国近代大学教授治校制度的特点分析》，《清华大学教育研究》2008 年第 6 期。

44. 孙侠：《近代大学校长与自由主义教育在中国的发展》，《高等农业教育》2008 年第 1 期。

45. 陈芳：《美国大学教师学术自由权利保障的制度分析》，《现代教育科学》2008 年第 3 期。

46. 姜朝晖：《20 世纪初知识分子对职业化的心态——评〈教育杂志〉关于学术独立的通信》，《华中师范大学学报》（人文社会科学版）2008 年第 1 期。

47. 岳爱武、邱新法：《清末研究生教育的历史考察及其评析》，《现代大学教育》2008 年第 4 期。
48. 孙存昌、王全林：《中国"近代大学教师问题研究"述评》，《黑龙江高教研究》2008 年第 10 期。
49. 龙泽江：《试论清末文官制度的现代化改革》，《西北民族大学学报》（哲学社会科学版）2008 年第 6 期。
50. 姚群民：《试论二三十年代南京高校教授的选聘及其特点》，《南京社会科学》2008 年第 12 期。
51. 陈育红：《战前中国大学教师薪俸制度及其实际状况的考察》，《民国档案》（南京）2009 年第 1 期。
52. 刘宜庆：《沈从文晋升教授风波》，《文学教育》2009 年第 3 期。
53. 应星：《塑造中国大学精神的现代实践——以蔡元培 1917—1923 年对北京大学的改造为中心》，http：//www.acriticism.com/article.asp? Newsid=5015，2004—5—30。
54. 刘明：《论民国时期的大学教师聘任》，源自 http：//www.chinese-thought.org/shgc/001738.htm，2006—7—28。

四 学位论文类

1. 王婷：《我国高校教师职务聘任制度选择的价值取向》，复旦大学，2004 年。
2. 邓小林：《民国时期国立大学教师聘任之研究》，四川大学，2005 年。
3. 吴民祥：《中国近代大学教师流动研究》，浙江大学，2005 年。
4. 王艳：《我国大学的学术自由思想研究》，西安电子科技大学，2005 年。
5. 张立程：《西学东渐与晚清新式学堂教师群体研究》，中国人民大学，2006 年。
6. 张正锋：《权力的表达：中国近代大学教授权力制度研究》，南京师范大学，2006 年。
7. 庞海江：《近代大学教师群体透析》，吉林大学，2006 年。
8. 孙存昌：《中国近代大学教师专业素质研究》，苏州大学，2009 年。

五 外文资料类

1. Xu Yihua, St John's University, Shanghai as an Evangelising Agency, Studies in World Christianity, 2006, 12（1）: 23-49.

   徐以骅:《作为传教机构的上海圣约翰大学》,《世界基督教研究》2006年第12卷第1期,第23—49页。

2. Chan, Wellington K. K. Chan, Problems of a Christian Missionary College in China: Lingnan College 1919-1925, The chung Chi Journal 1969, 8（2）: 1-15.

   陈锦江:《一所中国教会大学存在的问题:岭南大学1919—1925》,《崇基学报》1969年第8卷第2期,第1—15页。

3. Jessie G. Lutz, The Role of Christian Colleges in Modern China before 1928, Ph. D thesis, Cornell University, 1955.

   [美]杰西·鲁兹:《基督教大学在1928年前近代中国的作用》,康奈尔大学,1955年版。

4. Ye Wen-Hsin, The Alienated Academy: Culture and Politics in Republican China, 1919-1937, Cambridge: Harvard University Press, 1990.

   叶文心:《离异的学府:民国政治与文化》,哈佛大学出版社1990年版。

后　　记

　　本书是在博士论文基础上修改而成的。由于工作较忙，出书的事一推再推，多亏浙江省社科联很重视，给了一个出版重点资助，才得以付梓。在这里，首先要感谢浙江省社科联和省社科规划办的大力扶持。

　　我的博士论文答辩时间是 2011 年 5 月 28 日。担任答辩委员会主席的是清华大学史静寰教授，委员有北京师大张斌贤教授、朱旭东教授、孙邦华教授、北科大毛祖桓教授和浙师大楼世洲教授等，他们对我的论文都作了较高的评价，也为出书增强了信心。在此，感谢他们的鼓励和支持。

　　我自 2005 年 9 月起在职攻读北京师范大学教育学部教育经济与管理专业博士研究生，整整用了 6 年时间才完成学业，尤其是撰写博士学位论文，确实用时用心用力。下面两篇"小后记"，便是记述当时的写作经历，亦见在职攻博的辛劳：

一

　　当我写下本论文的最后一个字，时间已是下午 2 点钟。我抬起头望了望窗外，立秋之后的浙西天目山，白云下的高大的柳杉显得格外得墨绿，偏西的太阳也似乎倦意般的无力……

　　去年的 8 月，我在这个浙西的小山庄开始写着论文的最先三章。之后，便是在忙碌的事务中趁间隙断断续续地接写了以下各章。今年 8 月，我又来到了这个令我思绪飞翔的深山，写完了本论文的末章和结束语。

　　作为一个大学的领导者，攻博确非易事。我始终不忘北师大研究生院领导在开学典礼上的一再告诫"论文一定要自己写"。我想，时间和浙西的山庄可以为我作证。

后 记

论文初稿完工了，但我的心情仍是忐忑不安。我知道我的导师俞启定教授一直对我有很高的期待。这是一种师生之间的独有的情感表达，我深知其意，因而颇感压力。

拜俞氏为师，可以说是一种"缘"。2000年底2001年初，俞启定教授率教育部高校教师进修与培训考察团赴美，为期近一月。我作为考察团的秘书长，随伴俞师身后左右，在美国得克萨斯州贝勒大学的小操场旁的大树下，我随意地说了一句："俞老师，以后我考您的博士生，怎么样？"俞师笑了笑，没有再语。2005年5月，我决定报考北师大，并与俞师联系，他一口允诺。这样，我不久就成了俞师的"门下之徒"。这能说不是一种"缘"吗？入学后，由于要兼顾工作，尽管我努力学习和研究，但学位论文进展相当得慢，一段时间内我真的怕见俞师。不过，俞老师始终没有催过一次，也没说过一句较重的话，他似乎远在千里之外又时时在我身边。我知道信任是一种什么味道，等待是一种什么样的心态。有一年，俞老师到宁波，我陪他在东钱湖边走，谈及论文的框架和设想，他只说要置于中外文化交流的背景下，恩师一言胜读弟子几年书啊。这就是导师与学生的区别，也是导师的"点石成金"之妙。俞老师的渊博学识、宽厚胸襟和对学生的挚爱，令吾一辈子享用。在这里，我深深地感谢我的恩师——俞启定教授！

在授业时期，北师大等校著名教授曾为我们亲自授课。我不会忘记他们的名字：北京师范大学顾明远、林崇德、董奇、王炳照、劳凯声、王善迈、靳希斌、陈孝彬、刘复兴、郑新蓉、申继亮、方晓义、金盛华、程凤春、李宝元等教授和清华大学谢维和教授、国家教育发展研究中心张力教授、教育部法制司孙霄兵司长，首都师范大学孟繁华教授、北科大毛祖桓教授等。他们的有信息量的讲课，使我受益匪浅，在此鞠躬致谢。

在论文撰写中，宁波大学的同事但旺、张芝萍、陈聪诚、陈伟芬、郭勇、余斌、徐舟萍等在资料收集与排版印刷上提供不少支持。我知道，同事们想我把论文写得好些，能与宁大人的"自强不息"精神相符合。我也许没有达成他们的期望，但他们的鼓励与帮助，无疑是我的一份长久的记忆。

当然，我还要感谢学校给我一次攻博的机会。最后，我应感谢妻子和儿子的支持和帮助，没有他们的后援，论文要达到今天的水平也是不能的。作为亲人，也许大爱不必言谢，但我知道，我戴上博士帽的那一天，就是他们的节日，也是我对他们的最好的回报。

——2010年8月10日于浙西"天目山庄"

二

论文初稿出来后，我发给远在京城的俞启定老师，忐忑不安地等待着他的"初审"结论。没想到，20万字左右的文稿，俞老师没几天就读完了，直接打电话给我，说了很鼓励的话，并提出了更高的要求和具体的修改意见。次日，他将"批注本"发回于我。俞老师阅读的细致和批注的较真，实在令我惊讶不已：哪怕是一个词语，一个句子，一条注释，甚至一个字，一个标点，他都"横扫"而过，更不用说论文的观点和结构、论据和文献，他都一一推敲，因而我几乎"全盘"接受他的修改意见。不过，俞老师附带一句话："这些意见只供你修改参考"。

接下来的"苦"是可想而知的。修改比写初稿要难，加之我的本职工作杂事诸多，分身乏术，这样不得不慢字当头从长计议。为了改得尽量接近导师的要求，又一次收集和阅读相关文献，寻找"证据"和先贤们的思想记录。浙师大图书馆与田家炳教育科学研究院、宁波大学园区图书馆和浙大图书馆伸出援手，替我找到一些新中国成立前的难得一见的期刊文献，真是惊喜。

诚然，更了解我的难和心意的是导师。2010年9月19日，俞老师专程从北京飞到宁波，同时诚邀浙江大学的肖朗教授、龚缨晏教授和浙师大楼世洲教授，一同在宁波大学为我开了一个小型"论文诊断会"。4位教授对论文所提出的修改意见，既中肯又有的放矢，对我来说，真有一种久旱逢甘霖之感和豁然开朗之觉。于是，修改的准备时间大大缩短了。

深秋的浙东，天气宜人，风景如画，但我无心欣赏。为了短时摆脱繁杂的行政事务，我请假去宁波的东钱湖小住，开始改稿。然而，学校的有些事情又必须处理，这样又常常往返于学校与东钱湖之间，也让司机小贾忙碌了一阵子。10天左右的时间，我终于完成了第二稿。不过，我心里明白与导师的要求还有距离。

临近春节，我将第二稿发给俞老师，又是一种焦急地等，一种不安的待。2011年2月9日即正月初七18：59，我收到了俞老师的新版"批注本"。嘿，俞老师的认真劲儿，又一次使我感动。这次，他提醒我对时间、人名和若干用词进行核对，果然发现了一些差错。他还对论文的个别章节如何紧扣主题作了点拨，这样又促使我去作再度思考。本想根据俞老师的意见，再拉长思考的时间，然后作一次提升性的修改。可时不待我，因为3月底要提交答辩论文，这样我不得不加快进度，匆匆地改定了第三稿。

从动笔至初稿到第三稿历时一年半之多，俞老师多次的指点和批注，使我深深感受到北师大导师们的敬业精神和对学生既严格又挚爱的教风。同时，从俞老师个案中，我体悟到母校的"校格"：严谨的，宽厚的，永不满足的进取；也使我更进一步明白什么是好的大学。

攻博期间，母校的刘川生书记、钟秉林校长、韩震副校长和林崇德教授、张斌贤教授等先后到宁波大学开会或讲学，使我有机会与他们相识相知。母校情愫和师生之情，也许是人类最纯粹的情感之一。它将成为我精神世界中的一个恒久的记忆和向往，这同样是攻博的一大收获。

当我写这篇"后记二"时，正是初春时节。江南的春，来得突然，美得醉人。在春天里，我心情也格外的悦和乐。因为攻博6年，我有了终身可敬的导师和永远牵挂的母校；还有我的同学张杰、柯春晖、朱光好、张志勇、王立军、李君明、何志伟、闫拓时、黄宇、朱晋蜀等和师弟陈建录，彼此成了好友；在这里，我对他们对我的帮助与支持，表示深深的谢意，愿我们永远保持这一份同学深情，始终温暖彼此的人生。

——2011年4月1日于宁波大学安中楼

最后，要特别感谢湖州师范学院人文社科处的重视与帮助，也感谢本书责任编辑田文女士对本书出版所做的细致工作。同时，谨此向所有关心本书出版的领导、专家和朋友致以诚挚的谢意。

刘剑虹
2015 年 11 月于湖州师范学院明达楼